D0888983

MARIE-HÉLÈNE MATHIEU
avec JEAN VANIER

# Plus jamais seuls !

## L'aventure de Foi et Lumière

Presses
DE LA
RENAISSANCE

Ouvrage réalisé
sous la direction éditoriale de Christophe Rémond et d'Alain Noël,
avec la collaboration d'Emmanuel Belluteau

Les droits d'auteur seront intégralement reversés
à l'association internationale Foi et Lumière.

www.presses-renaissance.com

ISBN 978.2.7509.0664.1
© Presses de la Renaissance, Paris, 2011.

*Avant-propos*

# Appelés à la joie

## par Jean Vanier

Foi et Lumière fête en 2011 son quarantième anniversaire, en se souvenant de ce qui a été à son origine : ce premier pèlerinage organisé à Lourdes en 1971 à l'intention des personnes ayant un handicap[1] et de leurs proches, pour répondre à la grande solitude des familles.

---

1. Comment appeler ceux qui sont au cœur de Foi et Lumière, nos fils, filles, frères, sœurs, amis « différents » ? Le langage concernant la personne atteinte d'une limite intellectuelle ou mentale est en constante évolution. On a utilisé les mots « débile », « déficient » puis « inadapté ». Aujourd'hui, le terme « handicapé » est encore le plus usité en France. Nous avons choisi de toujours le faire précéder par la désignation « personne ». Nous indiquons ainsi notre respect pour sa dignité, unique et irremplaçable. Nous nous sommes efforcés de remplacer le verbe « être » par le verbe « avoir ». François « n'est pas » un trisomique, il est d'abord François, une personne atteinte d'une trisomie ou qui a une trisomie. Nous avons ainsi utilisé les termes « touchée », « blessée », « affectée », « souffrante » d'un handicap mental. Dans ces pages, lorsque nous utilisons simplement le terme de « personne handicapée », il s'agit d'un handicap mental.

Les conditions dans lesquelles nous avons lancé ce mouvement, avec Marie-Hélène Mathieu, sans savoir alors s'il aurait une suite, les hésitations du début, les obstacles surmontés, les grâces immenses reçues, les découvertes aussi constituent une aventure exceptionnelle, qui se poursuit chaque mois et qui grandit au cœur des 1 650 communautés aujourd'hui réparties de par le monde.

Cette histoire étonnante et mystérieuse méritait d'être racontée. En acceptant de partager ses souvenirs sur ce qui nous a conduits et motivés, sur ce que vivent les familles touchées par le handicap, sur ce que nous apportent les plus petits ou sur la façon dont l'Église a accueilli notre initiative, Marie-Hélène témoigne, pour la première fois, de ce qui nous a portés dans cette aventure, de ce qui se vit à Foi et Lumière et de ces quarante années au service de l'amour des plus fragiles. Elle le fait en alternant le récit, les anecdotes et une réflexion souvent bouleversante, pleine de vérité et de délicatesse.

J'ai à l'esprit chacun des adultes ou des jeunes qui m'ont accompagné un bout de chemin, parfois des années durant, et qui m'ont tant appris sur eux, sur moi et... sur Dieu. Raphaël, Philippe, Dany, Jacques, Pierrot et tous les autres...

## Un pèlerinage pour des personnes exclues

Responsable de la communauté de l'Arche à Trosly, dans l'Oise, j'avais déjà organisé des pèlerinages pour les personnes avec un handicap, leur famille et les assistants, à Lourdes, à Rome, à La Salette, à Fatima et ailleurs. Marie-Hélène, à travers l'OCH[1] qu'elle avait fondé en 1963, était en contact avec de nombreuses familles de personnes vulnérables dont beaucoup se sentaient exclues de l'Église.

J'avais connu Marie-Hélène en novembre 1966, quand elle était venue me voir à l'Arche. Elle avait entendu parler d'un professeur de philosophie « un peu idéaliste » qui vivait avec des personnes handicapées mentales et se posait pas mal de questions. Mais dans cette communauté vue comme « un peu bizarre », elle a été frappée par la joie, la simplicité et la foi qui y régnaient. C'est alors que, peu à peu, des liens profonds se sont tissés entre nous ; nous avions la même vision de foi et d'amour pour les personnes atteintes d'un handicap, et nous étions unis dans le même amour de Jésus.

En 1967, j'ai participé à Paris à un congrès organisé par Marie-Hélène, présidente de l'UNAEDE[2], pour des éducateurs et parents chrétiens au sujet de la vie affective et sexuelle des personnes atteintes d'un handicap. Marie-Hélène est entrée par la suite dans le conseil d'administration de l'Arche. Par l'OCH, elle a pu aider à l'attribution de subventions aux différentes communautés naissantes. Finalement, elle est devenue coordinatrice des communautés de l'Arche en France et elle est entrée dans le conseil international. L'Arche a donc pu bénéficier pendant longtemps de la vision, de la sagesse et de l'aide de Marie-Hélène.

À cette époque, les personnes ayant un handicap mental avaient du mal à trouver leur place dans la société et même dans l'Église. La catéchèse spécialisée

---

1. Office chrétien des personnes handicapées.
2. Union nationale des assistants et éducateurs de l'enfance.

n'en était qu'à ses débuts. De nombreux prêtres leur refusaient la communion : « Leur handicap, disaient-ils, les empêche de comprendre ce sacrement. » Le père Bissonnier commençait à faire entendre sa voix par les enseignements qu'il donnait sur la pédagogie auprès des personnes handicapées mentales. Il existait peu d'écoles pour les enfants et encore moins de lieux d'hébergement ou d'ateliers pour les adultes. Les parents de ces enfants se sentaient souvent perdus devant leur enfant si différent des autres. La question lancinante était, consciemment ou non : « À qui la faute ? Est-ce une punition de Dieu ? » La souffrance des parents n'était pas seulement de voir leur enfant souffrir physiquement et psychiquement, mais aussi de voir qu'il était mis à part.

Dans ce contexte, il n'était pas surprenant que ces familles avec leurs enfants soient exclues de bon nombre de pèlerinages, comme il n'est pas étonnant qu'il y ait eu des résistances, parmi les gens sages et prudents, à l'idée du grand pèlerinage que nous allions préparer pour 1971.

Marie-Hélène décrit merveilleusement la naissance du projet et comment il a grandi. Pourquoi pas un pèlerinage international ? Peu à peu, notre sentiment s'est confirmé : il y avait la main de Dieu dans tout cela. Ce qui paraissait vraiment impossible devenait réalisable. On franchissait des difficultés insurmontables. Étant à Paris, Marie-Hélène était au cœur de la préparation, elle était alors sur la ligne de front. Je venais quand je pouvais aux rencontres de préparation, car à cette époque j'avais aussi des voyages en France, et même en Inde pour la naissance de nouvelles communautés de l'Arche, et au Canada où je donnais des retraites et des conférences qui ont attiré des assistants vers l'Arche en

France. C'est bien Marie-Hélène qui portait, courageusement et avec beaucoup de lucidité, les difficultés et les défis de cette préparation.

Nos sociétés, et souvent les familles, voient la naissance d'une personne ayant un handicap comme une tragédie, parfois même comme une punition de Dieu. Et pourtant, à l'Arche comme à Foi et Lumière, nous avons découvert peu à peu que rencontrer, accueillir et entrer en relation avec une telle personne peut devenir source de vie, d'humanisation et d'une rencontre avec Jésus. Cette découverte de la personne handicapée comme source de vie et présence de Jésus a été la mienne à l'Arche mais il m'a fallu du temps, beaucoup de temps, pour en prendre conscience, la vivre et pour y mettre les mots spirituels et théologiques adéquats.

## Mon chemin avant le pèlerinage

J'avais commencé l'Arche en 1964, sans rien connaître des personnes ayant un handicap, ni de la pédagogie nécessaire pour les aider à se développer. Humainement, rien ne me préparait pour l'aventure de l'Arche et de Foi et Lumière. Je suis entré, en pleine guerre, en 1942, à l'École navale qui préparait les futurs officiers de la Marine britannique. Huit ans de formation et de service sur les bateaux de guerre. Peu à peu, est né en moi le désir de mieux connaître Jésus et son Évangile. En 1950, ma démission a été acceptée par les autorités navales.

Je cherchais alors un lieu pour me préparer à un engagement dans le sacerdoce. Cela m'a amené à l'Eau Vive, une communauté fondée par le père Thomas Philippe près de Paris. C'est là que mon cœur et mon intelligence se sont ouverts à l'Évangile avec l'aide et l'amitié du père Thomas. Il est devenu mon père spirituel et m'a introduit dans une vie de prière, d'oraison faite de présence, de communion, d'écoute et de silence.

En avril 1952, le père Thomas a dû quitter la communauté qu'il avait fondée ; en partant, il m'a demandé d'en assumer la responsabilité. Avec mon peu d'expérience, ma naïveté et ma bonne volonté, j'ai accepté. En même temps, j'ai entrepris des études de philosophie à l'Institut catholique de Paris. Quand la communauté de l'Eau Vive a fermé ses portes en 1956, j'ai continué à travailler à ma thèse de doctorat et je l'ai soutenue. En 1964, j'ai commencé un enseignement de philosophie à l'université de Toronto.

Vers cette époque, le père Thomas est devenu l'aumônier d'un petit centre, le Val Fleuri à Trosly-Breuil, dans l'Oise, où se trouvaient une trentaine d'hommes atteints d'un handicap mental, dont beaucoup avaient longtemps été enfermés à l'hôpital psychiatrique de Clermont. Il m'a invité à venir rencontrer ces hommes qui avaient souffert de l'absence de leur famille et de la société. Car, me dit-il alors, ce sont des personnes marginales et écartées de la vie d'une société qui peuvent le mieux nous révéler le sens de la vie humaine.

Je fus étonné par cette visite au Val Fleuri. Avant d'y aller, j'avais peur. Comment entreprendre une conversation avec de telles personnes ? De quoi pourrait-on parler ? Mon anxiété s'est tournée très vite en étonnement quand j'ai senti en chacun de ces hommes un appel à l'amitié : « Reviendras-tu nous voir ? » Leur cri pour la relation m'a touché en profondeur.

Après cette visite, le père Thomas m'a encouragé à visiter l'hôpital psychiatrique, des institutions et des familles qui avaient un enfant atteint d'un handicap. J'ai alors découvert la souffrance terrible des familles, des hommes et des femmes qui avaient un handicap mental, enfermés dans des institutions, privés de liberté, de travail, et souvent de respect et d'amour.

En rendant visite au père Thomas à Trosly, j'ai pris conscience qu'il était possible pour moi de créer une petite communauté avec des personnes démunies, avec l'appui du docteur Préaut, un psychiatre éminent et bien connu dans l'Oise, et de rester en même temps proche du père Thomas. Il pouvait m'aider, ainsi que la communauté, à grandir dans l'amour et la sagesse de Jésus. Les autorités départementales cherchaient à cette époque des volontaires pour créer des centres pour des adultes ayant un handicap et proposaient un financement. Donc, pourquoi ne pas faire quelque chose ici à Trosly avec le père Thomas ?

C'est ce désir de soulager la souffrance et de venir en aide à ces personnes les plus faibles, souvent écrasées par la vie mais créées par Dieu et choisies par lui, qui m'a incité à agir. « Dieu relève l'humilié de la poussière et retire le pauvre du fumier pour l'asseoir au rang des princes[1]. » Dieu dit, à travers le prophète Isaïe, « Il demeure avec celui qui est humilié et désemparé[2] », et Paul nous révèle que Dieu a choisi ce qu'il y a de fou et de faible dans le monde et ce qu'il y a de plus méprisé[3]. « Il fait descendre les puissants de leurs

---

1. Psaume 113, 7-8.
2. Isaïe 57, 15.
3. Corinthiens 1, 18-28.

trônes, et relève les humiliés[1] », chante aussi Marie dans son Magnificat.

Pour moi, être chrétien, c'est se mettre du côté des faibles et des pauvres. Annoncer la Bonne Nouvelle aux pauvres ne consiste pas seulement à dire « Dieu t'aime », mais plutôt « Moi, je t'aime et je m'engage envers toi au nom de Jésus ». J'avais été impressionné par Dorothy Day aux États-Unis, qui vivait avec les gens de la rue, par Tony Walsh, qui avait vécu dans une réserve américano-indienne au Canada pour les aider à retrouver leur langue et leur culture, et par la communauté « Friendship House », où des chrétiens partageaient une vie de prière et d'amitié avec le peuple noir du quartier de Harlem, à New York. Depuis longtemps, je me sentais proche de la spiritualité de Charles de Foucauld, des Petites Sœurs et Petits Frères de Jésus, dont le but est de vivre en fraternité, au milieu des plus exclus et des plus marginalisés. Au fond, je voulais vivre dans la compagnie des personnes pauvres.

Tout s'est passé très vite. Après avoir terminé mon enseignement à Toronto au mois d'avril 1964, ayant refusé un poste de professeur permanent, j'ai décidé avec le père Thomas de trouver une petite maison à Trosly ou dans les environs et de sortir deux ou trois personnes d'un centre que j'avais visité dans la région parisienne et qui était surpeuplé, violent et difficile. J'ai pu créer une association avec le docteur Préaut, trouver les fonds nécessaires avec des amis, acheter une maison un peu délabrée – sans salle de bain, ni toilettes, mais adéquate – et nous procurer quelques meubles dans

---

1. Luc 1, 52.

une communauté Emmaüs. En l'espace de quelques mois, tout était au point !

C'est ainsi que, le 5 août, la directrice de ce centre surpeuplé est arrivée avec Raphaël Simi, Philippe Seux et Dany, apportant le déjeuner que le centre nous avait préparé. Le père Thomas était là avec le docteur Préaut et Jacqueline d'Halluin ; Louis Pretty et Jean-Louis Coïc étaient venus pour m'aider. Après le déjeuner et la vaisselle, les visiteurs sont partis, et je me suis trouvé avec les trois hommes atteints d'un handicap et mes deux amis. Que faire ? Chacun est monté dans sa chambre et a déballé sa valise. Philippe et Raphaël avaient tous les deux un certain équilibre humain au-delà de leur handicap physique et mental. Par contre Dany, qui était sourd et muet, se montrait hyper angoissé, courait dehors, gesticulant et criant. Face à lui, j'étais perdu ! Après un peu de repos, nous avons mis le couvert et partagé le repas. Puis nous avons prié autour de la table, avant de nous coucher. Ces débuts de l'Arche étaient si pauvres, si « fous », si impossibles ! La nuit a en effet été catastrophique avec Dany qui s'est levé toutes les heures en criant. Le matin, j'ai téléphoné à la directrice du centre pour qu'elle vienne tout de suite le chercher. Je n'en pouvais déjà plus. Tout a débuté par un échec !

Alors, la vie quotidienne a commencé. On se lavait avec de l'eau chauffée sur la cuisinière ; pour les douches, il fallait descendre au Val Fleuri, à deux cents mètres de la maison. Il y avait une sorte de « WC-seau » dans le potager. Des amis comme Raymond sont venus m'aider. Ils ont fait la cuisine et ont travaillé dans le jardin. Peu à peu, une sorte de routine s'est installée. Nous participions tous les matins, à 7 h 30, à la messe du père Thomas, puis nous avions le petit déjeuner, le travail dans le jardin, le ménage et la cuisine. Souvent, je ne savais pas ce que je pouvais ou devais faire. J'étais si ignorant des besoins des personnes en situation de handicap. Je m'adaptais à chaque événement et à chaque instant. L'important, c'était de vivre avec Raphaël et Philippe avec joie, de les écouter, de préparer et de partager les repas. Je vivais dans la confiance que l'Arche était l'œuvre de Dieu et que Jésus m'aiderait. Je voulais vivre l'Évangile et devenir l'ami des pauvres, et cela impliquait une certaine insécurité, un abandon à l'instant présent.

Dans le fond de mon cœur, il y avait une grande paix, et je vivais les débuts de l'Arche comme un soulagement. J'avais quitté la Marine en 1950. Ensuite, j'avais cru que l'Eau Vive serait le lieu de ma stabilité finale. Mais non, j'ai dû quitter cette communauté en 1956. Entre 1956 et 1964, j'étais en recherche, en pèlerinage. J'avais mon doctorat de philosophie à écrire et soutenir, et j'ai enseigné quelques mois à Toronto. Durant ces années, il y avait surtout mes liens de cœur, d'esprit et d'intelligence avec le père Thomas, et les contacts rares que j'avais avec lui. J'attendais le temps où je pourrais le retrouver. Où tout cela aboutirait-il ?

L'Arche apparaissait pour moi, consciemment ou inconsciemment, comme « my home », ma demeure. J'étais enfin arrivé « chez moi ». Car avant, je n'avais qu'une très petite chambre à Paris que le docteur Préaut m'avait prêtée. C'était la fin d'un long chemin de recherche confiante. J'avais enfin un lieu, mes pieds étaient dans la boue ; j'étais engagé auprès de quelques personnes pauvres et c'était pour toute ma vie. Mon rêve se réalisait. C'était la fin d'un long voyage mais c'était surtout, sans que je le sache, le début d'un autre très long voyage, dont je ne savais pas jusqu'où il me mènerait. Enfin, je pouvais vivre l'Évangile, proche du père Thomas.

Le nom « l'Arche » a été décidé dans une rencontre avec Jacqueline, la secrétaire du père Thomas, que j'avais connue à l'Eau Vive en 1950. J'ai fait, en créant l'Arche, ce que je croyais juste et vrai, ce que je pensais que Dieu voulait, sans trop de plans ou de réflexion. Suivre et accueillir les événements jour après jour, en assumant ma responsabilité envers Raphaël et Philippe. En les accueillant au sortir du centre où ils étaient jusqu'alors, qui était un lieu d'oppression, je voulais leur faire du bien, leur donner un lieu de liberté et de vie, une nouvelle famille.

Peu à peu, l'Arche a grandi. Un mois après l'ouverture, au début de septembre 1964, j'ai accueilli Jacques Dudouit, puis Pierrot Crepieux en décembre. D'autres personnes sont venues m'aider, et en particulier Henri Wambergue qui est arrivé le 22 août. Sœur Marie Benoît est arrivée fin octobre et a assumé la responsabilité de la maison avec la cuisine, les achats et le ménage. En mars 1965, j'ai eu à assumer également la difficile responsabilité du grand Val Fleuri, avec trente hommes plus ou moins perturbés, après la démission du directeur et de presque tout le personnel. En juillet, nous sommes tous partis en pèlerinage à Lourdes. Et puis, en 1966, nous sommes devenus pèlerins vers Rome : quatre-vingts personnes en dix-sept voitures ! Nous avons eu une merveilleuse audience privée avec le pape Paul VI qui, dans son discours, nous a appelés à la sainteté. Entre 1967 et 1970, nous avons fait d'autres pèlerinages à Lourdes, Fatima et La Salette.

La fondation « folle » de l'Arche et toutes les suites qu'elle a eues montrent mon état d'esprit de confiance et de « naïveté » devant la vie. C'est dans cet état

d'esprit qu'est venue l'idée d'organiser un grand pèlerinage avec Marie-Hélène. Je ne cherchais pas trop à
réfléchir sur les difficultés à organiser un tel événement, j'avais donné ma parole. J'avais un peu d'expérience des personnes ayant un handicap et des
pèlerinages. Si c'était l'œuvre de Dieu, alors j'en assu-
merais la responsabilité avec Marie-Hélène.

## Le pèlerinage fondateur

Si je n'étais pas toujours très présent à Paris pour la
préparation du pèlerinage, j'y ai participé néanmoins
en mobilisant de futurs pèlerins du Canada et des
États-Unis, sans toujours en avoir conscience sur le
moment. Durant les années 1968 à 1971, j'ai donné des
conférences et animé de nombreuses retraites au
Canada ; une nouvelle communauté de l'Arche était
née près de Cognac, une autre à Toronto, et enfin une
autre (un vrai miracle de la Providence) en Inde.
Durant ces conférences, je parlais de l'Évangile comme
source de vie, et de Jésus caché dans le pauvre qui nous
transforme. Je sentais, durant cette période mouve-
mentée dans l'Église, une grande attirance, surtout
parmi les jeunes, pour le sens profond de l'Évangile et
la place des pauvres. En même temps, l'Arche à Trosly
et aux alentours se développait avec de nouveaux
foyers.

En coordonnant le pèlerinage à Lourdes avec Marie-
Hélène, j'avais le sentiment qu'une nouvelle ère commençait où les personnes atteintes d'un handicap
mental auraient leur juste place dans l'Église et dans la
société. Aux États-Unis, un grand mouvement se des-
sinait pour fermer les grandes institutions et pour créer

des *group homes* dans les villes. Mes paroles d'ouverture, sur le parvis de la basilique du Rosaire devant 12 000 pèlerins, le Vendredi saint 1971, témoignaient de mon état d'esprit : « Nous allons tous créer, dans toutes les villes et villages, de petites communautés où les personnes ayant un handicap trouveront leur place. »

Malgré tout ce vaste travail de coordination et toutes les activités du pèlerinage que je menais avec Marie-Hélène, mon cœur était dans une grande paix. J'étais rempli de confiance, de cette confiance que tout ce qui se passait à l'Arche, tout ce que j'avais vécu au Canada et en Inde, et ce grand pèlerinage aussi, était l'œuvre de Dieu. C'était comme si Jésus avait choisi l'Arche et Foi et Lumière pour que quelque chose de nouveau se réalise dans le monde et dans l'Église.

Le but officiel que nous avions fixé pour le pèlerinage était de faciliter l'intégration des personnes affectées d'un handicap mental dans les pèlerinages diocésains. En réalité, l'objectif véritable, que Marie-Hélène et moi ignorions au début, était caché dans le cœur de Dieu : c'était la création d'un grand mouvement pour des personnes handicapées, leur famille et des amis, qui s'étendrait à travers le monde.

Au début de l'Arche, comme au commencement de Foi et Lumière, j'avais le désir de venir au secours des personnes qui avaient un handicap, si souvent mises de côté, y compris dans l'Église, et de leurs parents qui se sentaient, eux aussi, mal compris par l'Église. Le succès et les fruits du pèlerinage, la croissance de l'Arche et la vie dans les foyers m'ont fait découvrir que ces personnes avaient un rôle particulier à jouer dans le monde et dans l'Église.

Elles ne sont pas seulement les préférées de Dieu, elles ont comme un pouvoir mystérieux de transformer les cœurs et révéler Jésus, pour peu qu'on accepte de vivre une relation amicale avec elles. Leur simplicité, leur liberté intérieure en face des normes de la culture, leur capacité d'accueil et leur amour pour chaque personne provoquent une véritable transformation des cœurs. Elles font descendre les murs de protection autour de nos cœurs pour éveiller ce qu'il y a de plus beau en chacun de nous.

Le cardinal Rylko, le président du Conseil pontifical pour les laïcs à Rome, a pu dire, de nombreuses années après nous avoir connus : « Vous, à l'Arche et à Foi et Lumière, vous avez créé une véritable révolution copernicienne, ce n'est plus vous qui faites du bien aux personnes qui ont un handicap, mais vous dites que ce sont elles qui vous font du bien ! »

## La découverte des parents

Bien sûr, avant la naissance de l'Arche et durant ses débuts, j'avais rencontré beaucoup de parents de personnes ayant un handicap. Grâce à Foi et Lumière, j'ai pu prendre conscience des souffrances, des inquiétudes mais aussi de l'amour inconditionnel de tant de parents qui se donnent merveilleusement à leurs enfants. Mon expérience à l'Arche se situait d'abord auprès d'hommes, et par la suite de femmes, ayant un handicap, dont beaucoup avaient été séparés de leurs parents à un très jeune âge et placés dans des institutions. J'avais personnellement une grande expérience de la vie communautaire à travers l'Arche ; de son côté, Marie-Hélène avait une grande expérience des parents.

Nous étions, de ce point de vue, très complémentaires et j'avais beaucoup à apprendre.

Dans toutes les réunions de Foi et Lumière, j'entendais le cri d'inquiétude des parents : « Qu'est-ce qui va se passer pour nos enfants quand nous ne serons plus là ? » L'Arche apparaissait pour beaucoup comme une solution rêvée. Cependant, créer une communauté de l'Arche implique beaucoup d'éléments : il faut trouver des maisons adaptées, de l'argent pour les investissements et le fonctionnement, mais surtout il faut des personnes acceptant de porter le projet au plan local et un nombre important d'assistants s'y engageant dans une vie communautaire.

L'avantage de Foi et Lumière est sa plus grande facilité de mise en œuvre. Pour créer une communauté, ce n'est pas d'abord une question d'argent mais le désir de se rencontrer, de créer un groupe où les gens s'engagent les uns avec les autres. L'important est aussi l'engagement des amis. De fait, ce sont ces amis, touchés et bouleversés par les personnes ayant un handicap, qui nous ont aidés à découvrir le sens profond de Foi et Lumière. S'il était naturel que les parents se réjouissent et s'engagent dans Foi et Lumière, il était merveilleux que leurs enfants puissent trouver des jeunes amis qui les aiment et veuillent sortir avec eux.

Cela a permis à tant de jeunes de tous pays de découvrir le mystère de la personne avec un handicap ! Ceux et celles qui jusqu'alors représentaient aux yeux du monde un poids ou une malédiction se sont très vite révélés comme une bénédiction. Ces jeunes vivaient une véritable transformation de leur cœur et de leur esprit. Durant les années 1970, il n'y avait pas beaucoup de mouvements chrétiens qui attiraient les jeunes ; par contre, Foi et Lumière est devenu comme un pôle d'attraction. C'est ainsi que le « mouvement » – ce mot n'est pas choisi au hasard – s'est très vite développé.

De fait, on voit aujourd'hui que, pour que Foi et Lumière et l'Arche demeurent dynamiques, vivants et missionnaires, il faut que non seulement les jeunes mais aussi les parents découvrent un véritable appel de Dieu qui transforme les cœurs et les ouvre à l'Évangile, comme un chemin de paix et d'union à Jésus.

C'est la simplicité même de Foi et Lumière qui permet à ses communautés de rayonner davantage dans l'Église. Quand une communauté est liée à une paroisse et peut animer l'Eucharistie ou simplement y prendre part, elle devient visible. Beaucoup de paroissiens peuvent alors saisir que les personnes qui ont un handicap sont des personnes importantes, et que l'essentiel ne se situe pas dans la réussite humaine, le travail, les connaissances, le sport et un beau mariage.

Je me rappelle le témoignage d'une femme qui s'était écartée de l'Église qu'elle trouvait trop rituelle et sérieuse : « Je suis entrée dans une église un après-midi, et j'ai vu un groupe de personnes d'âges et de handicaps différents qui chantaient et dansaient, tous avaient l'air si heureux, je suis allée leur parler. Et, un jour, je me suis engagée dans la communauté ! » C'est la simplicité des personnes ayant un handicap qui révèle cet amour de Dieu et la vision de Jésus pour tout le monde.

## La spiritualité de l'Arche et de Foi et Lumière

La vie dans les foyers de l'Arche est toute simple. Nous créons ensemble une sorte de culture nouvelle, où la communication est faite de joie et de rires et, bien sûr, il y a aussi le travail, une pédagogie et une thérapie conduites avec des professionnels. Les repas sont au cœur et au centre de la vie, comme le lieu d'une béatitude. Les paroles de Jésus sont fondatrices pour ces communautés : « Quand tu donnes un repas, n'invite pas les membres de ta famille, ni tes amis, ni tes riches voisins ; quand tu donnes un banquet, invite les pauvres, les estropiés, les infirmes et les aveugles. Bienheureux seras-tu alors[1] ! »

Manger à la même table que les exclus est une béatitude évangélique.

L'Arche s'est développée dans cette communion avec les personnes exclues de la vie sociale et ecclésiale ; ces personnes sont le centre et la source de l'unité. Vivre avec le pauvre, c'est vivre avec Jésus. Cette spiritualité, pour les catholiques et tous les chrétiens, implique une vie de prière, une vie sacramentelle et une vraie vie intérieure. L'Eucharistie quotidienne est, pour moi et pour bien d'autres, nécessaire pour que nos cœurs s'ouvrent davantage à un vrai amour.

Cette vie simple de communion avec les personnes ayant un handicap est en réalité une spiritualité. C'est une vie inspirée et finalisée par l'Évangile et par la Parole de Jésus aux élus du Royaume ; même s'ils n'ont pas reconnu Jésus lui-même, c'est lui qu'ils ont servi sans le savoir forcément : « Tout ce que vous avez fait aux plus petits des miens, c'est à moi que vous l'avez fait[2]. » L'Arche voulait vivre ainsi le royaume de Dieu.

---

1. Luc 14, 12-14.
2. Matthieu 25, 40.

Cette même spiritualité est au cœur des communautés Foi et Lumière ; elle est un chemin d'union à Jésus dans la vie. La doctrine sociale de l'Église, si bien développée dans les encycliques des papes, surtout depuis Léon XIII, n'est pas d'abord une spiritualité mais une œuvre théologique et sociologique, qui enseigne aux chrétiens le devoir de se mettre au service des pauvres dans la société et dans le monde, avec intelligence et générosité. Les chrétiens ne peuvent pas se désintéresser du cri de la souffrance quand il jaillit dans le monde. Ordinairement, ce service de justice découle d'un désir d'aider les pauvres, ce qui implique un certain sentiment de supériorité par rapport à celui à qui on fait le bien.

Certes, en créant l'Arche, je voulais faire du bien à quelques personnes opprimées dans une institution fermée et violente. Raphaël et Philippe n'avaient aucune envie de vivre, toute leur existence, avec des professionnels qui leur feraient du bien. Les personnes touchées par un handicap mental ont été terriblement humiliées par notre société et elles n'ont pas toujours été reconnues comme ayant une vraie valeur, avec un droit à la parole et la possibilité de développer une conscience personnelle et de cheminer vers une maturité humaine.

Manger à la même table que des personnes exclues, ce n'est pas seulement leur donner à manger ; c'est vivre une relation d'amitié avec elles, vivre en communion avec elles. Créer une relation, les écouter, comprendre leurs souffrances et leurs besoins prend du temps, beaucoup de temps. De fait, aider Raphaël et Philippe à retrouver confiance en eux-mêmes, et à se considérer comme des personnes importantes et de valeur, a pris beaucoup de temps !

Si, d'abord, je me suis engagé avec Raphaël et Philippe pour leur faire du bien, je réalisais progressivement que l'essentiel était de vivre une relation de confiance mutuelle avec chacun, et de créer une communauté dans laquelle cette vie relationnelle pourrait être célébrée, vécue et approfondie. C'est un chemin d'humilité, d'écoute et, je dirais, de pauvreté. J'avais été formé pour commander dans la Marine, puis pour enseigner la philosophie ; il a donc fallu que je passe de ma tête – le centre du savoir – à mon cœur. Ce chemin du cœur consiste à révéler à l'autre et aux autres, humiliés et exclus, leur valeur en tant que personnes. Ils sont même des messagers de lumière, de vie, de Dieu.

Après avoir été vue par ses propres parents comme une déception, et humiliée pendant des années, il faut beaucoup de temps à une personne pour retrouver un sens à sa vie. Il m'a fallu également du temps pour renoncer à mes ambitions d'être parmi les meilleurs, en connaissance et en pouvoir, et pour retrouver le sens réel de ma vie : vivre en communion avec Jésus et avec des gens différents, faire descendre les murs des préjugés et des peurs qui étaient en moi, et qui me séparaient des autres.

Oui, les communautés de Foi et Lumière et de l'Arche sont des écoles d'amour : « L'amour est de Dieu et celui qui aime est né de Dieu et connaît Dieu[1]. » Aimer est un chemin vers Dieu ; Jésus nous conduit à aimer tous les autres, surtout les exclus et les plus pauvres.

Vivre avec et surtout avoir une vie relationnelle aimante, simple et confiante avec les pauvres, c'est vivre une alliance. L'amitié avec le pauvre est différente de celle qui se vit entre personnes « égales », qui sont

1. Jean 4, 7.

unies dans les mêmes activités. La communion avec le pauvre, avec la personne avec un handicap est une fin en soi, car elle est le lieu où on trouve Dieu.

La spiritualité de Foi et Lumière est la même que celle de l'Arche, mais elles ne peuvent pas se concrétiser de la même manière. Cette spiritualité s'inscrit dans une communauté où l'on vit ensemble pour l'Arche, où l'on se rencontre régulièrement pour Foi et Lumière. Avant même le pèlerinage de 1971, les familles d'une même ville ou d'une région se retrouvaient pour le préparer. Ainsi, se sont ébauchés des liens d'affection et de soutien fraternels entre les membres ; ces liens se sont vraiment tissés durant le pèlerinage. Le charisme de Foi et Lumière, comme celui de l'Arche, c'est cette vie communautaire structurée autour des personnes les plus faibles. Ce sont elles qui donnent le ton. Si, dans Foi et Lumière, les temps en communauté sont réduits à une ou plusieurs rencontres par mois, à des temps de vacances, des retraites, des pèlerinages, leurs membres en tirent néanmoins un dynamisme fort, une grande espérance et un sens profond de la vie. C'est vrai des parents qui ne sont plus aussi isolés, comme des personnes ayant un handicap qui peuvent trouver un sens à leur vie dans l'amour de Jésus, et des amis qui découvrent une vision nouvelle de la société par cette amitié avec les personnes les plus faibles.

Cette spiritualité trouve ses racines dans le besoin humain profond des parents de sortir de leur isolement et, pour leurs enfants, d'avoir des amis et des lieux où célébrer. Cette relation communautaire, avec sa vie de prière, ses moments de célébration et de partage, devient un lieu privilégié pour tous. Les liens étroits qui se tissent entre la vie spirituelle et les besoins humains expliquent l'extraordinaire développement de Foi et Lumière à travers le monde.

## Des communautés profondément humaines enracinées dans l'Évangile

Au Rwanda, où j'animais une retraite pour les familles de Foi et Lumière, j'ai posé cette question : « Qu'est-ce que Foi et Lumière vous apporte ? » Presque toutes les mamans qui étaient là avec leurs enfants m'ont dit : « Foi et Lumière m'a révélé que mon enfant est vraiment une personne, et même qu'il est aimé de Dieu. » Beaucoup de ces mamans avaient jusque-là le sentiment que leur enfant était une punition de Dieu et n'était pas vraiment humain.

C'est parce que Foi et Lumière est profondément humain que le mouvement a besoin de ce souffle de l'Esprit qui s'est manifesté si fortement au cours du premier pèlerinage à Lourdes. La souffrance que connaissent les personnes qui ont un handicap et leurs parents n'est évidemment pas réservée aux catholiques. Elle est celle de toute famille, qu'elle soit croyante ou non croyante. Marie-Hélène raconte dans ce livre que des anglicans et des protestants de différentes confessions étaient présents durant ce premier pèlerinage. C'est le même souffle qui a inspiré toutes ces familles si heureuses de découvrir comment Dieu accueille et aime leurs enfants.

La vision des communautés Foi et Lumière est centrée sur l'Évangile, et sur l'enseignement de Paul selon lequel Dieu a choisi le fou et le faible, le plus méprisé pour confondre les intellectuels et les puissants de la terre. Le charisme de Foi et Lumière est bien dans cette vie spirituelle et communautaire inspirée par l'Évangile, mais elle se limite à des rencontres, alors que beaucoup de parents aspirent aussi à trouver les services nécessaires, les écoles spécialisées et les ateliers dont leurs enfants ont besoin. La communauté Foi et Lumière aide les familles à sortir de leur isolement, et parfois de la honte qu'elles peuvent ressentir, et elle révèle l'essentiel : leur enfant est pleinement humain, il est précieux et appelé à vivre en communion avec Jésus.

C'est ainsi que les personnes ayant un handicap deviennent un appel et un chemin pour l'unité entre les chrétiens. Le mystère de la Croix de Jésus est au cœur de la vie chrétienne, et de chaque communauté, et il éclaire ce mystère de la souffrance humaine que Jésus a assumé. Il n'a pas supprimé la souffrance mais il donne une force pour la vivre.

Pour moi, il était évident dès l'origine que Foi et Lumière s'adressait à tous les chrétiens venant de différentes églises, même si ce mouvement a pris naissance au cœur de l'Église catholique à Lourdes. J'avais déjà eu l'expérience, comme officier de la Marine britannique, d'une vie en commun avec des chrétiens de différentes confessions, et dans mes retraites au Canada nous avons vécu ensemble des temps de communion profonde. L'Arche à Toronto a été fondée en 1969 par un couple de l'Église anglicane qui a accueilli beaucoup de personnes ayant un handicap issues de cette Église – et qui sont toutes venues au pèlerinage de 1971.

## Le désir d'une communion avec les autres religions

J'étais allé en Inde, en novembre 1969, pour répondre à un appel de disciples du Mahatma Gandhi à fonder une Arche. Ma visite dans ce pays, la rencontre avec ces disciples, qui ont aidé efficacement à la création d'une nouvelle communauté, la rencontre avec l'esprit et la pensée de Gandhi, son amour pour tous les hommes, spécialement les plus exclus, et sa vie de prière ont modifié profondément mon cœur. J'ai vécu une véritable conversion. J'ai pu constater des signes de la présence de Dieu dans cette culture si différente de celle que je connaissais en Occident. J'ai découvert une dimension et un approfondissement de ma propre foi en Jésus en constatant l'œuvre de Dieu chez les autres, d'une autre religion. N'est-ce pas ce que le Concile Vatican II a mis en lumière dans ses décrets *Lumen Gentium* et *Gaudium et Spes* ?

Cet approfondissement de mon cœur et de ma foi a continué l'année suivante, quand la communauté de l'Arche s'est ouverte à Bangalore avec le nom d'Asha Niketan et sous la responsabilité de Gabriele Einsle. Dans l'hindouisme, il y a tout un courant de spiritualité selon lequel Dieu est vu dans le pauvre, le rejeté et le lépreux. Les cinq communautés de l'Arche en Inde se sont beaucoup approfondies par une vie commune entre personnes avec un handicap et assistants de foi hindoue, musulmane et chrétienne. Un vrai témoignage de l'unité dans le quotidien, par et à travers la présence de personnes ayant un handicap !

Dans un de ses poèmes, Tagore parle de la fête dans un village qui se prépare à accueillir le dieu. Cela serait une belle et grande manifestation ! Tous les chefs sont là bien habillés pour l'occasion, les rues sont pavoisées, la fanfare municipale bien en place. Le chef du village, en allant ici et là pour vérifier si tout est en ordre et propre, s'est arrêté devant une petite hutte bien délabrée. La pauvre femme qui y habite prépare tout, elle nettoie avec empressement la terre battue de sa petite et pauvre demeure. « Que fais-tu là ? Viens, le dieu va venir », crie le chef à cette femme qui lui répond : « Je nettoie ma maison parce que Dieu va venir chez moi. » Le chef s'esclaffe : « Comment, tu crois vraiment que le dieu va venir chez toi, une pauvre ! » Elle s'exclame : « Mais qui, sauf Dieu, visite un pauvre ? »

Ces rencontres avec la spiritualité du pauvre en Inde m'ont donné un grand désir de faire connaître l'esprit de Foi et Lumière à des familles hindoues, musulmanes, bouddhistes, etc., qui vivent une grande souffrance avec leur fils ou leur fille atteint d'un handicap. Foi et Lumière, né à Lourdes, a une dimension profondément chrétienne qui ne permet pas son développement dans d'autres religions, mais nous pouvons espérer qu'un jour, un mouvement semblable pourrait naître dans d'autres religions, et apporterait aux parents une nouvelle espérance devant la présence de leur enfant ayant un handicap. Je crois que ce désir en moi est le reflet d'un désir de Dieu qui aime tous ses enfants dans toutes les cultures et les religions. Déjà aujourd'hui, soutenues par des membres de Foi et Lumière, des mamans musulmanes ont tenté l'expérience, sous une autre appellation, de groupes pleins de vie, s'inspirant fortement de l'esprit de Foi et Lumière et de ses activités.

Parce que les personnes handicapées mentales ont une capacité d'ouvrir et d'attirer les cœurs de chaque personne (cela fait partie de leur mystère), elles peuvent parfois être vues dans certaines cultures comme une bénédiction et non juste comme une malédiction. Je me rappelle un vieux grand-père musulman qui est venu avec son petit-fils à une conférence que j'avais donnée au Burkina Faso. Il m'a dit : « Personne, jusqu'à présent, ne nous a dit que Dieu aime nos enfants. » La petitesse et la beauté de certains de ces enfants peuvent être source d'unité entre des personnes de cultures et de religions différentes. La mission de l'Arche et de Foi et Lumière n'est-elle pas de révéler cette beauté et la capacité de relation de ces personnes, souvent mises au ban de la société, et de faire ainsi une œuvre de paix et d'unité entre tous les êtres humains ?

Les Frères de Taizé ont organisé, avec d'autres, un pèlerinage au Bangladesh, auquel ont participé un nombre important de personnes avec un handicap appartenant à des religions différentes. À la suite de ce pèlerinage, frère Franz a écrit ceci :

> Nous découvrons de plus en plus que ceux qui sont rejetés par la société du fait de leur faiblesse et de leur inutilité apparente sont en réalité une présence de Dieu. Si nous les accueillons, ils nous conduisent progressivement hors d'un monde de compétition et du besoin de faire de grandes choses, pour nous diriger vers un monde de communication des cœurs, vers une vie simple et pleine de joie où nous accomplissons de petites choses avec amour. [...]
> Le défi auquel nous sommes confrontés aujourd'hui nous pousse à montrer que le service donné à nos frères et sœurs qui sont faibles et vulnérables signifie l'ouverture d'un chemin de paix et d'unité : accueillir chacun

dans la riche diversité des religions et des cultures, servir le pauvre, préparent un avenir de paix.

## L'histoire sainte de Foi et Lumière

L'histoire de Foi et Lumière est une histoire « sainte ». Sainte parce qu'elle dit quelque chose sur Dieu, sur l'humanité et sur les rapports entre Dieu et l'humanité. La Bible est une histoire où Dieu se révèle à travers l'histoire de personnes spécifiques et de faits concrets. Les quatre Évangiles sont l'histoire de Jésus, ils révèlent qui est cet homme et sa mission d'amour de Dieu à l'égard de tous les êtres humains. C'est aussi une histoire de souffrance. Jésus se révèle dangereux pour l'« establishment religieux » de l'époque dont il a mis en cause les façons d'interpréter les Écritures et d'exercer le pouvoir religieux. Il est alors rejeté et finalement condamné à mort comme un malfaiteur. Celui qui est venu révéler l'amour et changer nos cœurs est abaissé, torturé et tué.

À travers l'histoire de faits concrets comme de personnes spécifiques, nous voyons la naissance et la croissance de l'Église. Nous pouvons alors mieux discerner qui est Dieu, qui est l'Esprit Saint et comment cet Esprit inspire l'Église naissante. De l'extrême pauvreté et déchéance de Jésus, affaibli et exclu, mais aussi de la vérité de ses paroles, de sa vie donnée, de ses actes et de sa résurrection de la mort, jaillit l'histoire de l'Église et, progressivement, une vision de la personne humaine qui se répand à travers la terre. Il est nécessaire de lire l'histoire de l'action de Dieu dans le monde, de la comprendre, puis d'entrer dans la vision de Dieu qui se révèle.

L'histoire de Foi et Lumière est aussi un signe de Dieu. À partir de la souffrance de Gérard et Camille et de leurs deux enfants, de la conversation et de la communion entre Marie-Hélène et moi est né ce grand pèlerinage. Du pèlerinage sont nées des communautés qui continuent de se répandre sur les cinq continents et qui transforment des cœurs blessés en des cœurs d'action de grâces. Ce qui a pu paraître pour certains une malédiction est devenu une bénédiction, c'est-à-dire un lieu dans lequel on peut puiser du bien.

Le pèlerinage de 1971 n'était pas un pèlerinage ordinaire ; il a été organisé pour et avec des personnes ayant un handicap mental qui, jusqu'alors, avaient été généralement exclues des pèlerinages diocésains, et parfois de l'Église. Cette explosion de joie et de vie à Lourdes a révélé l'importance des personnes qui ont un handicap mental pour l'Église, pour l'humanité et pour nos sociétés. Les plus faibles, les plus fous, les plus méprisés sont réellement importants pour l'humanité et pour l'Église, voilà le message de Foi et Lumière et de l'Arche.

La famille humaine ne peut trouver la paix et son accomplissement que si, tous, nous nous tournons vers les plus faibles pour les reconnaître et les relever. Non seulement ces personnes sont importantes, réellement humaines, mais elles ont un pouvoir de transformer les cœurs si l'on veut bien vivre en relation et en communion avec elles. Ce qui est le plus méprisé devient alors une source de vie et d'espérance. N'est-ce pas pour cela que saint Paul dit que les parties du corps les plus faibles sont indispensables au corps qu'est l'Église[1] ?

---

1. Corinthiens 12, 22-23 suiv.

Le danger, pour nos sociétés, est l'endurcissement des cœurs à cause de la peur qui se répand chez tant de gens : peur de l'échec, peur de perdre un standing de vie, peur de perdre de l'argent, peur des catastrophes et des accidents. C'est justement ceux qui ont vécu des peurs et des humiliations, et qui sont faibles, qui peuvent devenir source d'une nouvelle espérance.

La croissance de Foi et Lumière ne s'est pas faite sans opposition. Tout ce qui est nouveau éveille des résistances. Le pèlerinage de 1971 s'est déroulé avec beaucoup d'enthousiasme, mais il y avait aussi ceux qui ne pouvaient pas voir dans l'éclosion et le développement de ce mouvement un signe de l'Esprit Saint agissant dans les cœurs. Après le Concile, au moins en France, il y a eu des tensions dans l'Église, une certaine opposition entre le social et la piété. Les résistances à l'éclosion de Foi et Lumière sont devenues presque une bataille. Marie-Hélène décrit ces tensions avec beaucoup de discrétion, s'appuyant sur les faits et les documents des archives de Foi et Lumière. N'est-ce pas la même résistance que tout mouvement nouveau trouve dans l'Église ?

L'Esprit Saint guide avec fermeté et douceur, et même parfois avec éclat. Ainsi, Foi et Lumière a pu grandir et se répandre à travers le monde. Il faut ajouter que son aspect profondément humain, la joie des parents et de leurs enfants ayant un handicap de trouver des amis et d'avoir des lieux de rencontre ont été comme une terre, très humaine, dans laquelle l'Esprit Saint a pu s'enraciner.

La joie qui jaillit aujourd'hui des 1 650 communautés de Foi et Lumière situées dans quatre-vingts pays est appelée à devenir une joie pour tous les êtres humains. Dieu, étant à la source de ce grand développement à travers le monde, révèle qu'Il est proche de nous tous avec nos pauvretés et nos richesses.

Par là, Foi et Lumière est prophétique. Le prophétisme n'est pas une vision de l'avenir mais une vision de salut pour les êtres humains, aujourd'hui pris dans un monde de division, d'injustice, de violence, d'égoïsme et parfois de haine, un monde où tant de gens se sentent seuls et isolés. Foi et Lumière montre un chemin qui n'est pas d'abord économique mais celui d'une ouverture des cœurs aux personnes faibles. Ne plus chercher la première place, ni à gagner par la force avec un esprit de rivalité, mais s'ouvrir ensemble avec les personnes plus faibles, s'unir pour créer des communautés de rencontre où il y ait plus d'amour et de paix. N'est-ce pas ce que Jean-Paul II disait en janvier 2004 :

> C'est pourquoi il a été dit à juste titre que les personnes handicapées sont des témoins privilégiés de l'humanité. Elles peuvent enseigner à tous ce qu'est l'amour qui sauve et elles peuvent devenir des messagers d'un monde nouveau, non plus dominé par la force, par la violence et par l'agressivité, mais par l'amour, la solidarité, l'accueil, un monde nouveau transfiguré par la lumière du Christ, le Fils de Dieu incarné, crucifié et ressuscité pour nous[1].

---

1. Message du pape Jean-Paul II aux participants du symposium international « Dignité et droits de la personne atteinte d'un handicap mental », au Vatican, le 5 janvier 2004.

# Prologue

Francesco Gammarelli avait tout pour être heureux. Une profession prestigieuse, tailleur du pape ; une femme aimée, Olga ; un fils aîné, Max, puis une petite fille, Sabina. On ne s'est pas aperçu tout de suite qu'elle avait des « problèmes ». Au fil des mois, on a découvert qu'elle ne voyait pas, qu'elle ne communiquait pas, qu'elle était profondément handicapée. Francesco s'est alors enfermé dans la révolte et le désespoir. Il a fui son foyer, ses amis et s'est coupé de Dieu.

Dans son monde sans issue, il reçoit un jour, en 1977, un coup de téléphone de Gwenda, une jeune femme qui invite Sabina à une rencontre de sa communauté Foi et Lumière. Colère de Francesco : Sabina est incapable de participer à quelque réunion que ce soit ! Gwenda insiste gentiment et, de guerre lasse, il capitule. Quand Gwenda les accueille, elle prête attention avant tout à la petite fille dans les bras de son père : « Comment vas-tu, Sabina ? » Pour la première fois, on s'adresse à elle comme si elle était une personne. Francesco n'en montre rien, mais il est bouleversé. Sabina, seule d'abord, est adoptée par la communauté. Plus tard, ses parents la rejoindront.

C'est à Rome, en 1979, que j'ai fait la connaissance de Francesco. Nous étions assis en cercle, chantant et jouant. Soudain, je vois Sabina se lever, et s'approcher d'un pas trébuchant, passant d'une personne à une autre, en palpant chaque visage. Arrivée à son père, elle a poussé un cri de joie et s'est blottie dans ses bras. Vision inoubliable de cette petite fille et de son papa, se rejoignant en un échange d'amour dans la confiance.

Francesco, devenu vice-coordinateur international de Foi et Lumière, m'accompagnait un jour à un rendez-vous à Rome avec le directeur d'une association caritative susceptible de nous donner une subvention pour un nouveau pèlerinage international. Après m'avoir écoutée, le directeur a marqué une surprise presque choquée : « Vous accorder une aide ! Mais vous ne faites rien, pas d'école, pas d'atelier, pas de foyer... » Avec passion, Francesco s'est alors écrié : « Rien ?! Moi, je vais vous dire ce que nous faisons. » Alors, il a raconté Sabina, sa vie brisée, son foyer disloqué, puis le surgissement de Foi et Lumière, la découverte de la beauté cachée de sa fille, l'accueil d'une communauté avec des personnes handicapées mentales, leurs parents et de jeunes amis qui lui a redonné vie. « Une seule personne handicapée, comme Sabina dont on découvre tout ce qu'elle vaut, une seule famille qui retrouve l'espérance, oublie son épreuve, partage celle des autres, cela n'a pas de prix. Cela vaut bien plus que tous les avions supersoniques de la terre. Or, des familles comme la mienne, il y en a des milliers dans le monde. Voilà ce que fait Foi et Lumière ! »

Le directeur était visiblement ému, je l'étais tout autant. Dans mon cœur, ce cri : « Plus jamais nus. Plus jamais seuls. Sauvés[1] ! » J'ai eu soudain la vision éclatante de ce que, dans l'invisible, Foi et Lumière était en train d'accomplir et un grand désir que tout cela ne soit pas perdu. Cette histoire – une histoire sainte –, il fallait qu'elle soit racontée.

Faire le récit de ces quarante années d'histoire du mouvement me parut d'abord un défi démesuré. Mais c'est un beau défi. Il n'y a qu'une seule chose à faire, avait dit la petite Thérèse de l'Enfant-Jésus en commençant l'histoire de sa vie : « Chanter les miséricordes du Seigneur. » Voilà une clé pour nous : chanter les merveilles de Dieu sur les plus petits, sur Foi et Lumière.

Sur un tout autre plan, j'ai été aidée par le père Gerald Arbuckley, un prêtre néo-zélandais, théologien, qui s'est consacré à l'histoire des associations et communautés religieuses. Il a découvert que, pour qu'elles perdurent au fil des ans, l'essentiel était de revenir aux racines de leur fondation. Comment sont-elles nées, quels étaient leur but, leur inspiration première ? Comment se sont-elles développées, ont-elles rayonné ? C'est cela qu'il fallait rassembler et mettre en lumière pour notre mouvement, rendre ainsi les racines accessibles à tous.

Même si nous avons eu la grâce, Jean Vanier et moi, d'être artisans de sa fondation, l'histoire de Foi et Lumière appartient à chacun de ses membres, parents, amis, à chaque personne atteinte dans ses capacités

---

1. Jean Giono.

39

mentales. Tous l'ont écrit et l'écrivent au quotidien. Elle appartient aussi à tous ceux qui attendent une main amie, une voix qui leur dise : « Je t'aime comme tu es. Dieu t'aime comme tu es. »

Je souhaite que l'histoire étonnante de Foi et Lumière, cette aventure mystérieuse, avec ses vicissitudes et ses joies, témoigne de la manière efficace et délicate, humble et modeste, par laquelle notre Père des Cieux prend soin de ceux qui sont les plus chers à son cœur, de tant de Sabina et de tant de familles dans le monde. C'est pour elles qu'Il nous a confié Foi et Lumière.

# 1

# Les prémices

Foi et Lumière n'est pas le fruit de longues heures de réflexion et de cogitation. Il n'y a pas eu de plan préétabli. Foi et Lumière nous a été donné par le Seigneur et par sa Mère à Pâques 1971. C'était comme leur réponse à la souffrance des personnes handicapées mentales et de leurs familles. Le Seigneur, j'en suis convaincue, voulait rendre plus vivante, plus actuelle la parole de saint Paul : « Dieu a choisi ce qui est faible pour confondre les forts, ce qui est fou pour confondre les sages. »

Pour accomplir son œuvre, comme à son habitude, Dieu s'est servi des circonstances et des rencontres. De longue date, il avait préparé plusieurs personnes, Jean Vanier, Camille et Gérard Proffit, et moi, puis beaucoup d'autres. À vues humaines, nous n'aurions jamais dû nous rencontrer, et encore moins nous lier dans une mission commune. C'est l'inattendu de Dieu qui surgit à l'improviste dans nos vies.

## Ma rencontre avec les personnes handicapées

Pas plus que Jean Vanier, je n'ai connu de personne handicapée dans ma propre famille. Alors, pourquoi ai-je été, à dix ans, très touchée par Anne et Emmanuel, deux enfants profondément handicapés l'un et l'autre, mais entourés de tendresse par leur famille ? Pourquoi Alice, échouée à dix-sept ans dans notre classe de cinquième, m'a-t-elle émue un jour par sa détresse secrète ? Je ne sais pas. Mais je suis sûre qu'Anne, Emmanuel et surtout Alice n'ont pas été pour rien lorsque, en découvrant l'existence d'une école d'éducatrices spécialisées, j'ai su d'emblée que c'était là que je voulais m'orienter.

À l'issue de mes études, le père Henri Bissonnier, qui était notre professeur d'orthopédagogie, m'a proposé de collaborer avec lui au Secrétariat catholique des enfants malades et au Bureau international catholique de l'enfance (BICE).

Dans ce cadre, puis plus tard dans celui de l'Office chrétien des personnes handicapées (OCH), je rencontrais souvent des parents. De leurs témoignages ressortaient leur solitude, leur angoisse pour l'avenir de leur enfant, et pour beaucoup d'entre eux un sentiment de culpabilité écrasant et la souffrance de se voir si mal compris par l'Église. Pour certains, la découverte du handicap de leur enfant avait été synonyme de rupture ou d'éloignement de Dieu. Comment croire en l'amour d'un Dieu tout-puissant qui permet qu'adviennent de telles injustices ? Bon nombre trouvaient un point d'appui dans l'Union nationale des associations de parents d'enfants inadaptés (l'UNAPEI), qui avait pris à bras-le-corps la création d'établissements spécialisés et l'action auprès des pouvoirs publics. Beaucoup aspiraient aussi à un soutien spirituel, à une aide pour vivre leur épreuve à la lumière de l'Évangile.

Déjà en 1962, avec plusieurs parents ayant un enfant handicapé, nous avions ébauché, dans le cadre du BICE, un projet de pèlerinage à Lourdes. La suggestion venait de Geneviève Hourdin, la femme de Georges, fondateur et directeur de *La Vie catholique*. Ils avaient huit enfants, dont la dernière, Marie-Anne, était trisomique. Nous avions alors pensé à un pèlerinage qui s'adresserait uniquement aux parents d'enfants porteurs d'un handicap mental, mais sans la présence de leur enfant. Ce serait un congrès-pèlerinage réunissant 200 à 300 personnes, à qui seraient proposés, outre une démarche spirituelle, une formation et un éclairage chrétiens sur leur épreuve, avec des conférences, des ateliers... *La Vie catholique* était prête à apporter un soutien financier. Il y eut deux ou trois réunions de parents et d'amis, dont la maréchale Leclerc de Hautecloque. Ce projet n'a pas abouti, faute d'une équipe suffisamment étoffée et motivée, et d'une cheville ouvrière que je ne pouvais pas accepter de devenir.

D'une certaine façon, l'heure n'était pas encore venue. Il fallait que les rencontres s'accomplissent, que la confiance naisse et grandisse entre les protagonistes et surtout que l'on envisage, en priorité, la participation des personnes handicapées elles-mêmes pour mobiliser les cœurs et les énergies.

Cette même époque (1963) fut celle de la création de l'Office chrétien des personnes handicapés (OCH). Comme je viens de le dire, en effet, mes rencontres avec les parents d'enfants handicapés étaient quotidiennes.

Leur souffrance me touchait profondément, et tout particulièrement leur douleur à l'annonce du handicap ou de la maladie d'un enfant qu'ils avaient attendu avec tant de joie.

D'en avoir été témoin m'a profondément marquée. En tant que responsable du stage de trois élèves éducatrices à l'hôpital des Enfants Malades, j'avais la possibilité d'assister à quelques consultations. Se présente un jour un tout jeune couple. Le père portait dans ses bras un petit garçon d'environ dix-huit mois, recroquevillé, sans relation apparente avec ses parents. Le médecin l'examine très longuement, sans un mot. Puis il le remet dans les bras de son père avec ces seuls mots : « Il n'y a rien à faire. Il est irrécupérable. Il faut le placer et penser à un autre enfant. » La douleur des parents était incommensurable ; la mère, effondrée, ne pouvait cacher ses larmes ; le père, livide, s'efforçait de demeurer stoïque.

« Il n'y a rien à faire. » J'étais désolée et révoltée. Par ces mots, l'enfant était plus irrémédiablement condamné que par son handicap. Il y a toujours quelque chose à faire ! L'enfant le plus limité sent bien s'il est aimé ou rejeté, s'il est source de larmes ou de joies. Ce matin-là, j'ai compris que, pour aider un enfant handicapé à grandir, il faut d'abord rejoindre ses parents et leur donner confiance dans la beauté cachée de celui qui leur est confié. Son intelligence est peut-être très limitée, mais pas sa capacité d'aimer. Pour vivre, il n'aspire qu'à une chose : être aimé et aimer à son tour. Ne pas laisser les parents dans leur solitude, les accompagner au cours des années, leur faire rencontrer d'autres familles et, s'ils doivent absolument se séparer de l'enfant, essayer de rechercher la solution la plus adaptée et la manière de ne pas couper tous les liens d'amour, tels étaient des éléments essentiels à mes yeux.

Un fait d'actualité m'a également profondément marquée à cette époque, c'est ce qu'on a appelé « le procès de Liège ».

Dans cette ville de Belgique, une petite Corinne, née sans membres, fut supprimée par ses parents. Tous deux, acquittés, ont été alors portés en triomphe par une foule en liesse. Ce fut un choc dans l'opinion publique. En Belgique, en France et dans bien d'autres pays, des personnalités, comme des gens inconnus, s'alarmaient du devenir d'une société où le respect de la vie était aussi manifestement bafoué. De nombreuses voix se sont élevées dans tous les médias pour rappeler le caractère unique et sacré de chaque être humain. En même temps, il était évident que les parents, face à ce drame terrible, avaient été laissés dans une solitude inimaginable. Comment affirmer la dignité de toute vie humaine sans, en même temps, accompagner, soutenir, aider les familles qui se trouvent devant la redoutable responsabilité d'accueillir et d'élever un enfant tel que la petite Corinne…

Radio Luxembourg décida alors de susciter la création d'un centre pour enfants atteints de dysmélie (une malformation congénitale des membres due, à l'époque, à un médicament, la thalidomide, que l'on prescrivait aux futures mamans dans l'ignorance de ses effets pervers). La campagne de fonds lancée par RTL permit non seulement d'atteindre l'objectif de quatre millions de francs, mais aussi de dépasser toutes les espérances car les sommes recueillies ont été nettement supérieures à ce qui était attendu. La direction de la chaîne a alors songé au lancement d'une association au service des personnes handicapées et de leurs familles et m'a proposé d'en assumer la responsabilité. Avant de donner un accord définitif, je décidai de rencontrer Marthe Robin[1] pour lui confier le projet. Son silence m'a surprise, puis elle m'a demandé : « Pourriez-vous, dans ce cadre, poursuivre une œuvre ayant une dimension spirituelle et religieuse ? » Il était évident que non. Intérieurement, ma décision s'inversait. Marthe, tout en fermant une porte, en entrouvrait une autre : « N'aurait-on pas besoin d'une association avec des buts proches de ceux dont vous m'avez parlé, soutenir des parents, créer des centres d'accueil, sensibiliser l'entourage, mais tout cela à la lumière de l'Évangile ? »

L'année suivante, en octobre 1963, l'Office chrétien des personnes handicapées (OCH) voyait le jour.

## Les familles et leurs enfants handicapés

Dans les années 1950-1970, les possibilités qui s'offraient aux parents après l'annonce brutale ou la découverte progressive d'un handicap mental chez leur enfant, souvent après qu'un médecin leur eut recommandé de s'en séparer, étaient peu nombreuses.

Ceux qui avaient des ressources financières suffisantes plaçaient leur enfant dans un établissement

---

1. Marthe Robin (1901-1981) a été, avec le père Finet, au point de départ des Foyers de Charité, centres de retraites spirituelles animées par une communauté de fidèles. Petite paysanne, elle a vécu à Châteauneuf-de-Galaure (Drôme). Depuis l'âge de dix-huit ans, elle était entièrement paralysée, ne supportant pas la lumière, offrant sa vie à Jésus, recevant des milliers de personnes venues lui demander un conseil et le soutien de sa prière. Sa cause de béatification est ouverte.

« coûteux » en Suisse ou en Belgique. D'autres recherchaient une famille d'accueil à la campagne. La qualité des soins matériels et de l'ambiance affective dépendait alors uniquement du savoir-faire, de la bonne volonté et de la valeur morale des « hébergeants », comme on disait. D'autres avaient recours aux asiles et à certains quartiers des hôpitaux psychiatriques, appelés « fourre-tout ». Faute d'autres lieux adaptés, on y plaçait les « débiles mentaux », alors qu'ils n'avaient pourtant nullement besoin de soins psychiatriques. Ce dont ils avaient besoin, c'est d'un lieu chaleureux et aimant, où on les aiderait à faire ce dont ils étaient capables ; et, surtout, à découvrir leur don unique d'être aimés et capables d'amour, don qu'ils étaient appelés à développer et à faire rayonner, exactement comme nous.

Les asiles procuraient une nourriture et un hébergement collectif, mais il y manquait la dimension d'intérêt personnel pour l'autre, de tendresse, de reconnaissance, de respect simplement, qui seront les fondements de l'Office chrétien des personnes handicapées, plus tard de Foi et Lumière. C'est dans l'un de ces établissements que Jean Vanier avait découvert avec effroi le désordre, la violence, la désespérance qui entouraient la vie de ceux qui n'étaient pas comme les autres. C'est là qu'il a eu l'idée prophétique de l'Arche.

Dans la majorité des cas, l'enfant restait à la maison, soit parce que ses parents se heurtaient partout à des refus, soit parce qu'ils ne pouvaient pas se résigner à se séparer de lui. Alors, il restait là, parfois caché au fond d'un appartement. Car avoir un enfant handicapé mental, un « idiot », comme on disait alors, constituait pour beaucoup une honte pour toute la famille.

J'ai connu un couple qui vivait à la campagne, Pierre et Marie-Jo, qui avait un fils handicapé. Après le pèlerinage de 1971 qui avait marqué leur vie, Pierre avait entendu parler de plusieurs familles de leur région qui dissimulaient leur enfant handicapé. Il avait alors demandé à son employeur, les PTT, d'être rétrogradé afin de devenir facteur, ce qui lui permettait de rendre visite quotidiennement à ces différentes familles. Au cours de ces visites, il évoquait parfois son propre fils, ses difficultés, ses joies et parvenait ainsi à apprivoiser progressivement les familles. Ses confidences entraînaient souvent un échange et l'aveu de la présence de l'enfant handicapé, si soigneusement caché jusque-là. Une petite lumière dans les ténèbres ! Une nouvelle étape s'ouvrait alors pour ces familles, car dire la vérité libère déjà d'un poids bien lourd à porter, qui les conduisait parfois jusqu'à une communauté.

À cette époque, il existait également une autre possibilité d'accueil pour ces enfants handicapés : les établissements créés et gérés par des congrégations religieuses. Celles-ci étaient souvent décriées et critiquées en raison du grand nombre d'enfants qu'elles accueillaient et de leurs méthodes pédagogiques parfois anachroniques. Il faut cependant leur rendre justice. Ces communautés ont toujours été pionnières dans la prise en charge des personnes handicapées rejetées par la société : les sourds, les aveugles, les lépreux, les malades psychiques, les polyhandicapés… Et bien des établissements ne se contentaient pas de les maintenir en vie, ils s'efforçaient d'entourer de leur amour ceux qu'ils accueillaient et d'innover dans tous les domaines, en particulier dans la pédagogie. On pense à saint Jean-Eudes, à saint Camille-de-Lellis, à saint Jean-de-Dieu, à l'abbé de l'Épée, à Pierre-François Jamet, à John Bost, protestant, et à tant de leurs émules. Et puis il y eut, dès les années 1950, des parents qui, avec un immense amour pour leur enfant, une foi et un courage chevillés au corps, prirent le problème de front et commencèrent à créer de petits centres éducatifs, et s'unirent pour former une association très importante et performante, l'UNAPEI. Elle regroupe aujourd'hui soixante mille familles et gère trois mille établissements et services médico-sociaux.

## Ceux que la Providence a préparés

L'histoire de Foi et Lumière, c'est l'histoire de plusieurs rencontres. D'abord celle de Camille et Gérard Proffit. Avec leurs deux enfants, Thaddée et Loïc, ils furent les premiers inspirateurs du pèlerinage qui a initié la naissance du mouvement Foi et Lumière. Agriculteurs dans la Somme, ils s'étaient mariés dix ans plus tôt et désiraient une famille nombreuse, dans laquelle s'éveillerait peut-être la vocation d'un prêtre. Comment imaginer que naîtraient deux garçons ayant un handicap profond ? Deux garçons qui ne pouvaient ni marcher, ni parler, et qui n'avaient aucune autonomie. Camille disait même : « Je sais à peine s'ils nous reconnaissent ! »

Lorsque Thaddée est devenu trop lourd pour que sa maman continue de s'en occuper à plein temps, il a été confié à un grand centre, en Lozère. Tous les mois, Camille passait une journée avec lui, ce qui entraînait pour elle à chaque fois deux nuits de train. Loïc, lui, restait à la maison. Je l'ai connu quand il avait huit ans, avec son regard souvent tourné vers le ciel, semblant perdu dans des pensées indéchiffrables. Il raffolait de musique et jubilait quand son papa le faisait danser.

Camille et Gérard ont voulu se rendre à Lourdes en famille, l'été 1967. Pourtant, le pèlerinage de leur diocèse leur a été fermé, en invoquant le bon sens et des raisons pratiques, coutumières de cette époque : « Vos enfants ne comprendraient rien à tout ce qui se vit à Lourdes. De plus, ils risqueraient de perturber les autres pèlerins. » Camille et Gérard ont néanmoins persisté dans leur projet et ont décidé de se rendre à Lourdes par leurs propres moyens. Arrivés dans la ville sainte, ils n'ont malheureusement pas trouvé de place dans un hôtel, tout au moins pour leurs enfants : « Mettez-les à l'Accueil Notre-Dame, c'est un lieu pour eux », se sont-ils entendu répondre.

C'était mal connaître la détermination de Gérard et de Camille. Ils ont finalement convaincu un hôtelier de les recevoir, mais à la condition expresse que les repas leur soient servis dans leur chambre ! Pendant trois jours, Camille et Gérard ont ressenti dans leur chair le rejet de leurs enfants, dans leurs allées et venues à travers la ville comme dans les célébrations. Ils ont été blessés par des regards, des réflexions de pitié ou de réprobation : « Quand on a des enfants comme ça, on reste chez soi ! » Exclus du pèlerinage, ils se sentaient un peu comme exclus de l'Église.

Le docteur Paul Biérent et sa femme, Marcelle, ont eux aussi fait partie des premiers à participer à cette aventure. Ils avaient connu une grande épreuve : leur fille, Anne-Joëlle, avait été frappée d'une encéphalite à l'âge de cinq ans. Elle en avait gardé de graves séquelles et elle était morte à seulement quinze ans. Pour ses parents, la blessure de son décès fut encore plus profonde que celle de son handicap. Ils auraient rêvé d'aller à Lourdes avec elle et ne se pardonnaient pas d'avoir différé cette démarche.

Quant à Jean Vanier, son itinéraire est bien connu et saisissant. Fils du général Georges Vanier, gouverneur général du Canada, il a poursuivi ses études dans la Royal Navy et a été officier de marine. Il a rencontré le père Thomas Philippe, un dominicain, et a étudié auprès de lui la philosophie et la théologie. Il sera plus tard nommé professeur de philosophie à Toronto.

En 1963, le père Thomas résidait à Trosly-Breuil, un village à dix kilomètres de Compiègne où il était l'aumônier du Val Fleuri, établissement accueillant une trentaine d'hommes ayant un handicap mental. Lorsque Jean est venu voir le père Thomas, il fut frappé par la qualité de cœur des résidents. Jean eut également l'occasion de visiter plusieurs asiles psychiatriques de la région qui hébergeaient des personnes ayant un handicap mental. Leur soif de relation et d'amitié a résonné en lui comme un appel. En 1964, il s'est installé dans une maison de Trosly-Breuil, pour y vivre avec Raphaël et Philippe, deux hommes atteints d'un handicap mental, abandonnés par leurs familles. Soutenu par le père Thomas, il fonde alors, le 4 août 1964, la première Arche, avec l'intention de partager sa vie avec eux et un autre assistant. Mais les choses sont allées bien différemment puisqu'il prendra la direction du Val Fleuri en décembre de la même année. Le Val Fleuri sera alors intégré dans l'Arche.

Dès le mois de juillet 1965, la communauté entreprend son premier pèlerinage à Lourdes. Jean a confié en avoir constaté les fruits immédiatement, notamment en observant que même les personnes très déficientes étaient sensibles au symbole de l'eau, aux fontaines, à la piscine, à la procession aux flambeaux, à la prière de la foule... Il fut émerveillé par la foi des malades et des plus fragiles, qui se reconnaissaient dans la petite Bernadette, la plus pauvre et la plus méprisée de Lourdes et aussi la plus confiante en la tendresse de Marie. Le cœur de chacun fut en quelque sorte renouvelé et l'unité de la communauté s'est ainsi renforcée. Depuis, chaque année, toute la communauté se met en route pour un « lieu saint ».

Le 7 novembre 1966, je me suis rendue à l'Arche et j'y ai rencontré Jean pour la première fois. J'étais alors plus que réservée. Dans mon entourage, on trouvait suspect qu'un officier de marine ait entrepris des études de philosophie, soit devenu professeur, puis ait eu l'idée de s'installer, sans aucune expérience, dans un village près de Compiègne comme directeur d'une maison pour adultes handicapés mentaux. Et je dois dire que je partageais ces préjugés.

Pourtant, Marie-Madeleine Revon, grande amie de madame Vanier, la mère de Jean, présidait une association pour jeunes délinquants dont j'étais administratrice. Elle manifestait une profonde admiration pour l'Arche et son fondateur. À la fin de chaque réunion du conseil, elle me pressait pour que nous allions ensemble visiter cette communauté.

Lassée par son insistance, je finis par céder. Un beau soir, nous avons pris le train pour aller dîner à Trosly-Breuil. Jean Vanier est venu nous chercher à la gare de Compiègne. La traversée de la forêt et l'arrivée dans le petit village sous une pluie battante et le froid de la fin d'après-midi m'ont paru sinistres. À la chapelle, la messe était déjà commencée, il y avait une quinzaine de personnes qui de toute leur voix chantaient... faux ! Pourtant, ce fut un premier choc : celui de la justesse de leur cœur et de la ferveur de leur foi. Ceux qui étaient là paraissaient boire les paroles du père Thomas Philippe, paroles inaccessibles à leur intelligence, mais dont leurs cœurs semblaient percevoir la foi et l'amour.

Puis, nous avons dîné dans le petit foyer de l'Arche. On m'a accueillie comme une vieille amie, on me posait des questions, on se taquinait joyeusement, chacun racontait sa journée. Dans la simplicité et la liberté des échanges, je distinguais difficilement qui était handicapé et qui ne l'était pas. À la fin du repas, Pierrot, une des personnes handicapées, a déclaré : « Les invités à la vaisselle ! » En réalité, Jean Vanier s'est mis à la vaisselle, tandis que tout le monde essuyait et rangeait. Puis, on a allumé des bougies pour marquer le temps de la prière. Tous ceux qui le voulaient se sont rassemblés de nouveau autour de la table. On a parlé de Jésus, on s'est adressé à lui, on lui a confié des intentions innombrables, aussi bien une marraine qui venait de mourir que le petit chat de la voisine qui était perdu.

Dans le train de retour pour Paris, ni Marie-Madeleine, ni moi n'avons eu envie de parler. Personnellement, j'étais très touchée. Compte tenu de ma profession et de mes activités, j'avais visité, en France et à l'étranger, un certain nombre d'établissements qui accueillaient des personnes ayant un handicap. Mais ce qui m'a frappée, ce jour-là, c'est quelque chose que je n'avais jamais ressenti ailleurs : ce n'était pas un simple établissement, c'était une famille. Une famille de frères et sœurs qui partageaient la même vie ; une famille d'enfants de Dieu qui partageaient la même foi dans une amitié et une communion où chacun donne et reçoit, tout naturellement, comme on respire, sans y penser vraiment. De quoi faire tomber mes préventions !

Aussi, lorsque Jean nous reconduisait à la gare, je me suis hasardée à lui parler du congrès national de l'UNAEDE[1] que nous organisions en avril, sur le thème : « Les techniques psychopédagogiques au service de la personne », et, comme il semblait s'y intéresser, je lui ai demandé s'il pourrait y collaborer. Quelques jours plus tard, il vint à l'OCH et me donna son accord. Il acceptait même de donner une conférence sur « les foyers de vie pour débiles mentaux », selon l'expression en usage à l'époque. L'année suivante, il s'engagea de nouveau sur un sujet qui devenait brûlant : « La vie affective et sexuelle des enfants et jeunes inadaptés » et il intégra l'équipe qui allait monter un grand congrès sur ce sujet. Durant l'année 1967, nous avons donc été appelés à travailler ensemble et à nous retrouver également dans les réunions du conseil d'administration de la SIPSA, l'association qui gérait la communauté de l'Arche, dans lequel Jean m'avait appelée à participer.

---

1. Union nationale des assistants et éducateurs de l'enfance, dont j'étais présidente.

## Une idée a jailli !

De temps à autre, je prenais également part à la journée qui se tenait non loin de Trosly en l'abbaye d'Ourscamp, pour des membres de l'Arche et des amis, autant d'occasions de tisser des liens de confiance. C'est d'ailleurs au soir de l'une de ces rencontres, où se trouvaient Camille Proffit et les Biérent, qu'avec Jean Vanier a soudain jailli l'idée d'un pèlerinage à Lourdes avec et pour les personnes handicapées mentales. Camille portait toujours la souffrance de ce que sa famille avait connu dans la ville de Bernadette.

Il y a des rêves qui, à peine ébauchés, s'effilochent ; cela s'appelle des chimères. D'autres semblent au contraire pouvoir devenir réalité. À leur origine, une sorte d'« inspiration ». Nous nous sommes alors dit : « Pourquoi ne pas essayer, pourquoi pas ? Si Dieu le veut, tout peut être possible. »

Et tout est allé très vite. Dès le lendemain, je rencontrais Jean à une réunion d'éducateurs, il m'a alors demandé : « Pour avancer, il m'importe de savoir si vous vous engageriez dans un projet pareil. » J'ai eu, dans l'instant, la vision écrasante de ce que cela représenterait. Mes responsabilités professionnelles étaient lourdes, secrétaire générale de l'OCH et de la commission médico-pédagogique et psycho-sociale du Bureau international catholique de l'enfance, déléguée générale adjointe du SCEJI[1]. Dans le cadre de l'OCH, nous préparions le lancement d'un nouveau périodique, *Ombres et Lumière*, revue chrétienne des parents et amis de personnes handicapées, dont j'assumais la

---

1. Le Sécrétariat catholique de l'enfance et de la jeunesse inadaptées.

direction. En outre, mes loisirs étaient largement occupés par la présidence de l'UNAEDE. Comment, en plus, introduire un projet aussi ambitieux que ce pèlerinage ? Il est vrai que Jean, de son côté, portait des responsabilités au moins aussi lourdes.

Nous étions à quelques mois des événements de 1968. J'imaginais les réserves de mon entourage, largement influencé par l'idéologie du moment. Cette démarche ne s'inscrivait guère dans le courant de pensée de l'époque. Je risquais de me retrouver prise en tenaille. À vues humaines, dire « oui » et m'engager dans cette démarche serait une folie. C'est pourtant ce que j'ai répondu ! Je croyais si fort en la grâce de Lourdes et au désir de Dieu que les plus faibles n'en soient pas exclus et puissent trouver leur place dans l'Église. Il me semblait si important également que les parents puissent sortir de leur solitude, et découvrir une nouvelle espérance dans les capacités de leur enfant. Enfin, la perspective de collaborer avec Jean Vanier me donnait beaucoup de paix. Je rends grâce pour l'unité et la confiance mutuelle, dons de Jésus, qui ont grandi entre nous. Lorsque nos points de vue différaient ou divergeaient, une communion profonde demeurait toujours pour accomplir la mission remise entre nos mains. Un lien plus étroit s'est noué avec une poignée de personnes partageant les mêmes visions et sachant qu'elles pouvaient compter totalement les unes sur les autres. Outre Camille Proffit, je pense à Pierre Leborgne, directeur général d'une banque à Compiègne, vice-président du Secours catholique, qui sera plus tard trésorier international de Foi et de Lumière, et au père Hviid[1] qui sera notre

---

1. *Cf.* p. 77-78.

aumônier internationnal de 1970 à 1982. L'unité fut déterminante, surtout dans les périodes de gros temps. Et elles furent nombreuses !

Pour évaluer cette idée, nous nous sommes retrouvés le 16 janvier 1968 en fin d'après-midi, Jean Vanier et moi, chez les Biérent, avec Geneviève et Georges Hourdin et Paul Vernon, président de l'UNAPEI[1], venu à titre personnel (son quatrième et dernier fils était atteint de trisomie). À l'exception de Georges Hourdin, réticent (il s'en « confessera » plus tard dans *Le Monde* !), ce fut une adhésion qu'on peut dire « enthousiaste ». Néanmoins, il sembla sage d'élargir les « sondages ». Nous n'avancerions qu'avec des signes suffisants que le projet venait de Dieu. Nous étions prêts à tout arrêter dans le cas contraire.

Il fallait d'abord s'assurer de l'accord de l'Église. Jean Vanier a immédiatement pris contact avec Mgr Desmazières, évêque de Beauvais et évêque référent de l'Arche. Il s'est tout de suite montré très favorable à l'idée et prêt à nous écrire un mot d'approbation et d'encouragement.

De son côté, Camille, la maman de Thaddée et de Loïc, était en relation avec le chanoine Caffarel, fondateur des Équipes Notre-Dame, qui avait lui-même organisé plusieurs grands congrès à Lourdes, et nous avons pu lui présenter notre projet au cours d'une rencontre informelle. Le père Caffarel nous a dit d'emblée que le projet lui paraissait très évangélique, qu'il lui semblait bien dans les manières de Dieu, et il nous a assurés de sa prière et de son appui moral. Quel encouragement pour nous venant d'un tel roc de foi et d'un homme d'action de cette trempe !

---

1. Union nationale des associations de parents d'enfants inadaptés.

Très vite, aussi, j'ai demandé à rencontrer Marthe Robin qui avait, comme je l'ai déjà évoqué, inspiré l'OCH. J'étais inscrite à une retraite au foyer de Châteauneuf-de-Galaure. Le 21 mars, j'ai eu la joie de pouvoir m'entretenir avec elle du projet Foi et Lumière. Son adhésion a été totale : « Il faut avancer. Je vais prier avec vous… » Elle savait le poids que portent les parents d'enfants handicapés. Elle était elle-même la marraine d'un petit Canadien, Georges-Michel, né trisomique et rappelé à Dieu quand il avait trois ans. Elle le voyait, ainsi que les autres enfants comme lui, rejetés, et pourtant si proches du cœur de Jésus. Je rencontrais Marthe chaque année. Comment, aujourd'hui, ne pas penser que nous lui devons largement la profusion de grâces dont nous avons bénéficié à Lourdes en 1971 ainsi que le rayonnement du mouvement dans le monde entier, loin de ce que nous pouvions imaginer.

Il nous a semblé que le moment était venu de prendre contact avec Mgr Théas, évêque de Tarbes et Lourdes, et avec Mgr Viscaro, le recteur des sanctuaires. Ils semblaient ignorer les craintes de la ville de Lourdes et réservèrent à Jean Vanier un accueil très favorable.

Par ailleurs, le 24 janvier 1968, le père Henri Bissonnier recevait Paul et Marcelle Biérent, j'assistais à l'entretien. Il n'était pas très emballé par l'aventure. Cependant, il a conseillé de se tourner vers le père Martin Hillairet, un dominicain, responsable diocésain du SCEJI à Nantes, et dont il pensait qu'il serait un bon animateur spirituel pour notre projet. Il estimait que, dans l'équipe qui se constituait, il serait bon que je sois désignée comme déléguée du Bureau international catholique de l'enfance auprès de Foi et Lumière. Ce qui fut fait.

## Des peurs, des résistances

Dans nos nombreux contacts, nous constations une ligne de partage entre trois attitudes. Il y avait ceux qui encourageaient notre démarche, en premier lieu des parents, des amis convaincus de son importance. Beaucoup étaient prêts à s'engager et resteront par la suite fidèles au mouvement bien au-delà du pèlerinage. D'autres ne se prononçaient pas véritablement, semblant en quelque sorte attendre de voir, devant le côté hasardeux et risqué du projet, de quel côté le vent allait tourner.

Enfin, un certain nombre de personnes se montraient carrément défavorables. Certaines par ignorance de la situation des personnes handicapées (ce fut le cas, à l'époque, du nonce apostolique), d'autres en raison de l'idéologie ambiante (notamment la crainte des grandes manifestations triomphalistes et l'idée qu'un événement organisé autour du handicap pourrait raviver des réflexes doloristes) ou pour d'autres motifs encore, sur lesquels nous reviendrons.

D'une manière générale, la ville de Lourdes elle-même nourrissait à l'époque des préjugés à l'égard des personnes handicapées mentales. Pendant longtemps, cela a constitué pour moi une réelle interrogation. Assez vite après les apparitions, les personnes malades ou atteintes d'un handicap physique ou sensoriel ont été accueillies à Lourdes, devenue ainsi en quelque sorte leur cité. Les sept premières guérisons reconnues ont concerné des personnes hémiplégiques, paraplégiques et aveugles. Pourquoi alors cette quasi-exclusion des personnes handicapées mentales ? Deux raisons semblent pouvoir l'expliquer. D'abord, à l'époque de Bernadette, le handicap mental était peu connu et souvent confondu avec la maladie psychique qui faisait peur. À Lourdes, au moment des apparitions, le préfet de l'époque avait nommé une commission de trois médecins pour examiner le « cas » de Bernadette. Mais ils ne discernèrent chez elle aucune pathologie. Les apparitions ne pouvaient pas s'expliquer par une maladie nerveuse ou des hallucinations, comme certains en avaient émis l'hypothèse. Toutefois, les responsables et les médecins des sanctuaires restaient très soucieux de limiter la reconnaissance des miracles à des personnes malades ou handicapées physiques. Comme l'a écrit Mgr Jacques Perrier, évêque de Tarbes et Lourdes, « jusqu'à une date récente, les pèlerinages étaient priés de ne pas amener de malades psychiques[1] ».

En ce qui concerne les personnes handicapées mentales, dans les années 1960, si elles étaient souvent reléguées, ignorées, refusées à Lourdes, elles l'étaient aussi presque partout ailleurs. La raison invoquée auprès de Camille et Gérard, comme auprès d'autres parents, pour écarter leurs enfants était « leur incapacité à tirer bénéfice d'un pèlerinage, et le risque qu'ils perturbent les autres participants ». Si des parents, passant outre, arrivaient à Lourdes avec leur enfant handicapé, ils se retrouvaient souvent dans la solitude et le désarroi. Ce fut le cas de Friquette Hendryx, venue à Lourdes avec sa fille Sophie, handicapée profonde. À la sortie d'une messe solennelle où l'enfant avait pourtant été placée au premier rang avec quelques

---

1. *Lourdes aujourd'hui. Et demain ?*, Nouvelle Cité, 2008.

jeunes handicapés comme elle, Friquette fut obligée de remonter seule dans la ville au milieu de la foule en poussant la voiturette de Sophie : « Je pleure, portant ma peine, mais aussi je pensais déjà à celle des autres. » Sur le pont du Gave, une autre maman l'a alors abordée avec son fils, lui aussi en fauteuil roulant. Puis une troisième les a rejoints : « Il n'est pas normal que nous restions ainsi isolés ! Il faut réunir tous les parents. » Les pères dominicains se sont montrés très accueillants à l'idée d'organiser une rencontre : une trentaine de parents, avec leurs enfants, y ont participé et se sont retrouvés de nouveau avant leur départ.

Une première petite porte s'était ouverte, et elle donna jour au Service de l'enfance inadaptée, qui est devenu aujourd'hui le Service des enfants de l'Immaculée (SEI). Depuis lors, l'organisation est présente chaque année pendant le pèlerinage du Rosaire, en octobre, pour accueillir les enfants ayant un handicap mental avec leurs parents. C'était un apport précieux, malheureusement limité à cinq jours par an et pour seulement une trentaine de familles. Pourtant, tellement de parents d'enfants handicapés étaient en attente de pouvoir se rendre à Lourdes, comme une terre assoiffée aspirant à l'eau vive.

## Les réactions dans l'Église

Après l'assentiment bienveillant, fin juillet 1968, de Mgrs Théas et Viscaro, le nouvel évêque, Mgr Donze, informé du projet, répondra dix-huit mois plus tard : « Je vous assure immédiatement de toute ma sympathie et de mon dévouement, comme l'ont fait Mgr de La Chanonie et Mgr Théas. »

61

Les réserves sont surtout venues du SCEJI, dont beaucoup pourtant espéraient une adhésion active. Le projet a inquiété ce service qui craignait que la souffrance, multipliée par des centaines de pèlerins, soit insoutenable, que des parents viennent avec l'espérance d'une guérison miraculeuse et repartent frustrés dans leur attente. Ces remarques débouchaient sur des questions qui nous étaient adressées : « Le rassemblement d'un grand nombre d'hommes et de femmes blessés dans leur intelligence ne risque-t-il pas de provoquer des accidents graves et une sorte de chaos ? » ; et surtout celle-ci : « Cette grande rencontre ne risque-t-elle pas d'éveiller des espérances sans lendemain et de laisser les pèlerins dans une solitude encore plus grande ? »

Comme je l'avais craint dès le départ, je me trouvais moi-même « entre l'écorce et l'arbre », puisque j'étais déléguée générale du SCEJI. Une situation évidemment inconfortable. J'étais engagée à cent pour cent dans le pèlerinage, mais en principe obligée de me cantonner officiellement au seul rôle de déléguée du BICE[1].

C'était d'autant plus gênant que ces réserves faisaient tache d'huile dans les diocèses et au-delà des frontières. Dans une lettre rédigée après une réunion informelle de prêtres français et belges à Bruxelles, le père André Delpierre[2], un prêtre de l'équipe de Foi et Lumière en Belgique, écrivait : « Je vois dans le rassemblement de ces pauvres de Dieu que sont

---

1. Bureau international catholique de l'enfance.
2. Ce prêtre, par la suite, se dévoua grandement à Foi et Lumière et fut un collaborateur et un ami fidèle de *Ombres et Lumière*.

les handicapés un manque de respect de leur pauvreté. » Et il ajoutait : « Sincèrement, avec tout l'amour et la délicatesse que j'essaye d'avoir pour eux, je ne puis m'empêcher de penser que nous les mettrons dans les conditions optimales pour qu'ils apparaissent "comme un monde de fous" et nous n'avons pas le droit, par respect pour eux, de faire cela. » Il poursuivait en faisant valoir que les personnes handicapées ne comprendraient rien au déroulement du pèlerinage et que nous allions dès lors « aggraver péniblement leur sentiment "de ne pas faire comme les autres", alourdir et aggraver indûment leur souffrance personnelle... ».

De surcroît, le père affirmait : « Nous n'avons pas le droit d'espérer un enrichissement spirituel, alors que tout l'environnement naturel, psychologique, sensoriel est faussé. Ce serait de la présomption. C'est tout simplement tenter Dieu. C'est demander à la Vierge un miracle global et massif que nous n'avons pas le droit de demander, parce que nous n'y mettons pas les conditions nécessaires. » Aussi, après avoir rappelé que notre projet risquait de donner lieu à « des dépenses considérables faisant appel à la générosité des chrétiens pour une efficacité spirituelle pour le moins hypothétique, sinon négative... », le père Delpierre concluait que, « après avoir surtout aperçu un tas de raisons contre ce projet et aucune qui soit valablement en sa faveur », il ne pouvait y souscrire.

Le même type d'opinion nous parvenait d'Espagne. Le Secrétariat national d'éducation spéciale, qui dépendait de la Commission épiscopale d'éducation, estimait impossible de collaborer avec nous. Il écrivait ceci : « L'idée serait bien accueillie par des groupes traditionalistes qui demanderaient des guérisons ou exalteraient la douleur. Par contre, les groupes plus conciliaires y verraient une manifestation triomphaliste. En raison également de gros problèmes économiques, on a décidé de substituer au pèlerinage une journée à Montserrat. On l'appellera "carrefour", car le mot "pèlerinage" n'est plus d'actualité. Cette démarche s'adressera aux parents plutôt qu'aux handicapés. » Malgré tout, le contact a été maintenu entre nous. En définitive, trois cents Espagnols participeront au pèlerinage. Parmi les souhaits qu'ils ont formulés après le pèlerinage, figurait « la réalisation en 1972 d'une démarche nationale similaire en Espagne à celle de Lourdes ».

Nous restions très conscients de la « révolution culturelle » de 1968, qui attaquait plus ou moins toute la société et affectait aussi l'Église dans ses bases théologique, morale, spirituelle, pastorale, liturgique... Comme un raz de marée qui ébranlait tout. Nous en subissions les contrecoups à Foi et Lumière, chacun étant plus ou moins secoué.

Nous avions aussi la grâce de côtoyer des personnes handicapées, dont la foi toute simple était vécue essentiellement par le cœur et rejoignait la personne de Jésus.

## Un déjeuner décisif

En dépit de ces réactions, les contacts ont néanmoins continué de se succéder, et les contours du pèlerinage ont commencé à se préciser. La décision fut prise le 9 avril 1968, chez Paul et Marcelle Biérent, à l'occasion d'un nouveau déjeuner de travail. Étaient présents le père Caffarel, le père Hillairet, Paul Vernon, Geneviève Hourdin et Camille Proffit, Jean Vanier et moi-même. Cette réunion, qui s'est tenue trois ans, jour pour jour, avant l'ouverture du pèlerinage sur l'esplanade de Lourdes, a marqué le véritable lancement du projet.

Pour que ce pèlerinage ne soit pas immédiatement catalogué « pèlerinage des handicapés mentaux », il convenait de lui trouver un nom. Le premier qui a fusé fut Lumière et Foi[1]. Il fut adopté sur-le-champ. Quelqu'un a bien fait valoir qu'il pouvait y avoir un risque de confusion avec la revue *Ombres et Lumière*, mais l'objection a vite été balayée au motif que le pèlerinage serait un événement ponctuel, alors que la revue, du moins l'espérait-on, aurait une longue vie. Il fallait également déterminer une date. Nous sommes convenus du temps de préparation qui nous semblait nécessaire, et cela nous a conduits à programmer le pèlerinage pendant la période du 2 au 6 septembre 1971.

Ce même jour, nous avons déterminé, sur la proposition de Jean Vanier, ce que pourraient être les trois idées-forces du pèlerinage. En premier lieu, aider la personne handicapée à découvrir qu'elle est spécialement aimée de Dieu, capable d'une relation authentique avec Lui et même d'une vraie sainteté, et lui permettre de trouver sa véritable place dans l'Église.

Ensuite, répondre à la souffrance des parents, souvent dans la révolte et le désespoir, les aider à découvrir la beauté cachée de leur enfant, à trouver

---

1. Ce nom fut gardé jusqu'en octobre où certains remarquèrent que c'est la foi qui, en premier, apporte la lumière dans nos vies.

un sens à leur épreuve et à la vivre à la lumière de la foi.

Enfin, rappeler la foi de l'Église dans la dignité de la personne handicapée mentale, les besoins de sa prière pour l'unité des chrétiens, la paix dans le monde.

Ce sont les idées-forces de Foi et Lumière, aujourd'hui encore.

Après cette réunion de lancement en avril 1968, nous nous sommes concentrés sur la préparation d'une première rencontre internationale. Elle nécessitait de multiples contacts, entre autres avec les autorités religieuses de Lourdes, la recherche de liens avec des amis d'autres pays, celle de personnes-clefs dans les régions afin d'établir un réseau national. Tout cela a permis d'aboutir à la première réunion internationale.

# 2

# Le temps des décisions
## (1968-1969)

Cette première rencontre internationale eut lieu le 8 décembre 1968. Cette date a pour nous un sens providentiel, mais nous ne l'avons pas choisie. La rencontre avait été préalablement fixée en septembre, puis en octobre. La date du 8 décembre nous a été imposée en fonction de l'avancement des préparatifs, des agendas des principaux invités et de la disponibilité d'un lieu adapté.

Le 8 décembre est une date importante, puisque c'est la fête de l'Immaculée Conception, le nom que la Vierge elle-même a indiqué à Bernadette, sommée par le curé de savoir comment s'appelait « la belle dame ». « *Que soy era Immaculada Counceptiou.* » Marie, pleine de grâces, celle qui n'a jamais péché, celle en qui Dieu a préparé une demeure digne de son Fils. Cette date résonnait un peu comme la ratification de notre projet. D'une certaine façon, Marie elle-même semblait nous dire : « Venez en procession, vous les plus petits, les plus pauvres de mes enfants. Vous qui êtes les plus chers à mon cœur. » Ceux que Dieu choisit pour leur révéler ses mystères...

Nous nous sommes réunis à Montmartre, chez les Dominicaines de la Sainte-Famille, nous étions une petite cinquantaine de personnes. La participation de deux membres anglais, de deux membres belges et d'un membre du Maroc rendait visible notre dimension internationale. Et nous représentions assez bien la diversité des « états civils » que nous souhaitions intégrer dans la charte du futur pèlerinage. Vingt parents qui avaient un enfant handicapé, quatre directeurs ou éducateurs d'établissements, dont trois religieuses, sept amis, six prêtres dont deux orthodoxes, l'un d'eux était le père Virgil Georghiu, cet homme politique roumain célèbre, qui a subi un véritable martyre pendant la Seconde Guerre mondiale et toute l'époque qui a suivi. Il est surtout connu par son roman *La vingt-cinquième heure*, dans lequel il défend le caractère sacré de toute personne humaine, aussi limitée qu'elle soit. La présence des deux prêtres orthodoxes marquait déjà notre désir d'une ouverture œcuménique, même si l'idée du pèlerinage était née en terre catholique et s'il devait se dérouler à Lourdes.

Mgr Desmazières, évêque de Beauvais et référent de l'Arche, était le délégué de Mgr de La Chanonie, responsable de la Pastorale des inadaptés en France. Ainsi, l'Église était représentée.

C'est lui qui a ouvert cette journée, en lui donnant tout son sens par l'évocation de la Parole : « Es-tu celui qui doit venir ou devons-nous en attendre un autre[1] ? » ; et encore : « Allez rapporter à Jean ce que vous entendez et voyez : les aveugles voient et les boiteux marchent, les lépreux sont guéris et les sourds

_____

1. Matthieu 11, 4.

entendent, les morts ressuscitent et la bonne nouvelle est annoncée aux pauvres[1]... » Ainsi, nous a-t-il dit, les faibles signalent la présence du Christ. Mais aujourd'hui Jésus-Christ n'est pas suffisamment présent dans le visage de l'Église. Où sont les infirmes, les « handicapés », les pauvres ? Notre pèlerinage devait être un signe authentique de l'Église du Christ présente au monde. Jean Vanier nous a ensuite rappelé la genèse du pèlerinage : la rencontre de plusieurs personnes portant une même idée, un même désir, signe de la présence et de la volonté de l'Esprit Saint. Et l'intérêt croissant d'amis d'autres pays.

## Poser les fondements

En nous invitant à réfléchir et à travailler ensemble, Jean nous a fait « plancher » en deux groupes. L'un travaillait sur les bases spirituelles, l'autre sur l'organisation générale.

Dans le premier groupe, il a été demandé à chacun des participants d'indiquer un point qui lui paraîtrait essentiel et qu'il serait prêt à développer, le père Hillairet ayant la tâche de rassembler l'ensemble de ces témoignages dans une brochure destinée à nourrir la réflexion des futurs pèlerins.

Parmi les thèmes qui se sont dégagés de ces échanges, quatre orientations majeures ont marqué la suite de nos travaux. Tout d'abord, il fallait penser à tous ceux très nombreux, parents et enfants handicapés, qui ne pourraient pas venir. Il ne fallait pas qu'ils

---

1. Matthieu 11, 3.

se sentent seuls. La préparation spirituelle devait s'adresser aussi à eux, avant comme pendant le pèlerinage. Il fallait également s'occuper de la vision que peuvent avoir certains parents, pour qui la présence d'un enfant avec un handicap est un scandale. Pour certains, il blesse leur amour de Dieu. Il fallait aussi penser aux incroyants. Il faut tout un long chemin, aux parents comme aux éducateurs, avant de découvrir ce que la personne handicapée nous apporte et comment Dieu peut la regarder avec un amour de prédilection. Enfin, la prière des pèlerins devrait être très ouverte sur le monde entier et sur les souffrances de toutes sortes.

Le groupe « organisation générale » a, lui aussi, beaucoup travaillé et il a présenté ses propositions à l'ensemble du groupe, autour de trois points essentiels. La constitution immédiate d'une association dénommée Foi et Lumière. Association dont l'objectif était « l'organisation de pèlerinages pour déficients mentaux ». La création de cinq commissions internationales chargées respectivement de la préparation et de l'animation liturgique et spirituelle, des finances, des transports et de l'hébergement, de la santé et de la sécurité, et enfin de la communication. Il fallait constituer des « régions Foi et Lumière » en France (suivant le découpage administratif, avec un délégué chargé de former un comité régional) et établir des liens avec les pays qui nous rejoignaient ou qui allaient le faire.

Nous avons retenu un organigramme très simple, avec un comité national formé des délégués régionaux et un comité exécutif restreint de cinq personnes.

Au plan international, se profilait une structure du même type qui se mettra en place de façon pragmatique. Elle sera constituée d'un comité international formé par les délégués nationaux élus par chaque pays et d'un comité exécutif international.

Ce 8 décembre a ressemblé à une assemblée générale constituante. Une structure a été mise en place. Certes, elle était encore balbutiante, la dénomination des entités était fluctuante. On parlait tantôt de « responsables », tantôt de « correspondants », tantôt de « délégués ». Le nombre des commissions spécialisées variera en fonction de la réalité et des besoins, elles se diviseront parfois en sous-commissions et leur dénomination n'était pas figée non plus. Mais tout cela était secondaire dans notre esprit.

Notre grand souci, en revanche, encore présent aujourd'hui, était de créer des structures souples et légères, au service de la vie, qui ne deviennent jamais emprisonnantes ou sclérosantes, mais qui permettent au souffle de l'Esprit de passer librement.

Nous avions désigné une équipe et retenu une organisation. Si nous n'avions pas dès ce mois de décembre 1968 une idée précise de ce que serait l'événement que nous préparions, trois objectifs se sont précisés. Tout d'abord, nous ne ferions pas un pèlerinage *pour* des personnes ayant un handicap mental, mais *avec* elles. Afin que les parents ne se retrouvent pas encore une fois tout seuls avec leur enfant, on inviterait des *amis*, surtout des jeunes, pour les accompagner. Enfin, les pèlerins ne s'inscriraient pas individuellement, mais constitueraient des communautés à taille humaine (vingt à trente personnes), un genre de famille, où l'on apprendrait à se connaître et à s'aimer. Chaque communauté vivrait à Lourdes dans le même lieu d'hébergement et participerait ensemble aux célébrations.

## Un nom, un lieu, une date

Trois points de discussion principaux ont animé les premiers débats : comment dénommer ce type de projet ? Où devrait-il se dérouler ? Et quelle date retenir ?

Sur le type de démarche, d'abord, cela n'a pas été aussi simple qu'on aurait pu l'imaginer. En effet, la question a été la suivante : s'agit-il d'un « pèlerinage » ou d'une « rencontre » ? Pour la plupart des parents, il était clair qu'il devait s'agir d'un pèlerinage ; avec eux, nous voulions répondre à la demande de Marie : « Qu'on vienne ici en procession. » Pour eux, la grâce serait de pouvoir y venir avec leurs enfants handicapés, jusqu'ici exclus de toute démarche de ce type.

D'autres, des prêtres en particulier, récusaient le terme de « pèlerinage », réputé dépassé, et préconisaient celui de « rencontre ».

Après bien des controverses laissant chacun sur ses positions, Jean Vanier a proposé une formule consensuelle : « pèlerinage-rencontre international ». Par chance, elle a recueilli l'unanimité ! C'est elle qui figure sur les premières affiches et les documents de présentation du projet. En fait, elle se révéla prophétique. Ce fut vraiment un pèlerinage, et ce fut vraiment une rencontre.

Il a fallu ensuite choisir le lieu du pèlerinage. Certains contestaient le choix de la cité de Lourdes, « haut lieu des marchands du temple, de la superstition, de la magie, du dolorisme et du triomphalisme ». Ils souhaitaient qu'on trouve un autre lieu. Mais lequel ? Où trouver un site qui offrirait autant de qualités exceptionnelles que Lourdes : des hébergements en nombre (trente-deux mille places), tous à proximité des lieux de rassemblement, des hôpitaux, un aéroport international, la beauté des lieux, le rayonnement mondial, un centre de paix international, une terre sainte foulée par la mère de Dieu qui a choisi une petite jeune fille marginalisée, semblable en bien des points à nos futurs pèlerins ?

Il a bien fallu se rendre à l'évidence : aucun lieu n'est comparable à celui-ci. Finalement, tout le monde s'est incliné.

Quant à la date, dès mai 1969, le comité international avait confirmé à l'unanimité le choix du mois de septembre 1971, une période sans grandes fêtes liturgiques, qui permettait de prévoir un programme et une liturgie libres de grosses contraintes externes (il fallait déjà gérer les nôtres !). La seule vraie difficulté et le véritable objectif seraient de faire que ce pèlerinage soit le mieux adapté possible aux personnes handicapées mentales.

Mais les choses n'allaient pas en rester là. Lorsque Jean Vanier rencontra Mgr Théas, évêque de Tarbes et Lourdes, en juillet 1969, celui-ci insista vivement pour que le pèlerinage prenne place à Pâques 1971. Beaucoup étaient contrariés par ce changement. Certains le contestaient. Des réticences se sont exprimées jusqu'à la rencontre internationale de mars 1970, au cours de laquelle il fut décidé que la date de Pâques 1971 était définitive et qu'elle ne pourrait plus être remise en cause[1].

Ultérieurement, nous constaterons, une fois de plus, que la Providence avait veillé sur nous. Certes, cette nou-

---

1. Malgré la difficulté pour nombre d'aumôniers, curés de paroisse, dans l'impossibilité de s'absenter à Pâques.

velle date nous obligeait à hâter le pas de la préparation, mais elle garantissait de meilleures conditions d'accueil, car Foi et Lumière serait le seul pèlerinage présent à cette date. Elle satisfaisait aussi ceux qui objectaient les difficultés de la période scolaire. Enfin, et surtout, la période de la Semaine sainte et de Pâques allait apparaître pour tous comme hautement significative au regard même de notre démarche. En effet, c'est souvent dans l'obscurité que nous vivons la souffrance de l'épreuve portée avec nos enfants, et que nous aspirons à la lumière et à la vie. De fait, un an plus tard, nous vivrons ces jours en profonde union avec Jésus, en partageant ses douleurs, sa Passion et sa mort, et en marchant avec lui vers la Résurrection.

L'un des miracles de ces années de préparation, souvent houleuses, est que chacune des divergences, parfois sur des points fondamentaux, ait pu être surmontée ou contournée grâce à une espérance commune, l'espérance que cette démarche apporterait une nouvelle lumière, un regain de foi, pour tant de personnes handicapées et leur famille. Après des affrontements parfois vifs, il était beau de voir à quel point chacun s'engageait dans sa mission particulière, en lui donnant sans compter son intelligence, son cœur et son temps.

# 3

# Un immense chantier
## (1969-1971)

Au soir du 8 décembre 1968, nous nous trouvions devant un immense chantier, car tout restait à faire en pratique. Nous avions le sentiment de notre fragilité. Il faut se rappeler que nous étions tous bénévoles, et tous occupés par une profession ou des études. Beaucoup d'entre nous avaient la charge d'une famille, avec parfois le poids qu'entraîne la présence d'un enfant handicapé, et parfois un autre engagement social ou ecclésial.

D'autre part, nous n'avions ni les compétences, ni l'expérience pour mener à bien un tel projet. Bien sûr, autant que possible, nous faisions appel à des personnes ou à des services habilités. Mais eux-mêmes s'avouaient souvent novices sur bien des plans puisqu'il s'agissait d'une aventure sans précédent.

Chacun se lançait à sa manière, avec ses motivations et sa personnalité. Certains gardaient la crainte, sous-jacente, d'un poids trop lourd à porter ou la peur d'une grande manifestation triomphaliste. D'où la demande réitérée de limiter le nombre des inscrits et de fixer un seuil maximum, au moins pour la France.

Je me souviens, au début de 1970, de la requête d'un délégué du SCEJI venu me demander de lui fournir au moins un chiffre provisoire sur le nombre de participants attendus. Nous en étions incapables, mais lui ne voulait pas repartir sans au moins l'indication d'une « fourchette ». Finalement, nous lui avons dit : « elle se situera entre trois cents et trente mille ». Bien sûr, c'était une boutade, mais finalement pas si éloignée de la réalité puisque nous nous sommes retrouvés environ douze mille personnes !

Pour la plupart d'entre nous, coexistaient la conscience de notre faiblesse, de nos insuffisances, parfois jusqu'à un sentiment d'écrasement et d'angoisse, et, en même temps, le sentiment exaltant d'une mission inédite. Néophytes en la matière, nous faisions preuve d'une certaine naïveté qui nous permettait de franchir les obstacles les uns après les autres, et qui nous poussait à créer, inventer, adapter en fonction de ce qui se présentait à nous. Je me souviens d'une parole de Jean Vanier : « Ne soyons pas des pusillanimes, avec en tête le schéma d'un petit pèlerinage bien cadré. » Beaucoup se découvraient des forces insoupçonnées. Ainsi, à différentes reprises, la petite équipe restreinte, Pierre Leborgne, le père Hwiid, Jean Vanier et moi-même avons eu à nous rendre à Lourdes. Nous nous donnions rendez-vous à vingt-deux heures gare d'Austerlitz, nous arrivions au petit matin, puis nous enchaînions la messe, les rendez-vous, les réunions coupées par un déjeuner chaleureux au restaurant de Jean Buscaye, et par le bain dans l'eau glacée des piscines qui revigorait et réchauffait. Et nous rentrions dans la nuit pour reprendre le lendemain une journée de travail nonstop, un peu plus dense que d'habitude pour rattraper les retards.

Une autre anecdote me semble significative de ce que nous vivions alors. Avec Camille, nous étions parties pour Lille, afin d'animer une première grande rencontre d'information. Camille est arrivée à la gare du Nord avec une valise terriblement lourde – sans roulettes à l'époque –, bourrée de documents à distribuer. J'ai voulu immédiatement la décharger, car elle souffrait de sérieux problèmes de dos. Elle a refusé en me disant simplement : « Marie-Hélène, j'ose à peine vous le dire, mais depuis que je me suis engagée à Foi et Lumière, c'est fini, je n'ai plus mal au dos. On n'en parle plus ! »

Des anecdotes de ce genre, des *fioretti*, nous en avons reçues tout au long de la préparation, de toutes régions, des pays, des communautés de base. Nous sentions que nous vivions là quelque chose d'exceptionnel qui nous dépassait.

Un mot sur le père Jorgen Hviid, dont le rôle, très discret, fut essentiel dans notre histoire. Ce prêtre danois, que j'avais connu au Bureau international catholique de l'enfance, était psychologue, parlait couramment cinq langues et était très proche des personnes handicapées, et très engagé dans différents secteurs de son pays.

Lors de la rencontre internationale de Genève en 1970, il fallait impérieusement désigner un aumônier international. Il nous vint l'idée de solliciter le père Hviid pour remplir cette fonction à laquelle aspiraient les prêtres français, mais les autres pays estimaient que la France occupait déjà beaucoup de place dans le conseil international. J'ai appelé le père Hviid pour lui parler du pèlerinage et osé lui demander tout de go s'il accepterait d'en être l'aumônier international.

Oui, il pourrait se libérer pour ce week-end à Genève. Oui, si c'était la volonté de Dieu, il donnerait son accord pour s'engager. C'est ainsi que, pendant treize ans, le père Hviid fut le conseiller spirituel, le prêtre, l'homme providentiel par sa sagesse, sa foi et la confiance totale qui s'instaura au sein même de notre petite équipe.

## Une priorité : la préparation spirituelle

La commission d'animation spirituelle avait un rôle central. Elle était chargée de dégager les grandes orientations spirituelles et doctrinales du pèlerinage. Elle était responsable du programme général, y compris des célébrations et de la liturgie, ainsi que des conférences et réunions organisées avant et pendant le pèlerinage.

Il s'agissait d'une démarche essentiellement spirituelle qui, de plus, se déroulerait pendant le Triduum de Pâques, la « source et le sommet » de toute la liturgie, toutes les autres commissions en étaient plus ou moins dépendantes. Elle en était le cœur et l'esprit. Il ne faut donc pas s'étonner des discussions parfois vives qui ont eu lieu en son sein et de la joie lorsqu'un consensus était acquis.

La principale référence de cette commission était la charte dont Jean Vanier venait d'ébaucher les grandes lignes. À chaque rencontre internationale, le projet était rediscuté, mis et remis sur le métier, jusqu'en septembre 1969, date de son adoption définitive. Désormais, elle faisait autorité. On la diffusait un peu partout auprès des évêques, des curés de paroisse, des responsables de mouvements, des groupes de base qui se constituaient...

Dans l'introduction, nous prenions soin de mentionner le soutien de l'Église par la voix de l'évêque responsable de la Pastorale des handicapés, Mgr de La Chanonie. Nous rappelions notre souhait de voir les personnes handicapées intégrées dans les pèlerinages diocésains. Il était écrit ceci : « S'il a été estimé bon d'organiser, *pour une fois*, un pèlerinage international à leur intention, c'est dans le but de constituer une étape pour une intégration plus habituelle et générale. »

Déjà à l'époque, nous avions le souci de rejoindre des familles de toutes traditions chrétiennes, même si cette préoccupation n'était pas mentionnée en toutes lettres dans la charte. Dès le « déjeuner décisif » dont j'ai parlé un peu plus haut, nous avions évoqué la dimension œcuménique du pèlerinage. Camille s'était proposée pour faire une démarche auprès des autres traditions chrétiennes. Malheureusement, cela lui fut matériellement impossible. Mais notre désir restait très présent : on ne peut être disciple de Jésus sans vouloir répondre à son appel : « Qu'ils soient un comme mon Père et moi nous sommes un, afin que le monde reconnaisse que tu m'as envoyé et que tu les as aimés comme tu m'as aimé[1]. »

Nous sommes « nés œcuméniques », bien que certains estimaient délicat d'inviter nos frères protestants à Lourdes, une cité catholique par excellence, avec la présence prépondérante de Marie, de ses messages,

---

1. Jean 17, 22-23.

de l'affirmation de son Immaculée Conception, les processions... Mais ce qui nous unit est tellement plus important que ce qui nous sépare. En fait, dès le premier pèlerinage, il y avait quelques orthodoxes. Des anglicans et des protestants étaient venus de Grande-Bretagne et surtout du Canada. Un groupe de soixante-dix anglicans, qui n'étaient pas inscrits officiellement, participait à tous les événements. Dans notre foi commune, un point nous unissait plus particulièrement : les paroles et l'accueil de Jésus envers les personnes les plus faibles. « Je te bénis, Père, Seigneur du ciel et de la terre, d'avoir caché cela aux sages et aux intelligents et de l'avoir révélé aux tout-petits[1] » et sa demande pressante que nous invitions au festin « des pauvres, des estropiés, des boiteux, des aveugles[2] ». L'accord était total aussi sur le fait que nous n'étions pas venus à Lourdes demander la guérison des personnes handicapées mentales, mais celle de nos cœurs afin que nous les reconnaissions pleinement dans leur beauté unique et que nous les aidions à trouver leur place dans l'Église et la société.

Nous ne voulions pas cacher nos différences mais, au-delà de nos différences et avec nos différences, créer des liens d'amitié et de prière tout en encourageant chaque personne à s'enraciner dans sa propre tradition, et à y faire mieux reconnaître la place privilégiée du faible.

---

1. Matthieu 11, 25.
2. Luc 14, 13.

## Une animation et une liturgie adaptées

L'activité de la commission d'animation spirituelle ne s'est pas arrêtée à la rédaction d'une charte. Elle a aussi travaillé sur tous les autres outils de préparation ou d'animation. Il y eut la définition des thèmes de réflexion, les disques de chants, le livret du pèlerin, sans oublier les dépliants et les affiches.

Les thèmes de réflexion avaient été définis par les participants de la rencontre internationale du 8 décembre. Cela ressemblait à un kaléidoscope, mais c'était réellement l'œuvre de tous. Dans le temps de préparation au pèlerinage, il a aidé les animateurs des groupes de base à éviter les rencontres « ghettos » où l'on tourne un peu en rond dans son épreuve personnelle. Il y avait là une nourriture qui préparerait à la conversion des esprits et des cœurs.

Les chants ont également eu un rôle essentiel dans le pèlerinage. On sait combien les personnes handicapées sont habituellement sensibles à la musique. Il nous paraissait évident qu'il fallait un chant spécifique pour le pèlerinage et nous avons fait appel à plusieurs compositeurs. Leurs propositions, intéressantes, étaient trop compliquées, peu accessibles aux « plus petits ». Finalement, Christiane Gaud, éducatrice et catéchiste spécialisée, avec qui j'avais lancé la collection de disques *Comme un oiseau* et qui avait constitué un répertoire merveilleux de chants pour enfants et pour ceux qui gardent ou retrouvent un cœur d'enfant, offrit sa collaboration. Avec le père Georges Plaisantin[1], elle

---

1. Dominicain, membre du Centre national de pastorale liturgique, il fut l'un des responsables de la commission liturgie, puis devint aumônier national pour la France.

conçut les paroles, tandis que le père David Julien, grand compositeur de chants religieux, écrivait la musique. D'emblée, leur chant « Amis, chantons notre joie » fit l'unanimité. Des paroles très simples et théologiques, faciles à assimiler, rythmées par tous les « Alléluia » de Pâques, repris en cœur. Deux disques quarante-cinq tours, l'un en français, l'autre avec des chants en paroles originales de différents pays, furent enregistrés, accompagnés d'un livret avec leurs traductions. Ils permirent, avant le pèlerinage, de créer une âme commune. Ils portaient un message qui a largement dépassé le temps de la démarche et le public de Foi et Lumière.

Nous avons ensuite préparé un livret du pèlerin édité en quatre langues, celles utilisées par le plus grand nombre de pèlerins (français, anglais, néerlandais, espagnol). Nous avions eu souci que les personnes handicapées en soient également destinataires, avec quatre pages qui leur étaient spécialement réservées. Comme le disait une jeune, « à moi, personnel, appartenant ». Chacun pouvait écrire (ou l'on écrivait pour lui) son nom, l'endroit où il habitait, celui où il logeait à Lourdes, le nom de ceux qu'il aimait et qui n'avaient pas pu venir au pèlerinage. Dès qu'un chant était entonné, on le sortait de son sac de pèlerin, même si on ne savait pas lire. Beaucoup l'ont gardé comme un trésor, témoin de ces jours de plénitude.

L'essentiel de la tâche de la commission concernait la liturgie avec tous ses défis. Il s'agissait d'harmoniser le plus possible la liturgie pascale vécue à Lourdes, en tenant compte des besoins spécifiques des personnes handicapées mentales.

Elle devait être simple et dépouillée afin de permettre aux personnes handicapées mentales un véritable moment d'union à Dieu dans son Église célébrant la mort et la résurrection de son Sauveur et une nouvelle espérance. Elle devrait nourrir également parents et amis en profondeur.

À partir de la liturgie pascale, se dessinaient tout naturellement trois grands thèmes marquant chacune des journées. Le Vendredi saint : une journée pénitentielle dans la Lumière de Dieu. Tous, nous allions Lui demander pardon pour nos péchés et ceux du monde en union avec la mort de Jésus. Le Samedi saint, ce jour où les disciples n'attendent plus rien, tout semble fini. Judas s'est suicidé. Le corps du Christ a été mis au tombeau. Pourtant, il reste le cœur de Marie où s'est réfugiée toute l'espérance du monde. Une journée d'attente et de confiance avec elle. Enfin, la Vigile pascale et le dimanche de Pâques : la journée de la Résurrection. Le Christ est vivant. Il a vaincu la mort, comme il a vaincu toute souffrance.

Cette liturgie de Pâques peut être facilement reliée avec celle de Lourdes. Outre le mystère de la souffrance et de l'espérance, si présent à Lourdes, la liturgie du feu et de la lumière de la nuit pascale, comme le feu et la lumière de la procession aux flambeaux et des cierges omniprésents, ainsi que la liturgie de l'eau avec le baptême, la source « miraculeuse » et les piscines, sont des points communs à ces deux liturgies. Nous avons essayé d'imaginer ce que nous avons appelé « une liturgie adaptée ».

Lorsqu'en juillet 1970, Mgr Donze et Mgr Viscaro accueillirent pour la première fois Jean Vanier et le père Hviid, ils se montrèrent très ouverts et intéressés par les perspectives d'aménagements liturgiques nécessaires pour le projet ainsi qu'à la demande de collaboration de Foi et Lumière avec les Sanctuaires. Ils déléguèrent le père Décha, responsable de la liturgie à Lourdes, pour travailler avec le père Hviid, le père Georges et les membres de la commission. Le père Décha était familier des célébrations internationales. Comme l'évêque, il était très soucieux d'une liturgie marquée par le sens du sacré et de la beauté et, en même temps, disposé à étudier tout geste, tout signe ou symbole nouveau qui pourrait aider les personnes handicapées à y participer pleinement pour les aider ainsi à accéder à un éveil ou un approfondissement de leur vie intérieure.

L'un des symboles retenus a tout particulièrement touché les pèlerins. Il s'agissait d'éteindre tous les cierges depuis la célébration de la Passion, le Vendredi saint, jusqu'à la fin de la Vigile pascale. La ville de Lourdes donna son accord pour que la basilique et les rues soient illuminées au même moment, à l'instant où tous les cierges étaient rallumés à l'extérieur, symbole de la Résurrection de Jésus, Lumière de nos cœurs et de nos vies.

Pendant la Vigile pascale, des projections ont illustré le magnifique récit de la création du monde, la lumière et la nuit, le firmament et les eaux, les plantes, les luminaires dans le ciel, les animaux de la mer et du ciel, tous les bestiaux et les bestioles, puis l'inimaginable, l'homme et la femme à la ressemblance de Dieu.

Mgr Donze fut favorable aussi à l'idée de raccourcir et de simplifier un certain nombre de prières et de textes soumis à son accord. Ces adaptations devaient être acceptées également par Mgr Boudon, évêque de Mende, président de la Commission épiscopale de liturgie. Après quoi, elles seraient envoyées aux traducteurs dans les différents pays participants, le tout devant être agréé par la Commission internationale pour la traduction des textes liturgiques. Ce travail considérable fut confié au père Plaisantin qui, en fin de parcours, rassembla les textes en un unique « missel des prêtres ».

Une autre nouveauté majeure et sans précédent nécessitait aussi l'accord de l'évêque : l'organisation, le Samedi saint, d'une grande fête sur l'esplanade, « la fête de la rencontre et de l'attente ».

Cette fête, nous l'avions rêvée au cœur des sanctuaires. Pour tout dire, c'était en principe impossible à imaginer à Lourdes, car l'esplanade était réservée à des manifestations « para-liturgiques », comme la procession du Saint-Sacrement ou la procession aux flambeaux. Pourtant, Mgr Donze et Mgr Viscaro furent très sensibles à notre désir d'organiser un événement qui soit une vraie fête, marquée en même temps d'un sens religieux et sacré, une détente sous le regard de Dieu. Peut-être avions-nous trop souvent vécu des joies sans Dieu et Dieu sans la joie.

Or une fête authentique nous ouvre à l'Esprit Saint, dont elle est le fruit. Dans l'Évangile, Jésus nous dit que le royaume des cieux est semblable à un repas de noce, un moment de joie. Nous estimions indispensable que les pèlerins, avec leurs handicaps visibles ou invisibles, puissent exprimer leur joie, chanter, danser, se réjouir ensemble, sous le regard de Jésus et sur cette terre de Marie. De grand cœur, Mgr Donze nous donna son accord.

La mise en place de la fête fut plus que laborieuse, et même acrobatique, parce que les différents animateurs pressentis pour l'organisation nous « filaient entre les doigts » les uns après les autres. Cependant nous étions sûrs de la participation de John Littleton[1], invité aussi pour la Vigile pascale, et de Raymond Fau[2].

Un très grand podium sonorisé était prévu, adossé à la basilique du Rosaire.

Les pays, les régions, les départements étaient invités à faire savoir s'ils souhaitaient participer à l'animation du podium, par un chant, une danse, des panneaux, des mimes, vêtus, si possible, de leurs costumes traditionnels.

À côté de cette animation centrale, nous avions imaginé mettre en place une animation de proximité permettant des rencontres plus personnelles. Le long des allées de l'esplanade, les pays, les régions disposeraient de stands pour faire connaître leur territoire et les activités jaillies pendant la préparation (affiches, photos, peintures…). Enfin, des pavillons d'expression libre permettraient aux personnes handicapées et aux autres de peindre, de faire de la musique, de danser, de modeler, etc. Une manière de s'exprimer et de prier à leur façon.

La dimension spirituelle du pèlerinage ne relevait pas seulement d'une commission liturgique, mais de tous ceux qui s'impliquaient dans l'événement. Nous avions la conscience très vive de la disproportion énorme entre nos petits moyens et le grand projet à

---

1. Chanteur américain célèbre spécialement pour ses gospels. Il avait une grande expérience de l'animation des célébrations religieuses et, en outre, chantait en plusieurs langues.
2. Auteur, compositeur, interprète français. Il a composé de nombreux chants d'Église.

venir. Avec Camille, lorsque nous nous trouvions un peu à la limite de nos forces, nous nous réconfortions en disant : « Dieu ne nous demande qu'une seule chose, nos cinq pains et nos deux poissons. La multiplication des pains pour nourrir la foule affamée, c'est son affaire ! » Alors, nous nous accrochions à la prière et autant que faire se peut à l'Eucharistie quotidienne.

Pour une mobilisation générale de tous les pèlerins de tous les pays, il avait été suggéré de fixer un rendez-vous par le cœur tous les jeudis, et de créer une prière spéciale. Finalement, le Magnificat fut retenu, la prière de Marie offrant sa pauvreté, sa louange et sa confiance à Dieu qui élève les humbles et renvoie les riches les mains vides.

## Le transport et l'hébergement

Si la liturgie était au cœur du pèlerinage, il fallait néanmoins que l'intendance suive et même qu'elle précède ! Deux questions fondamentales devaient être réglées : le transport et l'hébergement des pèlerins. Nous avons rédigé un cahier des charges, dont le volume n'a cessé de grossir au fur et à mesure de la préparation et Camille Proffit s'est chargée de prendre contact avec les agences susceptibles de répondre à nos attentes.

Le choix a été facile : le Touring Club de France, pour un prix moindre que celui de ses concurrents, a accepté l'originalité de notre démarche et ses conséquences pratiques. Ainsi le fait que tous les membres d'une communauté puissent loger dans le même lieu, ou encore ce qu'on a appelé « le système des péréquations » : nous voulions que le prix du pèlerinage soit le même pour tous et que les hôtels les plus confortables et les plus proches de la Grotte soient réservés en priorité aux communautés qui accueillaient les personnes les plus handicapées ou qui arrivaient des pays les plus éloignés.

Le Touring Club a pris contact avec tous les types de logement, les communautés religieuses, les pensions de famille, les hôtels de toutes catégories, en commençant par les plus modestes, afin de pouvoir fixer un tarif accessible à tous.

L'agence a accepté que les pèlerins ne s'inscrivent pas individuellement, mais par communautés de douze à quarante personnes. Leurs noms apparaîtraient sur une seule fiche, chaque personne handicapée figurant avec ses deux accompagnateurs, parents ou amis.

La motivation et les qualités de son délégué, Jean Charrière, ont été déterminantes dans le choix du Touring Club. Celui-ci avait souhaité participer à chaque réunion internationale pour bien saisir l'esprit qui nous animait et répondre au mieux à nos besoins et à nos désirs. Ses facultés d'adaptation, son efficacité, son ingéniosité, sa discrétion, son professionnalisme en ont fait une pièce maîtresse de l'entreprise.

Lui qui se disait agnostique n'hésitait pas à écrire, plusieurs mois après le pèlerinage : « Pour nous, que tout se soit déroulé, en définitive, sans heurts ni complications, cela tient du miracle. » Devenu partenaire et ami, il participera aussi à la préparation du pèlerinage de 1975 à Rome et de celui de Lourdes en 1981.

## Une gageure : équilibrer les finances

S'agissant de l'aspect financier du pèlerinage, nous avons immédiatement dû faire face aux critiques de ceux qui s'inquiétaient, ou s'indignaient même, que tant d'argent soit « gaspillé » sans résultat tangible pour des personnes handicapées mentales.

Ainsi, le père Dominique Tommy-Martin, un prêtre français qui vivait en Tunisie au service des personnes handicapées mentales, nous écrivait ceci après avoir eu vent du projet : « Le projet Foi et Lumière m'a choqué ; côtoyant chaque jour des personnes qui n'arrivent pas à satisfaire leurs besoins les plus élémentaires : se nourrir, s'habiller, se loger, j'ai cru au début que cette rencontre internationale me heurtait parce qu'elle entraînait de grosses dépenses et une énorme organisation, sans résultat palpable, et sans réponse aux problèmes tragiques des hommes du tiers-monde, et particulièrement des handicapés de ce tiers-monde. »

Mais le père Dominique complétait sa réponse : « Je pense maintenant que ce choc est devenu celui d'une réalité spirituelle qui vient faire éclater les cadres de pensée d'un monde dominé par la recherche du profit. Ce qui me gênait dans le fond, mais qui fait toute la valeur de Foi et Lumière, c'est la gratuité de la démarche proposée. Plus que jamais, nous avons besoin d'être libérés, et humanisés, par des actes sans profit. Quoi de plus gratuit qu'un voyage soit-disant "inutile", fait par des gens considérés comme les plus "inutiles" du monde. Je trouve finalement que c'est génial et d'un ordre beaucoup plus élevé que les chefs-d'œuvre de l'art, les exploits sportifs et les conquêtes de l'espace. » D'une certaine façon, il avait tout dit, et bien compris le sens de notre démarche.

En fait de finances, nous avions ouvert un grand chantier ; nous n'avions pas, à ce moment-là, le moindre sou vaillant. Largement de quoi s'inquiéter !

Il fallut se mettre en recherche. Dans l'immédiat, chacun était bénévole et prenait en charge les petits frais relevant de sa responsabilité. Mais déjà il fallait couvrir les dépenses de voyage les plus importantes et, au fil des mois, elles ont augmenté de façon exponentielle. Des apports allaient être nécessaires pour accorder des bourses à des personnes handicapées de pays en difficulté économique, celles venues du tiers-monde et des pays de l'Est en premier lieu, bien sûr. Il devenait crucial de trouver des ressources, mais il était difficile d'aller frapper à la porte d'associations caritatives alors même que le projet commençait à peine à sortir de terre et qu'il restait encore, pour beaucoup, sinon loufoque, du moins imprudent.

Pierre Leborgne nous a introduits auprès de son fondateur, Mgr Jean Rhodain. La rencontre fut impressionnante. Mgr Rhodain a écouté la présentation de notre projet dans un silence impénétrable. Après quoi, il a dit simplement : « J'ai confiance en votre projet et j'ai confiance en vous. Bernadette a été considérée comme "bonne à rien", comme les personnes dont vous vous occupez. Je vais demander au conseil d'administration de vous accorder une subvention. D'autre part, j'écrirai personnellement aux délégations pour leur demander de vous apporter tout le soutien qui leur sera possible. » L'entretien avait duré à peine vingt minutes, mais ce fut un instant décisif. Quelques jours plus tard, nous recevions un chèque de dix mille francs, ainsi que le double de sa lettre-circulaire adressée aux délégués diocésains de France qui se terminait par une ligne de sa main : « Voici une occasion de plus de servir les plus pauvres. » Le soutien du Secours catholique va nous ouvrir la porte du conseil d'administration de l'OCH et d'autres associations, car leur confiance envers Mgr Jean Rhodain était grande. S'il cautionnait le projet, c'est que celui-ci était valable. Quelques semaines plus tard, l'OCH, encore plus directement concerné que le Secours catholique, décidait une subvention de quinze mille francs et d'autres allaient suivre.

Il nous paraissait essentiel que la gestion des fonds soit irréprochable. Ces fonds provenaient d'associations ou d'amis, de grosses structures et aussi de piécettes de la veuve. Ils étaient destinés à une démarche spirituelle pour les plus pauvres. Chaque « pièce » était importante.

Je me souviens d'un moment critique, à la fin de 1970, où nous n'avions aucune certitude sur le nombre des participants et donc sur l'équilibre budgétaire. Les « thèmes de réflexion » destinés à nourrir les rencontres des communautés de base, tirés à trois mille exemplaires, étaient épuisés. Les responsables de communauté qui se mettaient en route en réclamaient d'urgence. Nous nous sommes alors trouvés confrontés à la nécessité d'en tirer au plus vite mille exemplaires supplémentaires, soit un coût de trois mille francs. « Impossible, nous a dit le trésorier, nous sommes sur la corde raide. Trouvez vous-même l'argent. » Que faire ? Nous n'avons pas trouvé de solution meilleure que de dresser une liste de dix personnes, convaincues ou à convaincre, qui accepteraient de donner chacune trois cents francs sans que cela pèse trop sur leur budget.

Pas une des personnes pressenties ne s'est dérobée, et la plupart se sont même efforcées de dissiper la gêne que nous éprouvions de paraître quémander. La maréchale Leclerc de Hautecloque a joint à son chèque un petit mot : « Merci de votre confiance en me demandant ce coup de pouce. » Jean Roux de Bézieux, président de l'OCH, nous a écrit : « Avec quelle joie je vous envoie ce qui est nécessaire. Me savoir en communion avec vous dans cette œuvre est la "demi-joie" et la "demi-lumière" dont se nourrit mon espérance. » Je cite ces deux exemples, mais il y en a eu beaucoup d'autres.

La question s'est même posée de savoir ce que nous allions faire en cas d'excédent financier. L'interrogation était sage, car il ne fallait pas que des convoitises s'éveillent. Le comité international a décidé que si nous avions un excédent, il serait affecté à un centre pour des personnes handicapées mentales en Inde. Il était demandé aux comités nationaux de prévoir la même démarche et de ne pas garder « de poire pour la soif ».

## Deux impératifs : la santé et la sécurité

Réunir un grand nombre de personnes fragiles comporte un autre aspect redoutable à prendre en compte : celui de la sécurité. Elle comportait deux volets : la santé et la sécurité proprement dite. Les groupes de travail en charge de ces questions étaient appelés à une collaboration étroite. Un certain nombre de paramètres leur étaient communs, dont le souci prioritaire de la prévention.

Aussi, dès la première rencontre internationale à Lourdes, en décembre 1969, nous avions demandé sa collaboration à Jean-Baptiste Camino. Il avait fondé dans le département plusieurs établissements de l'ADAPEI. Lui et sa femme étaient les parents d'une jeune Bernadette atteinte de trisomie. Il serait « l'homme de la situation ». Natif de la région, il connaissait toutes les autorités civiles et religieuses, ainsi que les personnes engagées auprès des handicapés mentaux. En outre, il avait accepté d'être responsable régional pour Foi et Lumière et d'être pour nous le lien avec les différentes instances de Lourdes. Cela nous fut particulièrement précieux en janvier 1971, lorsque le climat s'est dégradé.

À Lourdes, sur le terrain, nous avions découvert un autre ami, le père Joseph Bordes, curé de Lourdes, qui suscita sur sa paroisse une communauté pour participer au pèlerinage. Les jeunes l'avaient surnommé le « père Alléluia », souvenir qu'il évoqua avec émotion lorsque, devenu recteur des Sanctuaires, il accueillit le pèlerinage de 1981.

La question de la « santé », envisagée dès le début de la préparation, nécessitait la collaboration de médecins. Cette collaboration fut déterminante et multiforme.

Lorsque s'est exprimée la crainte de répercussions néfastes du pèlerinage sur le psychisme des jeunes handicapés, la réaction de certains médecins fut précieuse. Ainsi, le docteur Préaut, psychiatre, vice-président des Jeux olympiques pour les handicapés mentaux, membre du conseil d'administration de l'Arche, a répondu à l'objection en partant des fruits de cette grande manifestation sportive. Cinq cent cinquante enfants et jeunes handicapés y participaient. Il en a souligné toutes les retombées bénéfiques. Pour eux, une immense joie. Pour les parents, le réconfort de l'atmosphère chaleureuse et heureuse, la valorisation de leur enfant, un nouvel engagement dans leurs tâches d'éducateurs, etc. « À Lourdes, écrivait-il dans un article d'*Ombres et Lumière*, comme aux JO spéciaux, le sentiment de rejet et d'abandon ne peut que se transformer positivement dans un appel au dépassement et une communion. »

Le professeur Jérôme Lejeune, mondialement connu pour sa découverte en 1959 de la cause du « mongolisme », comme on disait à l'époque, s'exprimait dans le même sens. D'autre part, avec le docteur Marie-Odile Réthoré, il suggérait d'inclure dans le programme du pèlerinage un colloque de médecins et d'éducateurs sur le thème « Les répercussions psychologiques du rejet ou de l'accueil pour le handicapé mental ». Après que le comité international eut approuvé l'idée, il a accepté d'en assurer l'animation.

Lors de la conférence de presse organisée à Paris par Foi et Lumière, le 4 juin 1970, les journalistes furent particulièrement frappés par cette initiative et la présentation qu'en a faite Jérôme Lejeune. Ils lui ont posé en particulier la question : « Pourquoi les médecins participeront-ils à Foi et Lumière ? » Dans sa réponse, il a tenu à souligner combien la ségrégation peut disloquer une personnalité et comment, au contraire, l'amour peut la construire. D'après la charte, la commission santé devait se préoccuper de toutes les mesures à prendre « pour la surveillance médicale ». Elles vont s'avérer nombreuses. Compte tenu de la fragilité d'une grande partie des pèlerins et du caractère totalement nouveau de cette expérience, on ne pouvait pas se permettre d'éluder le moindre risque prévisible. Il y aurait déjà suffisamment à improviser face à ce que nous n'aurions pu anticiper.

Il était tout d'abord nécessaire d'étudier les conditions d'admission des personnes handicapées. La charte du pèlerinage posait comme condition que la personne handicapée mentale puisse s'intégrer dans un groupe sans danger ni pour elle-même, ni pour ceux qui l'entouraient.

Mais comment le vérifier ? Au moment des inscriptions, qui allaient déterminer les risques éventuels encourus ? Les parents eux-mêmes hésitaient, soit parce que cette démarche leur faisait peur, soit au contraire parce qu'ils voulaient à toute force que leur enfant se rende à Lourdes. La commission santé décida de mettre sur pied, au plan départemental ou régional, une équipe médicale d'admission comprenant un médecin spécialiste, un psychologue, un éducateur et un prêtre. Les parents ou les tuteurs rempliraient un dossier à lui adresser avec un certificat du médecin traitant. Ce sont ces documents qui permettraient à la commission de statuer en optant « pour la solution qui, dans une perspective psychopédagogique, paraîtrait la plus bénéfique pour la personne ». La sagesse et la délicatesse des équipes locales permirent d'éviter presque toute contestation.

Le processus peut paraître très lourd *a posteriori*. Certains même le trouvaient superflu. Finalement, malgré sa complexité, il a bien fonctionné et a permis la participation de quatre mille personnes handicapées mentales venant du monde entier avec le maximum

95

de garanties possibles. La seule hospitalisation qui aura lieu sera celle d'une grand-mère qui s'était cassé la jambe en tombant dans un escalier !

Quatre postes médicaux étaient prévus : une permanence de jour sur l'esplanade, trois de jour et de nuit, à l'Accueil Notre-Dame, à l'hôpital des Sept-Douleurs, à la Cité Saint-Pierre. Auprès de chaque médecin, il y aurait des membres de la Croix-Rouge et de la Protection civile. Quatre ambulances seraient positionnées sur l'esplanade. À partir de vingt-trois heures, après les célébrations, elles stationneraient à notre « QG », l'hôtel Lécuyer. Enfin, des lits étaient réservés à l'hôpital de Pau et à l'hôpital psychiatrique de Lannemezan. Un véritable état de siège !

Du côté de Lourdes, nous savions que des mesures de sécurité assez importantes seraient nécessaires compte tenu de la méconnaissance générale de la personne handicapée mentale et des craintes qu'elle suscitait.

## Une préoccupation nouvelle : la communication

Comment expliquer qu'un projet considéré comme un peu fou, imaginé le 9 avril 1968 par une poignée de neuf personnes sans aucun moyen, ait pu aboutir, trois ans plus tard, jour pour jour, le 9 avril 1971, à un événement réunissant à la Grotte une foule de dix-sept mille personnes[1], dont quatre mille ayant un handicap mental ? Cela fut rendu possible, en partie,

---

1. Douze mille inscrits et cinq mille « pèlerins spontanés ».

par la communication autour de cet événement. En effet, il ne suffisait pas d'organiser un pèlerinage, encore fallait-il que le projet soit connu, notamment de ceux à qui il était destiné.

Certes, ce pèlerinage répondait à une soif spirituelle profonde des parents, et à leur aspiration que leur enfant soit reconnu dans l'Église et la société. Mais comment joindre les intéressés, souvent très isolés, et comment informer l'Église de notre démarche ? Cela fut en partie l'œuvre de l'équipe de communication.

Avant même qu'elle soit constituée, une lettre circulaire de Jean Vanier avait été adressée aux évêques de France. Simultanément, un courrier était envoyé aux responsables diocésains de l'enfance et de la jeunesse inadaptées, et à ceux du service de la catéchèse spécialisée. Nous les informions et leur demandions leur soutien.

Pour joindre les parents, les amis et les associations, la commission a préparé différents supports. D'abord un dépliant portant un message simple et percutant, ainsi qu'une affiche adressée en priorité aux paroisses et aux établissements accueillant des personnes handicapées. Nous souhaitions que ces documents soient illustrés par un logo, qui traduirait l'esprit du pèlerinage bien mieux que des mots.

Ce logo, qui est encore celui de Foi et Lumière aujourd'hui, a une histoire. Dans un premier temps, un concours a été ouvert spécialement aux personnes handicapées mentales, pour qu'elles nous envoient des projets. Mais les résultats ont été assez décevants. Alors, nous avons décidé de prendre contact avec Meb, un peintre atteint de trisomie, qui avait fait de son art un métier et qui avait pignon sur rue.

Je l'ai rencontré chez sa mère, qui jouait en quelque sorte le rôle d'impresario, et lui ai expliqué le pèlerinage en lui demandant s'il accepterait de faire un dessin qui ferait comprendre aux gens de quoi il s'agissait. Il a écouté ma demande silencieusement, sans me donner de réponse. Au moment que lui-même avait choisi, il a demandé à sa mère de lui lire la charte du pèlerinage dont les termes le dépassaient. Il s'est enfermé dans son atelier, et s'est mis au travail. Le chant « Amis, chantons notre joie » l'accompagnait en fond sonore. On découvrit son œuvre : une barque portant douze petits personnages. Pas de rames, pas de voiles. Au milieu de nuages très menaçants surgissaient les rayons lumineux du soleil. La mer était houleuse dans ses profondeurs mais s'apaisait quand elle atteignait le niveau de la barque. Meb, qui ne savait guère compter, semble avoir été inspiré lorsqu'il a fait sa composition. Il a expliqué que Jésus dormait au fond de la barque, mais qu'il ne fallait pas avoir peur, parce qu'il veillait.

Sa peinture fut adoptée à l'unanimité. Elle serait notre sigle et deviendrait l'insigne que porteraient tous les pèlerins. L'un de nous a suggéré une légende, qu'il disait tiré d'un verset de la Bible : « Les nuages se sont ouverts, Seigneur, et Ta lumière est venue jusqu'à nous. » Mais la référence est restée introuvable ! Nous avons consulté un bibliste connu, le père Feuillet, qui nous a confirmé que ce texte ne figurait pas dans la Bible. Mais cette parole correspondait tellement bien au dessin de Meb qu'elle a été adoptée.

L'histoire de Meb ne s'arrête pas là ! Un maître de la peinture, dont l'atelier est à Lourdes, Régis

Malherbe-Navarre, nous a demandé l'autorisation de la reproduire en gemmail[1].

Ce sera une œuvre d'une réelle beauté que Meb viendra signer dans l'atelier du maître d'œuvre avant qu'elle soit exposée durant plusieurs mois. Après le pèlerinage, il a été décidé, en accord avec monsieur Malherbe, qu'elle serait offerte à la basilique Saint-Pie-X et mise à l'honneur pour signifier la place des plus faibles au cœur de l'Église. Elle s'y trouve toujours. Ce logo a été et demeure partout dans le monde le meilleur instrument de communication. Il réunit toutes les communautés d'une manière beaucoup plus vivante et directe que la charte. Depuis lors, la peinture de Meb a été reproduite dans tous les pays sur des dizaines de supports différents.

Dès qu'ont été rassemblées les informations indispensables, les dates et les horaires du pèlerinage, le prix, trente mille dépliants et des affiches portant bien sûr la barque de Meb ont été envoyés aux paroisses, aux mouvements de jeunes, aux écoles, aux aumôneries, aux associations, etc.

Trois réseaux se révéleront des canaux exceptionnels. La revue *Ombres et Lumière* puisque, avec une approche chrétienne, elle s'adressait en priorité à des familles ayant un enfant atteint d'un handicap. À l'époque, la revue donnait une certaine priorité à ceux qui avaient un handicap mental parce qu'ils étaient parmi les plus ignorés et marginalisés.

---

1. Des fragments de verre multicolores sont disposés en différentes épaisseurs. On obtient ainsi les gammes les plus subtiles de la palette.

Une première information fut publiée dans la revue en mars 1970, puis dans le numéro suivant parut un article de Camille Proffit intitulé : « Le pèlerinage Foi et Lumière, pour quoi ? » Il déclenchera un important courrier des lecteurs dans les parutions suivantes. Enfin, un numéro spécial sur Foi et Lumière intitulé « C'est lui qui nous entraîne » ; il tomba à pic quelques semaines seulement avant le pèlerinage.

Le deuxième réseau a été celui de l'UNAPEI, qui pratiquait une laïcité ouverte, acceptant des informations à caractère spirituel ou religieux. Camille Proffit a adressé une lettre circulaire à tous les responsables régionaux de l'UNAPEI en leur demandant de faire connaître la démarche. La revue *Nos enfants inadaptés* publiera un communiqué. Camille s'était également adressée directement à plusieurs « régionaux », pour leur demander s'ils accepteraient, à titre personnel, d'assumer une responsabilité ou de lui indiquer les noms de personnes susceptibles de collaborer avec nous. Plusieurs en seront d'accord et deviendront des relais très précieux bien au-delà du pèlerinage.

Les médias, surtout la presse écrite, ont joué un rôle appréciable. Nous en avons été surpris car nous touchions à trois thèmes fort peu journalistiques et sur lesquels couraient beaucoup d'idées préconçues : les personnes handicapées mentales synonymes de peur, les pèlerinages, réputés « rétrogrades et triomphalistes », alors qu'une Église discrète et enfouie était seule concevable, enfin Lourdes, la ville des miracles et de la superstition, cité des marchands du Temple tirant leur profit d'objets religieux dénués de toute valeur artistique ! Je ne fais que citer…

Malgré tout cela, ils ont participé aux trois conférences de presse, en plus grand nombre que ce que nous espérions. Attirés, nous a-t-il semblé, par la nouveauté du projet, son caractère international, le parcours atypique et médiatique de Jean Vanier et sa personnalité charismatique. Ils étaient rassurés par l'accueil du Secours catholique qui avait bien voulu mettre à notre disposition son salon et nous offrait le cocktail qui terminait chaque conférence dans une ambiance chaleureuse. La première conférence, le 4 juin 1970, s'adressait à « quelques journalistes » susceptibles de comprendre en profondeur le sens de notre démarche, et de s'en faire déjà l'écho neuf mois à l'avance, avec objectivité.

Nous avons retrouvé là Geneviève Lainé, de *La Croix*, qui fut une partenaire exceptionnelle par sa sensibilité, son éloquence et sa fidélité. Elle ne nous a jamais manqué jusqu'à aujourd'hui. J'ai retrouvé un extrait de son premier article : « Non, ce ne sera pas la cour des miracles. Non, ce ne sera pas un geste de charité protectrice envers ces "pauvres petits". Nous sommes tous des "pauvres petits" au regard de l'Éternel. Ce sera une grande fête dans la lumière de Dieu. Une rencontre sans frontière ni de pays, ni de race, ni de milieu, ni de quotient intellectuel, comme devrait l'être d'ailleurs toute rencontre de chrétiens, enfants d'un même père. Il n'y a pas d'inadaptés pour le Seigneur. » Et elle se faisait insistante pour inviter : « Quoi qu'il en soit et qui que vous soyez, si vous êtes "mordus" par l'idée de ce rassemblement qui se veut "humble spirituellement", "pauvre, fraternel, priant et chantant", si vous voulez participer à la fête, ou y coopérer, écrivez à Foi et Lumière. »

*La Vie catholique* était présente également par l'intermédiaire de Georges Hourdin, qui a mis de côté ses réserves pour nous soutenir. Mais aussi *L'Homme nouveau* avec Marcel Clément, convaincu d'un enjeu exceptionnel pour l'Église et pour le monde, et une dizaine d'autres journalistes de sensibilité religieuse parfois bien différente mais unis par ceux dont la faiblesse nous appelait. Ils furent les premiers à mettre officiellement Foi et Lumière sur orbite.

Le magazine télévisé *Le Jour du Seigneur* nous a accordé cinq minutes d'émission pour la présentation de l'événement, et nous avons aussi été autorisés à faire un appel financier à l'antenne. En plus, la chaîne nous avait réservé, ce jour-là, le produit de la quête de la messe télévisée pour permettre la venue de pèlerins en difficulté. Je me souviens en particulier de l'appel de deux parents dont les deux fils avaient un handicap mental et qui vivaient dans leur famille. Leur rêve était de partir à Lourdes tous les quatre ensemble. Il fut réalisé.

La presse régionale fut, pour sa part, présente dès la deuxième conférence qui connut une participation beaucoup plus large. Son soutien s'est avéré extrêmement précieux car elle permettait de communiquer avec des familles sans aucun lien avec un quelconque réseau.

Enfin, il y eut, le 27 janvier 1971, une conférence encore plus importante, celle « de la dernière chance », pour tous les pèlerins encore hésitants et pour tous ceux que personne n'avait encore contactés. Deux têtes d'affiche attiraient les journalistes, le père Jorgen Hviid, aumônier international, venu du Danemark pour insister sur la dimension universelle du projet avec la participation de pèlerins de quinze pays, et le professeur Jérôme Lejeune, qui a renouvelé son invitation à tous les médecins pour le colloque qui leur était réservé. « Un pèlerinage de ce genre, disait le professeur Lejeune, est une école d'espérance, et si cette école porte ses fruits, ce sera en soi un énorme miracle que je voudrais bien voir. » Deux mois plus tard, il l'a vu en effet et, avec lui, les trois cent cinquante médecins du monde entier, les douze mille pèlerins et toute la ville de Lourdes.

L'un des aspects les plus bénéfiques de nos relations avec les médias qui voulaient bien relayer nos difficultés, en particulier pour les pèlerins venant du tiers-monde, fut le recueil de sommes loin d'être négligeables. En même temps, toutes les démarches de communication faites en France étaient retransmises dans les autres pays et démultipliaient notre action dans le monde.

Tout cela a permis de faire connaître le pèlerinage, et souvent au-delà de nos attentes. Mais en définitive, à côté de toute cette organisation indispensable, le bouche à oreille s'est révélé être le plus efficace. Car, au fond, qui peut mieux convaincre une famille qu'une autre famille ? Un ami qu'un autre ami ? Un prêtre qu'un autre prêtre ? Aujourd'hui encore, il ne faut négliger aucun moyen de faire connaître le mouvement à ceux qui sont encore dans la solitude, et rien ne dépassera l'efficacité du « Venez et voyez » lancé personnellement à tous ceux qui pourraient nous rejoindre.

Enfin, la commission communication avait la charge d'éditer tous les documents qui se rapportaient au pèlerinage. Ils le furent dans des conditions d'impression acrobatiques. Nous nous étions donné un mot d'ordre : « Que tout soit beau. » Rien ne serait trop beau pour la personne handicapée, si souvent méprisée. Ainsi, la charte du pèlerinage était présentée sous la forme d'un carnet, sur papier bristol, avec le titre en lettres d'or. Le « beau » marque notre respect pour la dignité du plus petit et j'ai la conviction, que nous avons tant de fois expérimentée, qu'il peut percevoir l'aspect esthétique des choses et qu'il y est très sensible.

## À la base : des communautés

Ainsi que le précisait la charte du pèlerinage, celui-ci « ne se voulait pas un rassemblement d'individus, mais une réunion de petites communautés à taille humaine au cœur desquelles les handicapés mentaux se trouvent parfaitement intégrés. C'est au cœur de rencontres fraternelles d'échanges et de prière que se (ferait) la préparation ». Cette disposition venait en réponse à la crainte que le grégarisme l'emporte sur la participation personnelle et que la souffrance multipliée par des milliers soit insoutenable. Il fallait également veiller à ce que ne se renouvelle pas le sentiment de solitude que pouvaient éprouver les parents d'enfants handicapés mentaux.

La dénomination « communauté » n'a pas été immédiatement adoptée. On disait tantôt « communauté de base », tantôt « communauté chrétienne », « communauté de vie », « communauté de foi » ou « groupe de base[1] » Le flou a longtemps subsisté, mais ce n'était pas l'essentiel. Par contre, l'unanimité était totale sur sa nécessité. Elle revenait comme un

---

1. Pour simplifier la lecture des pages qui suivent, nous adopterons le terme de « communauté », même s'il n'est devenu officiel que dans la charte de 1982.

leitmotiv dans toutes les rencontres, à tous les niveaux. Lors de la rencontre internationale de Lourdes, en décembre 1969, nous insistions sur ce point dans les termes suivants : « Il faut que nous puissions créer des communautés de vie, des communautés chrétiennes de ceux qui, ensemble, iront à Lourdes. Il faut que nous pensions à toute cette pédagogie à mettre en œuvre pour que les personnes handicapées puissent vraiment profiter du pèlerinage. Qu'il ne soit pas uniquement un beau voyage, mais bien plus le début d'une nouvelle vie dans l'Église. Là encore, toutes vos propositions, toutes vos expériences, rendront le plus grand service à tous. » Et le 8 juin 1970, Jean Vanier, dans une lettre aux membres du comité international, y revenait : « Lors de notre prochaine rencontre à Lourdes, dans un mois, vous trouverez au programme les réunions de préparation dans les communautés de base. Je vous rappelle, en effet, notre désir de constituer ces communautés comprenant de vingt à trente pèlerins handicapés, parents, éducateurs, amis… Vous savez l'importance que nous devons attacher à la préparation de cette grande rencontre. »

Les membres des communautés, c'était d'abord, bien entendu, les personnes handicapées et leurs familles. La présence d'amis, et surtout d'éducateurs, paraissait aussi essentielle. C'est à François Demptos, responsable des « Foulards blancs[1] », que nous

---

1. Les membres aînés du mouvement scout, ou « routiers », qui avaient pris l'engagement de venir servir à Lourdes dans l'esprit et la spiritualité qui animaient ce mouvement. Après deux, voire trois stages de quinze jours, ils avaient le droit de porter le foulard blanc.

devons cette intuition si heureuse d'inviter très spécialement des amis jeunes (de 18 à 35 ans). Ils accompagneraient les parents de telle sorte qu'ils ne se
retrouvent jamais seuls avec leur enfant. Leur présence leur donnerait une certaine liberté pour participer aux activités prévues pour eux. Les jeunes qui
s'inscriraient individuellement se verraient donc
proposer de s'intégrer dans une communauté, vivant
ainsi une sorte de jumelage avec une famille. Certains
proposaient leur collaboration dans les services géné-
raux, garderie d'enfants, service d'ordre, interpréta-
riat, travail dans les hôpitaux, épluchage, ménage...
Dans ce cas, dans la mesure du possible, ils seraient
rattachés à une communauté pour leur hébergement
et les célébrations. À cette étape, nous ne percevions
guère que ces jeunes, venus souvent pour « rendre
service », feraient la découverte inouïe de la relation
avec la personne fragile.

La participation des éducateurs spécialisés nous
semblait capitale. Jean Vanier écrivait : « Notre
pèlerinage implique une coopération très grande
entre parents et éducateurs. Nous avons besoin
d'éducateurs chevronnés, hommes et femmes compétents, et non simplement de jeunes. Si nous ne
faisons pas un effort pour les associer à notre projet,
nous risquons une cassure grave entre le monde des
parents et le monde des IMP[1] et des centres spécialisés. »

Ce souci était d'autant plus prégnant que nous
étions, je l'ai déjà dit, en plein bouleversement de
1968, qui touchait spécialement les professionnels du

---

1. Instituts médico-pédagogiques.

monde socio-éducatif. Ceux-ci tenaient parfois les parents pour responsables des difficultés de leur enfant et il est arrivé qu'ils les culpabilisent et les tiennent à l'écart. Ils mettaient souvent en cause bien des valeurs morales et spirituelles. Le pèlerinage pouvait constituer une occasion unique de se retrouver dans un cadre et sur un plan différents, de rétablir une relation de confiance mutuelle avec les parents autour de l'enfant, ou du jeune handicapé et avec lui.

Un certain nombre d'éducateurs ont participé au pèlerinage et ce fut un étonnement de part et d'autre. Il était difficile de connaître leur nombre exact car ils s'étaient bien souvent inscrits comme « amis », dans la mesure où ils ne participaient pas au pèlerinage pour exercer leur fonction pédagogique mais pour vivre une dimension fraternelle et amicale avec les parents et les jeunes. Par ailleurs, quelques directeurs d'institutions accueillant des personnes handicapées nous ont contactés et, avec eux, nous avons réfléchi aux adaptations nécessaires pour les accueillir alors que le pèlerinage s'adressait d'abord aux familles. Ce pèlerinage était avant tout une invitation. Il fallait donc la transmettre d'abord aux personnes handicapées, qui devaient en être les premiers bénéficiaires. Elles devaient être totalement libres de répondre oui ou non à notre invitation. Elles devraient être accompagnées au moins par une autre personne, en priorité par leurs parents, frères, sœurs ou amis, mais il était bien sûr très souhaitable que des membres des équipes médico-pédagogiques se joignent également à elles, et s'insèrent dans la communauté la plus proche. Si le nombre le permettait, un établissement pouvait également constituer une ou plusieurs communautés

ouvertes très largement à des accompagnateurs de
l'extérieur.

## Futurs pèlerins

Nous avons ainsi observé des initiatives très intéressantes. Je me souviens particulièrement de celle du
Bec-Hellouin, un monastère de bénédictines en Nor-
mandie qui accueillait une vingtaine de jeunes triso-
miques. Un jumelage s'instaura entre elles et les jeunes
des lycées Sainte-Marie de Neuilly et de Blois. Jeanne-
Marie Pardoën, professeur de troisième, en avait pris
l'initiative avec quelques parents d'élèves. Découverte
inouïe du côté des élèves qui, jusqu'alors, méprisaient
plus ou moins ces personnes dites « arriérées » et dont
elles découvraient le cœur. Quant aux personnes handicapées, du matin au soir, elles s'émerveillaient de
tout.

En Alsace, la moitié des résidents d'un grand établissement de trois cents personnes handicapées
avaient choisi de partir en pèlerinage avec des accompagnateurs, des éducateurs et des amis de différents
horizons. La directrice, sœur Gabrielle, écrivait :
« Bien que n'ayant pas exactement répondu aux critères de participation, Foi et Lumière a profondément
marqué l'établissement. Nous avons découvert une
dimension fraternelle, une dimension de fête qui nous
étaient assez étrangères. Nous nous sommes ouverts
sur l'extérieur, faisant signe aux familles, aux jeunes
amis. » Presque toujours, ces liens sont restés.

L'Arche constituait un cas particulier, nous l'avons
vu : ce n'est pas un établissement, ce sont des communautés. L'encadrement n'est pas assuré par des

professionnels de l'éducation. Ce sont des assistants qui partagent une vie familiale avec les personnes ayant un handicap. À l'Arche, on avait l'habitude des pèlerinages auxquels étaient associés les familles et des amis de l'extérieur. Les trois communautés existantes, Trosly, Courbillac en Charente, Daybreak à Toronto, décidèrent de participer en s'organisant en communautés pour les rencontres de préparation.

Sur la dernière image du film[1] réalisé sur le pèlerinage de 1971 par une équipe de cinéaste canadiens, un groupe de l'Arche est interwievé. Lorsqu'il estime venu le temps de partir, Marc se détache du groupe, s'approche de l'équipe des cinéastes, donne à chacun une poignée de main chaleureuse et s'éloigne. Il se retourne une dernière fois, rayonnant, les deux bras levés vers le ciel, et lance : « Au revoir ! À bientôt ! On se reverra... » Cri d'amitié et d'espérance qui fut vraiment celui de tous les pèlerins au moment de quitter Lourdes.

Nous avions aussi inventé une nouvelle catégorie de pèlerins : ceux qui ne pourraient pas venir ! Alors que nous fixions les conditions pour participer au pèlerinage, nous pensions à tous ceux qui en seraient exclus par les commissions médicales en raison de difficultés sérieuses ajoutées à leur handicap mental, de troubles graves de la personnalité, ou ceux dont l'intelligence est intacte mais le psychisme perturbé (schizophrénie, paranoïa, dépression sévère...). Le contexte du pèlerinage, la plongée au milieu d'une grande foule ne leur apporterait pas de bénéfice, bien au contraire.

---

1. Sur ce film, voir p. 165-166.

Nous avions présents à l'esprit aussi tous ceux qui ne pourraient envisager la démarche pour d'autres raisons : fatigue, maladie, événements familiaux, exigences professionnelles... Tous ceux-là étaient devant nous tandis que nous élaborions les « thèmes de réflexion » et que nous jetions les bases des communautés. Nous voulions les encourager à s'y intégrer, à participer aux rencontres, aux messes, à toutes les activités préparatoires.

Le fait de partir ou de rester ne devait pas nous couper les uns des autres. Nous nous préparerions ensemble à aller à Lourdes par le cœur, si ce ne pouvait être physiquement. Ceux qui partiraient emporteraient les intentions de prière de ceux qui resteraient et ils les déposeraient au pied de la Vierge Marie à leur arrivée. Les pèlerins qui resteraient sur place demeureraient en communion avec les partants et les accompagneraient tout au long du pèlerinage. Ils pourraient aussi aider par une aide financière, la garde des enfants à la maison, ou tout autre service que peut nécessiter un éloignement de plusieurs jours.

Et puis, pendant les jours du pèlerinage, pourquoi ceux que nous appelions « les pèlerins sans partir » ne se retrouveraient-ils pas pour une veillée de prière, pour la messe dans une paroisse, ou un pèlerinage dans un sanctuaire dédié à la Vierge ? Il en fut ainsi. Du Pérou au Danemark, en passant par le Canada ou le Maroc, des fils invisibles ont tissé une toile invisible sur le monde.

La création de communautés était confiée au correspondant régional ou diocésain. Il avait pour mission de désigner un responsable et un animateur spirituel pour chaque nouveau groupe.

Pour lancer un groupe, on pouvait partir de deux ou trois familles ayant un enfant handicapé et inviter autour d'elles d'autres personnes qui seraient heureuses de participer à cette grande aventure de Lourdes (paroissiens, relations amicales, familiales, professionnelles, voisins, éducateurs…) et dont les liens pourraient perdurer au-delà du pèlerinage.

On pouvait aussi inviter un très large public à une rencontre d'information, pour le sensibiliser aux difficultés et à la richesse des personnes handicapées. Ceux qui le souhaiteraient seraient invités à une nouvelle rencontre pour mieux se connaître, créer des liens et s'inscrire le cas échéant.

## Un formidable engagement

La préparation du pèlerinage de 1971 et les premiers pas de Foi et Lumière ont été un moment exceptionnel. Avec quarante ans de recul, la fouille rapide dans les archives à laquelle je me suis livrée récemment m'a plongée à la fois dans l'émerveillement et l'effarement. Comment rendre compte du travail de tous ceux qui, d'une manière si discrète et si cachée, ont porté la gestation de Foi et Lumière, responsables de pays, de région, de département, de communauté ?

Il est impossible de restituer une vision globale de tout ce qui a été effectué durant ce temps de préparation. Ce qui émerge des comptes rendus ou du courrier parvenus jusqu'à nous est infinitésimal par rapport à ce qui a été vécu sur le terrain.

Cependant, il est possible de rendre compte de l'ampleur de la tâche, lourde et exigeante, qu'ils ont acceptée, en particulier les responsables régionaux et départementaux coordonnés par Camille Proffit, responsable nationale. Il est sidérant, aujourd'hui, d'en constater l'envergure. Il s'agissait de constituer un comité régional avec des personnes solides et susceptibles de s'investir totalement. Après quoi, il fallait informer tous azimuts les associations de personnes handicapées, les mouvements de jeunes d'action catholique, l'enseignement catholique, les ordres religieux... et les inviter à nous rejoindre. Un autre volet, le plus fondamental, a consisté à susciter la création des communautés de base et à assurer leur accompagnement. C'est là que devaient se vivre la préparation et l'animation spirituelle.

Ces tâches allaient devenir celles des responsables diocésains, qui se mettaient en place relativement facilement en raison de leur plus grande proximité avec la base et les communautés naissantes.

Camille conseillait, soutenait, encourageait, visitait, supervisait... Mais aussi, que de sérieux et d'enthousiasme de la part des correspondants locaux, qui ont su porter le projet chacun dans sa région, au point d'éveiller presque partout une profonde résonance à l'annonce du pèlerinage auprès des personnes directement concernées, et aussi de certains qui ignoraient tout du handicap mental ! Les jeunes étaient particulièrement motivés.

Les rencontres régionales, qui se tenaient un peu partout, étaient vraiment étonnantes. Celle de l'Ile-de-France regroupait quatre cents personnes. Six des huit diocèses y étaient généralement représentés et on sentait vibrer ces responsables, unis au-delà des différences de sensibilité et d'opinion, toujours à fleur de peau.

Le rôle des structures régionales et diocésaines a été décisif, parce que leur existence et la qualité des responsables ont finalement permis la naissance de Foi et Lumière. Sans leur engagement, notre initiative se serait sans doute limitée et à un « pèlerinage unique », comme beaucoup l'ont éprouvé, mais aussi à un unique pèlerinage, un souvenir heureux mais sans suite. Aujourd'hui, l'organisation de Foi et Lumière s'est un peu modifiée mais l'essentiel reste inchangé : les structures qui ont été mises en place, délibérément légères, sont au service des communautés pour les accompagner. Dans leur simplicité étonnante, elles continuent de transformer tant de cœurs, tant de vies.

Souhaitée dès les premiers pas de Foi et Lumière, la dimension internationale était déjà présente au déjeuner décisif du 9 avril 1968. On peut lire dans le compte rendu de cette rencontre : « Nous croyons, nous chrétiens, à la valeur de la prière des handicapés et nous connaissons l'importance de leur place dans l'Église de l'univers. » Et nous avions planifié dès le début la fameuse première rencontre internationale, qui se réunirait le 8 décembre.

Durant l'été 1968, la commission médico-pédagogique et psycho-sociale du Bureau international catholique de l'enfance (BICE), dont j'étais secrétaire générale, a organisé à La Turbie, près de Nice, un colloque sur les « insuffisants mentaux ». Jean Vanier y a été invité pour une intervention et il a été autorisé à présenter une information sur le projet du pèlerinage. Plusieurs participants se sont montrés intéressés et ont demandé à être tenus informés, en particulier de sa date, qui était encore incertaine. Par ce canal, plusieurs responsables vont émerger, comme une maman au Portugal ou encore le père Jorgen Hviid, notre aumônier international. Après le 8 décembre, nous tiendrons cinq autres rencontres internationales, deux en 1969, trois en 1970, une en 1971.

En plein cœur de la préparation, nous avons connu un drame, la mort brutale de Gérard Proffit, en quelques heures, le 18 juin 1970. Sa femme, Camille, la coordinatrice nationale pour la France, exerçait cette mission avec une énergie et une efficacité à toute épreuve. Nous étions avec elle, rue de Mézières, pour un après-midi de travail, quand elle a appris que Gérard venait d'être hospitalisé pour des examens après un malaise cardiaque sans gravité. Le couple devait se retrouver pour le dîner.

Le téléphone a sonné en fin d'après-midi, durant la messe dans notre petite chapelle.

Camille a reçu l'eucharistie et s'est mise en route pour Amiens, accompagnée par Jean Vanier. À leur arrivée, Gérard venait de mourir. Camille, brisée, s'est agenouillée longuement devant son mari puis a dit le Magnificat. La mort de Gérard a été un choc considérable pour Camille et les siens, pour notre équipe et pour Foi et Lumière dans son ensemble. Nous étions tout juste à mi-course de la préparation du pèlerinage. Comment allait réagir Camille, le pilier de l'organisation pour la France et une pièce maîtresse dans l'organigramme international, la France étant la locomotive du projet ?

Lors des obsèques de Gérard, Jean a dit combien il était un homme juste, un terrien, un chef de famille, un homme de prière, engagé avec Camille dans les

Équipes Notre-Dame, consacrant chaque matin une demi-heure de rencontre avec Dieu. Camille a entendu ces mots. En communion profonde avec Gérard, elle a poursuivi la tâche, qu'elle n'avait pas choisie mais acceptée totalement. Avec un courage, une compétence et une conviction exceptionnels.

## Annuler le pèlerinage ?

Début janvier 1971, à trois mois du début du pèlerinage, a éclaté une crise sérieuse qui couvait depuis plusieurs semaines. Elle se manifesta sur trois plans interférant les uns avec les autres : manque d'inscriptions, débâcle au secrétariat et rumeurs alarmistes.

L'inquiétude planait sur le nombre des participants. Le budget général du pèlerinage avait été établi sur une estimation de huit mille pèlerins, fondée sur les indications approximatives des pays. Impossible d'obtenir des chiffres précis, à l'exception de pays comme le Canada ou l'Angleterre qui, un an à l'avance, avait réservé ses charters et pouvait annoncer mille sept cent quatre-vingts participants. Le Touring Club avait réservé ferme huit mille lits, versé des arrhes et mis une option sur trois mille autres. Ce serait un désastre si les places réservées n'étaient finalement pas occupées.

Le 1er janvier 1971, date limite pour envoyer les inscriptions définitives accompagnées de l'acompte prévu, nous n'avions reçu que sept cents inscriptions françaises sur les cinq mille escomptées !

Dès le mois de décembre, la crainte avait gagné le secrétariat administratif international. L'assistante de direction, pièce maîtresse du dispositif, avait donné sa démission. Le prêtre très compétent et très motivé qui assurait la coordination ainsi que beaucoup d'autres responsabilités, dont l'organisation de la fête, avait à son tour claqué la porte, pour des raisons d'incompatibilité avec un autre prêtre très engagé aussi dans l'équipe. François Demptos, de son côté, quittant les Scouts de France, avait également été obligé d'abandonner le projet...

Des rumeurs alarmistes se répandirent. Lors d'une réunion du comité de direction du SCEJI, certains membres demandèrent à Mgr de La Chanonie d'interdire le pèlerinage. Il ne fallait pas, disaient-ils, « que l'Église se trouve mêlée à une catastrophe » ! L'évêque se refusait à une telle mesure. Il estimait que trop d'engagements irréversibles avaient été pris, en particulier financiers, et que, de toute façon, une telle décision ne relevait pas du SCEJI, qui était seulement un organisme de coordination et d'information.

Par ailleurs, Jean-Baptiste Camino nous avertit que ces nouvelles inquiétantes se répandaient à Lourdes et commençaient à ébranler différentes instances. Ne risquait-on pas « le chaos », comme certains l'avaient annoncé, ou au moins « un fiasco financier monumental » ?

Il fallait faire front sur tous les plans.

La clôture des inscriptions fut repoussée au 15 février. Après ce délai, le Touring Club a continué d'inscrire les nouvelles demandes qui affluaient, jusqu'à quinze jours du départ. Et pour les ouvriers de la onzième heure, ceux qui ne s'étaient décidés qu'au tout dernier moment ou qui étaient arrivés directement sans s'inscrire, un bureau d'accueil a été organisé par l'OCH à Lourdes, de manière à ce qu'ils puissent participer à toutes les manifestations. Ils venaient principalement de la région et eux aussi ont pu rejoindre une communauté ou être inscrits par groupes de quinze ou vingt. On sait qu'au total le pèlerinage a regroupé douze mille pèlerins dûment enregistrés par le Touring Club, sans compter tous ceux, nombreux, qui débarquèrent directement, nous appelant à élargir « l'espace de la tente ».

Face à la désorganisation du secrétariat administratif et en attendant le recrutement d'un remplaçant, toutes les responsabilités assumées par son responsable avant sa démission ont été réparties entre plusieurs membres de l'équipe. Je passais chaque matin rue de Mézières pour un « débriefing ». Nous battions le pavé tous azimuts à la recherche du mouton à cinq pattes qui organiserait et animerait la fête. Mais il nous faudra attendre le 11 mars avant de rencontrer un merveilleux jeune couple, Jean-Marc Molinari et sa femme, qui relèveront un défi devenu chaque jour plus ardu.

Du côté de Lourdes, sur le conseil pressant de Jean-Baptiste Camino, une invitation fut lancée pour une rencontre de concertation, le 29 janvier 1971, aux instances civiles, militaires, religieuses de Lourdes concernées de près ou de loin par le projet. Nous avions convié aussi le syndicat des hôteliers, celui des commerçants, le responsable des lieux d'hébergement, le recteur des sanctuaires, le président de l'Hospitalité, la Croix-Rouge, la Protection civile...

Nous nous sommes ainsi retrouvés à une trentaine de personnes, avec une petite équipe internationale de Foi et Lumière. M. Whigam avait accepté de venir d'Angleterre pour témoigner de l'investissement des pays autres que la France et du sérieux de la préparation.

En début de réunion, j'ai été frappée par les visages tendus, sur la défensive. Dans son mot d'accueil et tout au long des échanges, Jean Vanier a tout fait pour rejoindre les cœurs d'hommes et de pères de nos interlocuteurs (beaucoup plus nombreux que les éléments féminins). Il a évoqué la situation des personnes handicapées mentales, leur souffrance d'être souvent mises à l'écart, alors que leur plus grand besoin est d'être accueillies, aimées, appelées à donner toutes les qualités de leur cœur. Ainsi considérées, elles ne se sentent plus des « handicapées » mais des personnes. Et nous pouvons les découvrir capables d'être « nos maîtres ». Voilà ce que nous voulions dire par ce pèlerinage où elles connaîtraient l'immense joie de se retrouver entourées de leurs familles et d'amis, surtout des jeunes. Pour les parents, c'était une occasion unique de les aider à sortir de la solitude dans laquelle ils étaient encore trop souvent enfermés.

De part et d'autre, des questions ont été posées, les échanges peu à peu se sont instaurés. Les mesures nécessaires ont été évoquées. La confiance s'est établie avec le désir de chacun de faire de son mieux. Il est impressionnant de voir l'ampleur des moyens qui allaient alors être mis à notre disposition et la mobilisation de tous.

Deux autres réunions du même type vont se tenir ensuite le 24 février au siège de l'ADAPEI, puis le 5 avril, trois jours avant l'événement, à notre « QG » de l'hôtel Lécuyer. Ensemble, nous avons mis au point les dernières dispositions, afin que cette grande rencontre internationale se déroule dans un climat de paix et de détente et qu'elle ne laisse à chaque pèlerin qu'un souvenir de joie profonde.

De la crise, nous sortions finalement raffermis.

## La dernière ligne droite

Au cours des deux derniers mois, tout le monde était sur la brèche. Partout, dans les pays, les régions, les communautés de base, les commissions, au secrétariat international, etc., tout le monde mettait les bouchées doubles. M. Charrière dormait de moins en moins. Chaque jour apportait son lot de nouveaux problèmes. Bien souvent, la prière prenait la forme d'appels à l'aide : « Seigneur, viens à notre secours. Sauve-nous, nous périssons ! » En dépit des contretemps incessants, des documents sortaient, de nouvelles communautés se formaient en France et ailleurs, des dons parfois importants, généralement inattendus, venaient nous rappeler que nous n'étions pas seuls. En fait, cohabitaient en nous un sentiment de fragilité et de précarité, des doutes et parfois de l'angoisse, une impression d'écrasement devant la tâche à accomplir et, en même temps, une grande confiance.

Au plus profond de nous résidait une espérance joyeuse, une sorte de ferveur qui nous faisait avancer. Mais, pour être tout à fait honnête, je dois dire que nous n'en avons pris vraiment conscience qu'après l'événement.

Un incident illustre bien le climat de cette époque. Environ trois semaines avant le pèlerinage, nous tenions la réunion hebdomadaire du comité restreint de Foi et Lumière et le responsable de la commission liturgie a demandé à intervenir. Il était, nous dit-il, délégué par le SCEJI pour demander à Jean Vanier de signer son engagement d'arrêter toute activité de Foi et Lumière dès le pèlerinage terminé. La réponse de Jean fut claire : « Il m'est impossible de faire une telle promesse, alors que nous ne connaissons pas l'avenir et que je ne suis pas le seul impliqué. » En dépit de l'insistance du père, il demeura inébranlable.

Du côté des pèlerins, il y avait tant de choses auxquelles il fallait penser. Dans les bagages, ne pas oublier les médicaments, les vêtements chauds, les impers, les parapluies, la carte personnelle de sécurité. Il y avait aussi, pour beaucoup, l'angoisse de prendre le train ou l'avion, parfois pour la première fois. Parmi les pèlerins, il y avait par exemple un homme handicapé mental, âgé de soixante-dix ans, qui avait passé toute sa vie en hôpital psychiatrique.

Et le moment du départ est venu. D'abord, ce furent pour tous les retrouvailles sur le quai de la gare ou à l'aéroport. Ce fut un gigantesque tohu-bohu, sympathique pour la plupart, effrayant pour certains. Avec le moment si important des derniers adieux à ceux qui restaient et qui étaient venus nous accompagner. Ensuite, les choses se sont déroulées tout simplement, au moins en apparence : l'avion a décollé, le train a démarré, le bus a pris la route, le pèlerinage était commencé. Tous les moyens de transport étaient sonorisés et le coude à coude fraternel du compartiment était accompagné par les encouragements sympathiques du chef de train, les chants du pèlerinage, un temps de prière. Les problèmes de santé avaient été largement pris en compte, si bien que le voyage s'est déroulé sans encombre. Dans chaque train, un médecin généraliste faisait équipe avec deux infirmières et quelques hospitaliers. Cette équipe avait la carte des hôpitaux, qui avaient eux-mêmes été dûment informés, et chacun savait ce qu'il fallait faire en cas d'urgence.

Les responsables « territoriaux », de leur côté, sillonnaient le train pour faire connaissance avec les pèlerins qui leur étaient confiés. On partageait les pique-niques. On essayait de dormir tant bien que mal. Le silence était bien souvent perturbé par les ronflements, les cris d'un cauchemar, les levers intempestifs... Mais, en arrivant à Lourdes, nous n'étions plus des étrangers.

# 4

# Manifestation de l'Esprit Saint
## (Pâques 1971)

Ces quatre jours de pèlerinage furent du début à la fin un seul événement unifié par la présence de la grâce, qui se manifestait aussi bien dans ce que nous vivions en communauté que dans l'intimité des cœurs. Je le résumerais par trois mots : libération, consolation, communion.

Josette Audret, envoyée spéciale de *La Croix*, qui avait tenu à participer au pèlerinage dans une communauté de base, écrivait à la fin de ce week-end :

> Pour moi, ce pèlerinage, ce ne fut ni du grandiose, ni du sensationnel. L'essentiel, ce fut Jean-Luc, aveugle et débile, qui, à tâtons, rejoint Jacky en larmes dans son fauteuil roulant et le console ; François, dont on dit qu'il a un quotient intellectuel de 0,40, qui fredonne toute la journée : « Amis, chantons notre joie » ; la petite inconnue mongolienne qui vient m'embrasser ; Michel, entravé dans son intelligence, aveugle lui aussi, qui, à l'Adoration de la Croix, brandit une petite croix de bois à chaque « amen » chanté par la foule ; Marie, torturée elle-même, qui,

à la basilique, me confie : « Je dis à Dieu : regarde comme ils sont malheureux. »

## Avant le Jour J

Le début du pèlerinage était fixé au Vendredi saint 9 avril. Mais l'équipe de coordination internationale, mobilisée et confiante, était arrivée dès le lundi à l'hôtel Lécuyer au bord du Gave, notre « QG ». La direction, merveilleuse de compréhension, avait mis à notre disposition toutes les salles de réunion et de travail nécessaires. Elle était à l'écoute de tous nos désirs.

Les ultimes rencontres des différentes commissions ont débuté immédiatement avec les instances de Lourdes : sécurité, liturgie, commission médicale... Les contacts étaient permanents avec les bureaux de Paris et ceux des différents pays. L'hôtel Lécuyer était une véritable ruche, où chacun vaquait à sa mission tôt le matin, tard le soir, et même la nuit pour les services du Touring Club. Les repas étaient vite expédiés, dans une atmosphère fraternelle, et nous étions tendus comme des coureurs avant le départ d'une course.

Le mercredi, c'est-à-dire la veille du jour où la grande majorité des pèlerins devait débarquer, nous étions tous conscients de la gravité du moment. Le lendemain, après trois années au cours desquelles avaient été mobilisées tant de forces vives, allait débuter une aventure sans précédent dans l'histoire, et qui devrait rester un événement unique. Nous étions comme à une veillée d'armes, chacun retenait son souffle. Ceux qui croyaient en Dieu remettaient tout entre ses mains.

## Tout le monde débarque

Dès le mercredi, étaient attendus les pèlerins venus des pays les plus lointains. Les membres du comité international s'étaient répartis pour assurer l'accueil aussi bien à l'aéroport qu'à la gare.

Le premier avion spécial était un Boeing transportant quatre cent quatre-vingts Canadiens. Dans le film du pèlerinage, on voit Jean, marchant sur la piste à la rencontre de l'avion canadien qui vient d'atterrir. Les portes s'ouvrent. Émotion, joie, bonheur d'être accueillis et d'accueillir les premiers pèlerins de Foi et Lumière.

Trente autres avions allaient lui succéder. On attendait, d'autre part, neuf trains spéciaux pour la France et deux pour la Belgique. Beaucoup aussi devaient arriver par des trains réguliers ou en car, d'autres encore en voiture.

En quelques minutes, les quais de la gare de Lourdes se sont retrouvés noirs de monde. Qu'allait-il se passer ? Habituellement, on sait qu'il y a toujours des imprévus, des bagages perdus, des erreurs d'hôtel, l'exaspération d'un voyageur… Avec Foi et Lumière, nous risquions beaucoup plus. Un grand nombre de pèlerins étaient fragiles : parfois des voyages interminables, le plongeon dans l'inconnu, le grand désordre à redouter…

Pourtant, aucun incident à déplorer. Tout le monde est arrivé sans encombre sur les lieux d'hébergement. Les hôteliers ont été – ils me l'ont dit bien souvent – éberlués de la gentillesse, de la délicatesse de ces gens fatigués, parfois exténués, de l'entraide contagieuse entre pèlerins, entre familles, entre gens qui se connaissaient ou non. L'anxiété de l'attente avait laissé place à un sentiment de paix, tout allait bien, mystérieusement bien. Cela contrastait avec l'atmosphère de Lourdes qui semblait sur le pied de guerre. Le Gave était bordé tous les cinquante mètres d'un soldat du contingent pour empêcher que des enfants ou des adultes puissent s'y jeter ou y tomber. Des hommes-grenouilles étaient même prêts à intervenir en cas de problème. Les routes extérieures étaient gardées par les forces de police pour le cas où il y aurait des fugues. Certains commerçants avaient baissé leur rideau de fer parce qu'ils craignaient que leurs magasins soient mis à sac !

Le QG accueillait ceux, peu nombreux, qui n'étaient pas si heureux, voire très mécontents. Il faisait froid à Lourdes ; or, malgré toutes les assurances données, certains hôtels où logeaient une grande partie des Canadiens n'étaient pas chauffés. Leurs responsables demandaient un rapatriement immédiat, craignant pour la santé des personnes handicapées. Heureusement, les responsables des communautés du nord de la France ont proposé d'eux-mêmes un échange d'hôtels. « Pour nous, ont-ils dit, ce sera moins difficile. Nous ne souffrons pas du décalage horaire, ni du dépaysement, ni de l'écart entre le froid du dehors et la chaleur des maisons. » Cette anecdote presque banale donne une idée de l'ambiance fraternelle qui a prévalu tout au long de ces trois jours.

Dès le Jeudi saint, qui introduit le Triduum pascal, et bien que le pèlerinage ne commença officiellement que le lendemain, les nombreux pèlerins déjà arrivés se sont pressés dans la basilique Saint-Pie-X pour une célébration accessible à chacun, quel que soit son développement intellectuel : l'institution de l'eucharistie, celle du sacerdoce, le lavement des pieds, puis l'entrée dans la Passion de Jésus et l'adoration de son Corps livré pour nous. L'office était présidé par Mgr Donze et concélébré par les prêtres de Foi et Lumière.

## Rendez-vous à la Grotte

Le premier acte du pèlerinage s'est déroulé à la Grotte le vendredi matin. Nous nous sommes retrouvés par pays ou par régions, pour cet instant si intensément désiré par tous les pèlerins, à commencer par les personnes handicapées et les parents.

La Grotte est le cœur de Lourdes. C'est en ce lieu que tout a commencé. Marie a choisi une petite jeune fille, la plus méprisée de Lourdes, pour redire le message de Jésus sur la terre. La Grotte, c'est ce lieu que Bernadette a tant aimé. Quand elle a quitté Lourdes, elle confiait aux siens qui l'accompagnaient : « La Grotte, c'est mon Ciel. »

De quart d'heure en quart d'heure, les groupes de pèlerins se sont succédé, apportant leurs intentions personnelles et celles de ceux qui n'avaient pu venir, mais qui étaient là d'une autre manière, dans les cœurs. Tous, par leurs chants, leurs prières, exprimaient leur action de grâce, leur joie, leur supplication, leur appel à l'aide. Certains étaient plus recueillis ou intériorisés, d'autres plus détendus, plus démonstratifs. Une famille traduira ce sentiment de beaucoup : « À la Grotte, nous étions comme dans un rêve, avec notre fils, à des milliers de kilomètres de notre petite maison. »

## Tous les pays rassemblés pour l'accueil

Le grand rassemblement sur l'esplanade constituait le deuxième temps de cette journée d'ouverture. En tout début d'après-midi, douze mille pèlerins se sont retrouvés, certains en costumes régionaux, en portant le nom de leurs pays sur des panneaux de bois – l'Allemagne, l'Angleterre, la Belgique, le Canada, le Danemark, l'Espagne, les États-Unis, la France, l'Irlande, l'Italie, le Luxembourg, le Maroc, la Suisse, la Tchécoslovaquie, la Tunisie. La foule immense, si marquée par l'épreuve, était massée sur l'esplanade, les cœurs tout ouverts. Il était quinze heures, l'heure où Jésus a rendu l'Esprit pour nous sauver et rassembler dans l'unité tous ses enfants dispersés.

Mgr Donze, qui nous avait si fidèlement épaulés depuis les débuts, a pris la parole dans un grand silence : il a salué le pèlerinage comme un acte audacieux, que certains avaient cru téméraire. J'avais envie de lui retourner sa remarque : lui aussi nous parlait de façon audacieuse et courageuse. Par prudence, les autres évêques avaient préféré rester en retrait. Il salua « l'organisation, préparée laborieusement avec amour et espérance depuis de longs mois », avant de souligner « le caractère exceptionnel et prophétique » de ce pèlerinage pas comme les autres. « Pour la première fois dans l'histoire, a-t-il dit, des personnes handicapées de tous âges se trouvaient réunies par milliers pour vivre, avec leurs parents, amis et éducateurs, en une seule communauté de prière, les derniers jours de la Semaine sainte. »

Jean Vanier a pris à son tour la parole : « Venus à Lourdes de tous les coins de la France et du monde, de quinze pays, nous croyons que chacun de nous peut devenir un porteur d'espérance. Nous ne venons pas ici pour pleurer, mais pour chercher la joie, pour vivre une rencontre de paix. Il faut qu'ensemble, nous fassions jaillir des fleuves d'eau vive, grâce auxquels pourra grandir cette société de paix, d'amour et de vérité où chacun sera aimé, respecté et pourra croire. »

La foule était touchée au plus profond. Au fur et à mesure des interventions, nous n'étions plus une foule anonyme, nous étions une famille dont les cœurs vibraient à l'unisson. À la fin de ce message, il y eut un silence impressionnant. Puis des applaudissements interminables. À côté de moi, un jeune papa s'est exclamé : « C'est gagné, la mayonnaise a pris ! » À cet instant jaillit spontanément le chant du pèlerinage prévu pour la Vigile pascale, scandé d'alléluias. Le mot « alléluia » est devenu le mot de passe, le seul commun à tous. Il remplaçait « bonjour », « pardon », « merci » pour se saluer. Comme une source cachée, une douce joie était en train de grandir. Des alléluias le Vendredi saint, était-ce possible ?

## La célébration de la Passion et les carrefours de parents

Dans l'après-midi, nous nous sommes rendus en procession à la basilique Saint-Pie-X pour revivre la Passion du Seigneur, présidée par Mgr Mamie, évêque de Fribourg. Ce fut une cérémonie très dépouillée, dans une église souterraine plutôt sombre. À dire vrai, ce ne fut pas la liturgie la plus adaptée. Sa longueur, ajoutée à la fatigue des pèlerins, provoqua la lassitude d'un certain nombre. On entendait des gémissements du type : « On s'en va ! » ou « C'est pas encore fini ? ».

Dehors, il pleuvait, il faisait froid. Le retour à l'hôtel après la célébration était loin d'être euphorique. Au QG, la queue de ceux qui venaient exprimer leurs plaintes ou leurs craintes ne cessait de s'allonger. Heureusement, les carrefours de parents si laborieusement préparés ont ranimé l'espérance.

Bien que nous les ayons conçus tardivement, beaucoup de soin avait été mis dans leur préparation confiée à Camille Proffit et au père Delpierre. Il nous semblait si important que les parents aient la possibilité de se retrouver en petits groupes pour partager sur leur souffrance, leur espérance, leurs points d'appui. Ils en avaient si peu l'occasion.

Cependant, le moment venu, la mise en place de ces carrefours fut laborieuse. Les pèlerins étaient épuisés et avaient hâte de regagner leur chambre. Certains directeurs d'hébergements s'excusaient : « Nous n'avons pas de lieux adaptés pour une réunion de groupe. » Cette soirée était mal partie. Pourtant, elle a été formidable. Contre la promesse que ce serait très court, les parents se sont laissé convaincre de venir. Et seule la sagesse, parce qu'il faudrait se lever tôt le lendemain, a arrêté la réunion. De fait, c'était la première fois que les parents avaient la possibilité d'évoquer leur épreuve à la lumière de leur foi, et cela dans le contexte du Vendredi saint. Le partage qui s'est établi a été simple et profond. Tous avaient connu dans leurs vies des Vendredis saints où tout semblait perdu. Pour beaucoup, l'annonce du handicap de leur enfant semblait avoir brisé leur route pour toujours. « Et alors, dit l'un des pèlerins, nous avons évoqué le chemin parcouru par Jésus avec sa Croix en présence de Marie. Comme elle, nos cœurs ont été transpercés. Nous prenions conscience que Marie peut nous comprendre, qu'elle marche avec nous sur la route, que Jésus nous l'a donnée pour être une Mère à nos côtés et nous ouvrir un nouveau chemin. » La veillée s'est terminée par le Magnificat, avec la décision de se retrouver en carrefours, au moins une autre fois durant le pèlerinage.

Ce temps pour les parents fut l'un des plus capitaux. Il préfigurait ce qui pourrait se faire plus tard dans les communautés Foi et Lumière, où la constitution de petits groupes, au cœur de chaque rencontre, est un moment privilégié et fécond qui permet de confier ses fardeaux et de porter ceux des autres.

### Sur les pas de Bernadette

Le Samedi saint au matin, une table ronde sur l'éducation de la foi a réuni les parents, tandis que les pèlerins handicapés et leurs amis étaient invités à se faire « proches de Bernadette », c'était le thème du jour. On leur proposait différentes « activités » : voir le film *Il suffit d'aimer*, aller aux piscines, visiter le musée ou encore se rendre sur les lieux où Bernadette a vécu.

Cette dernière démarche au cœur du grand pèlerinage, ce « mini-pèlerinage » à la suite de Bernadette, mettant nos pas dans les siens, après avoir écouté quelques passages de son histoire si simple, si touchante, si poignante parfois, nous avait paru essentielle.

Nos sœurs et nos frères avec un handicap éprouvent souvent une sympathie naturelle pour Bernadette. Un peu comme celle qu'ils ressentent pour la petite Thérèse. Il existe entre elles et eux une certaine ressemblance spirituelle, une parenté, une « co-naturalité » de cœur.

Certes, Bernadette n'avait pas de handicap mental. Si, à treize ans, elle ne savait ni lire ni écrire, c'est par suite des circonstances de sa vie. Dès qu'elle fréquentera l'école, elle rattrapera vite ses retards. Quand on relit le texte des interrogatoires qu'elle a subis, on constate son bon sens, son esprit de repartie étonnant. Lorsque, au couvent de Nevers, on lui confiera l'infirmerie, elle se révélera très précise, organisée, discrète, ayant une réelle autorité. Par contre, au plan social, Bernadette était très misérable, sa famille était humiliée, calomniée, méprisée.

Sur le plan physique, ce fut une enfant de mauvaise santé, asthmatique. Elle le dit elle-même : « Si la Sainte Vierge avait trouvé quelqu'un de plus misérable que moi, c'est elle qu'elle aurait choisie. » Après les apparitions, il sera très difficile à Bernadette de trouver sa place. Admise chez les sœurs de Nevers, elle entre dans la Communauté de Saint-Gildard. Plus tard, si souvent malade, elle répétera : « Toujours bonne à rien. »

Les personnes handicapées mentales se trouvent, intrinsèquement, en situation de faiblesse. Même si elles sont issues d'un milieu aisé ou accueillies dans des établissements ou des foyers de bon standing, même si la loi de 2005 leur accorde tous les droits de la citoyenneté et vise en principe à leur intégration en milieu ordinaire, elles savent intérieurement et par expérience qu'elles sont différentes, en état d'infériorité et de dépendance. Elles ont conscience pour la plupart qu'elles ne pourront jamais vivre de façon autonome, fonder une famille, « réussir » au sens social du terme. Un jeune trisomique, René, qui fait partie de l'Arche, reconnaît simplement : « Moi tout seul, pas capable ! »

Si la Vierge a choisi cette « bonne à rien », comme Bernadette s'appelait elle-même, c'est parce qu'elle était simple de cœur. Bernadette ne recherchait ni la beauté, ni le pouvoir, ni l'efficacité, mais la vérité des relations, la communion des cœurs. Ses rencontres avec Marie resteront à jamais gravées dans son cœur comme le grand bonheur et la grande lumière de sa vie.

La simplicité de cœur des personnes handicapées mentales me touche beaucoup. Elles ne se laissent impressionner ni par la notoriété, ni par la fortune, ni par les signes extérieurs. Elles sont aussi directes avec l'évêque qu'avec la cuisinière. Je me souviens d'un cocktail honoré par la présence du Premier ministre de l'époque. Jean-Claude s'est approché de lui, a posé le bras sur son épaule et lui a dit : « C'est difficile de faire votre métier, monsieur Balladur. Courage, courage, courage. » Ce premier contact, ouvert, chaleureux, sans défensive, sans question d'étiquette sociale, religieuse ou politique touche généralement énormément ceux qui viennent pour la première fois dans un foyer de l'Arche ou une communauté Foi et Lumière.

## « Dieu m'aime comme je suis »

Les tables rondes sur l'éveil à la foi de l'enfant handicapé mental s'adressaient, en plusieurs langues, particulièrement aux parents. Ils sont en principe les premiers à éveiller la foi de leur enfant, mais nombre d'entre eux connaissent des doutes sur la bonté de

Dieu ou même sur son existence. S'Il est tout-puissant, n'est-il pas plus ou moins responsable de ce drame ? Beaucoup aussi s'étaient posé des questions sur les capacités de leur enfant à accéder à une vie spirituelle et religieuse. Il était encore courant à l'époque de croire que ces enfants iraient tout droit au Ciel, qu'ils étaient de « petits anges ». Certains parents avaient été très blessés par l'attitude de paroissiens marquée par la pitié ou la peur ou l'indif-férence, ou encore par l'incompréhension d'un prêtre qui a refusé, pour leur enfant, les sacrements, la confirmation, l'eucharistie, parfois même le baptême sous prétexte qu'ils ne pouvaient pas comprendre. C'est dire l'ampleur des attentes avant cette rencontre.

À la basilique du Rosaire, plus de trois mille pèle-rins de langue française étaient venus écouter une mère, une catéchiste et une éducatrice spécialisée, Denise Legrix, une jeune femme née sans membres, le chanoine Bailleux, responsable de la catéchèse spé-cialisée pour le diocèse de Cambrai, et le père Mesny, du diocèse de Lyon. Presque tous avaient été formés à l'école du père Bissonnier.

Il est impossible de rendre compte de la richesse et de la densité de leurs paroles. Toutes convergeaient pour dire la beauté, la simplicité, la profondeur spi-rituelle de ceux qu'on nomme « handicapés ».

J'en profite pour dire quelques mots du père Bis-sonnier qui a tenu une grande place dans ma vie, même si nous avons eu des périodes de tension, en particulier à propos du pèlerinage Foi et Lumière[1] ! Dans l'Église, très discrètement mais très profondé-

---

1. Peu d'années après le pèlerinage, il revint sur ses craintes et devint un vrai soutien pour le mouvement.

ment, il a marqué la deuxième moitié du XX<sup>e</sup> siècle par l'engagement de toute sa vie en faveur des personnes handicapées, qu'il s'agisse de leur catéchèse, de leur éducation, de la formation de leurs accompagnateurs. Le père Bissonnier, ébloui par les trésors cachés dans le cœur des humbles, littéralement « obsédé » par la place privilégiée qu'ils devraient avoir dans le cœur de l'Église, n'avait de cesse de crier la Bonne Nouvelle sur tous les toits, si je puis dire. Il recherchait des méthodes nouvelles, il enseignait, il aidait à la fondation et à l'animation d'établissements spécialisés, il voyageait dans le monde entier. Il fut le pionnier de la catéchèse spécialisée.

Il était convaincu que l'enfant, même celui qui ne parle pas, doit pouvoir découvrir à sa manière que Dieu est un père qui l'aime avec une infinie tendresse, qu'il nous a envoyé son Fils, devenu notre frère, notre ami et qui nous donne le don infiniment précieux de son Esprit. Cet enfant a droit à ce que l'Église l'accueille par son baptême, le nourrisse par le corps du Christ et l'aide à grandir dans sa vie chrétienne, par cette effusion de l'Esprit Saint qu'est le sacrement de confirmation. Le père Bissonnier a écrit : « N'est-ce pas chose merveilleuse que de savoir que même le tout petit enfant, fût-il le plus déficient et le plus handicapé que l'on puisse imaginer, a une vocation divine ? À lui aussi, Dieu dit, comme à ses plus grands prophètes : "Je t'ai appelé dès le sein de ta mère." Même à ces petits enfants-là, j'ai parlé de notre Dieu et je n'ai jamais cru devoir le regretter[1]. »

---

1. *Provoqué à l'espérance*, Mame, 1985, p. 165. Lire aussi *Henri Bissonnier, pionnier de la catéchèse pour les personnes handicapées*, Éditions Jean Bosco, 2011.

Cela, chacun l'a exprimé à sa manière. Le chanoine Bailleux a rappelé que « nous avons tous la tentation de nous situer en face de la personne handicapée, alors que nous sommes simplement "avec" elle. Il n'y a pas elle d'un côté et nous de l'autre, nous avons le même destin, un destin d'enfants de Dieu... ». Pour sa part, le père Delpierre a relevé que dans les relations d'amour avec Dieu, celui qui est affecté d'un handicap « n'est pas plus handicapé que nous. C'est même le seul plan où nous sommes sûrs qu'il l'est moins », car il existe certainement entre Dieu et lui un dialogue secret qui nous dépasse.

Il y eut aussi ce témoignage sur le jeune François, un garçon handicapé mental, qui venait de faire sa première communion. Après la cérémonie, sa maman avait invité quelques personnes pour une réunion familiale. Le parrain de François lui glissa à mi-voix : « Quelle belle cérémonie ! Mais comme c'est dommage que ce pauvre petit n'ait rien compris. » Des larmes avaient jailli dans les yeux de la mère. François, qui avait tout entendu et tout vu, s'était approché d'elle et lui avait dit doucement : « T'inquiète pas, maman. Dieu m'aime comme je suis ! » Par ces quelques mots, il avait dit l'essentiel de l'Évangile, que nous avons nous-mêmes tant de mal à croire et à vivre et que les théologiens ne cesseront jamais d'approfondir. Deux conclusions fortes de toutes ces « tables rondes » : l'enfant handicapé, si handicapé qu'il soit, est capable d'une vie et d'une relation vitale avec Dieu. Tout enfant doit pouvoir bénéficier d'un éveil à la foi et, si possible, d'une éducation religieuse, celle-ci assurée particulièrement par la catéchèse spécialisée. Chacun de nous, parents, éducateurs, amis, était concerné pour que cela entre en œuvre concrètement. Pour la première fois, ces constats étaient exprimés clairement, ouvertement et directement à un aussi large public.

## La fête de l'attente et de la Résurrection

Jusqu'au bout, la grande fête du samedi après-midi, programmée sur l'esplanade, fut marquée par l'incertitude. Quatre petits podiums avaient été disposés le long de l'allée de la Vierge Couronnée et un autre plus grand adossé à la basilique du Rosaire. Il fallait donc qu'il fasse beau, sinon il faudrait envisager un repli, assez catastrophique et ardu, dans la basilique souterraine. Or, ce jour-là, le temps était menaçant. Il fallait prendre une décision rapidement. Notre équipe et les responsables de la fête s'étaient réunis à midi autour de la station météorologique de Lourdes. Verdict : « Temps incertain, menace de pluie mais plutôt en soirée. » Et les spécialistes ont conclu : « Nous ne pouvons rien vous garantir. À vous de choisir. » Et nous avons opté pour le plein air.

À partir de quatorze heures trente, ce fut une liesse incroyable sur l'esplanade. Les communautés, les régions, les pays arrivaient en chantant, beaucoup portant leurs costumes traditionnels. Sur les quatre podiums, des animations étaient proposées, danses folkloriques, chants mimés, activités variées. Puis toute l'attention s'est portée sur le grand podium d'où jaillissaient littéralement de la musique et des chants de toutes sortes. S'y succédaient aussi des interventions improvisées et les manifestations préparées localement de longue date. Il y avait vraiment une atmosphère fantastique de joie, à laquelle les pèlerins autres que ceux qui nous accompagnaient étaient eux aussi spontanément et chaleureusement invités. Un tract leur expliquait qui nous étions et que nous formions tous ensemble, eux et nous, le peuple bien-aimé de Dieu. Un lâcher de centaines de ballons de toutes les couleurs emportait au loin des messages de paix et d'amour.

Au moment d'un lancement de fusées, la pluie a commencé à tomber, transformant toutes les couleurs de l'arc-en-ciel en une fumée épaisse, teintée de jaune, de vert, de bleu, qui nous enveloppait d'une atmosphère assez suffocante. Mais rien n'a pu ternir la joie, ni la fumée, ni la pluie drue qui s'était mise à tomber. Aucun sauve-qui-peut. Nous avons simplement sorti les impers et les parapluies et la fête a continué de plus belle. John Littleton, ce chanteur noir venu de Louisiane, a continué, de sa voix magnifique, à entonner des negro spirituals et des alléluias de toutes sortes, qui ont conquis Lourdes. Tout en chantant, des enfants handicapés, des adolescents, des jeunes escaladaient les marches pour l'accompagner de leurs danses et de leurs tambourins, certains avec un sens éblouissant du rythme. La foule, elle aussi, chantait et battait des mains. La pluie pouvait bien continuer de tomber, les handicaps n'avaient bien sûr pas disparu, mais je crois que nous étions en train de vivre cette parole de saint Athanase : « Le Christ ressuscité rendant toute souffrance supportable vient animer "une fête perpétuelle" au plus intime de chacun de nous. » C'est réellement ce que nous vivions grâce aux plus petits pour qui nous avions imaginé cette fête.

## Le colloque des médecins

La perspective de ce colloque réservé aux médecins avait beaucoup intrigué la curiosité des journalistes. Tous l'avaient mentionné dans leurs articles. Pourquoi une rencontre scientifique de médecins au cours d'un pèlerinage comme celui de Foi et Lumière réunissant un tiers de personnes ayant un handicap mental ?

Les médecins étaient venus nombreux, trois cent cinquante, dont plusieurs dizaines assuraient un service « santé » dans l'équipe de Foi et Lumière à Lourdes et étaient intégrés dans une communauté. Le thème, rappelons-le, était le suivant : « Les répercussions psychologiques du rejet ou de l'accueil pour le handicapé mental. » Le professeur Lejeune a ouvert les débats en annonçant clairement l'objectif : « Nous sommes réunis ici, nombreux médecins, non tant pour discuter médecine que pour faire un acte utile. Il est important de voir comment la ségrégation et le rejet peuvent disloquer une personnalité, comment au contraire, l'amour peut la construire. »

Dans la salle, d'autres professionnels au service des personnes handicapées, non-médecins, participaient également, dont une majorité d'éducateurs spécialisés, et on ne ressentait aucune barrière, tous étaient unis par la même cause.

J'ai été frappée à la fois par la qualité des interventions, compétence étayée par l'expérience, et par une approche très humaine, pleine de chaleur et de respect à l'égard de chaque personne. L'assemblée était très impressionnée par l'atmosphère du pèlerinage : le grand nombre de personnes handicapées mentales, la diversité de leur origine, leur âge, la gravité de leur handicap. La plupart exprimaient la joie et le sentiment de liberté. Nous expérimentions concrètement combien la qualité de l'accueil rayonne sur les personnes handicapées mentales. Et, réciproquement, comment leur bonheur rayonne sur tout l'entourage. La ville elle-même en était transformée !

Le professeur Bamatter de Genève en fit le constat publiquement : « Le handicapé mental est trop souvent réputé dans la société, d'une part, comme dangereux, et d'autre part, comme irrécupérable. La première chose à faire si nous voulons avoir une efficacité, c'est de montrer que cela est faux. Ce que nous voyons ici en est une preuve. »

Le docteur Lamarche, qui avait fondé une association « Les demeures des sources vives », où vivent ensemble des personnes malades psychiques et des gens dit « normaux », confirmait : « L'important n'est pas d'avoir une théorie très poussée sur les questions de rejet ou d'accueil. Le handicapé, lui, sent et sait très bien lorsque quelqu'un vit en négatif ou en positif par rapport à lui. » Et le docteur Réthoré a renchéri : « Ce qui se vit dans l'expérience très remarquable du docteur Lamarche, il faudrait que ce soit vécu dans cette société en miniature que constitue chaque famille, et je pense tout particulièrement au rôle considérable des frères et des sœurs. »

Et le professeur Lejeune de conclure : « Nous ne faisons pas grand-chose, mais nous, médecins, nous faisons chaque jour un tout petit quelque chose. Quel que soit le pas à pas des résultats, nous n'abandonnerons jamais. »

## « Il est vraiment ressuscité ! »

Ce Samedi saint s'est achevé par la Vigile pascale. Cette célébration qui marque la source et le sommet de la liturgie chrétienne fut également la source et le sommet de ce pèlerinage. Avec les chrétiens de Lourdes et de la région, nous nous sommes retrouvés vingt-trois mille dans la basilique comble pour la messe célébrée par Mgr Cleary, évêque auxiliaire de Birmingham, accompagnant les pèlerins d'Angleterre. Plusieurs symboles différents de ceux employés habituellement, adoptés à cette occasion pour les personnes handicapées, ont touché l'ensemble des participants. Par exemple, l'Exultet, qui proclame si joyeusement que Jésus est la lumière du monde, était accompagné par une danse lente et expressive de pèlerins handicapés autour de l'autel avec des amis. Après la bénédiction de l'eau baptismale, puisée à la fontaine miraculeuse, quelque trois cents prêtres ont porté cette eau à la foule dans des coupes pour que chacun puisse la toucher, s'en marquer du signe de la Croix et en être aspergé comme symbole de purification et de l'entrée dans une nouvelle vie. Lors de la récitation du Notre-Père, chacun le disant dans sa langue maternelle, les prêtres, qui s'étaient placés en deux grands cercles concentriques autour de l'autel, se donnaient la main, en ce geste tout simple des enfants d'une même famille. Un geste repris par toute la foule et qu'on aime toujours à Foi et Lumière et à l'Arche.

Je garde un souvenir ému de cette célébration magnifique. Retenue au QG par une urgence, j'étais arrivée en retard et n'avais pu m'inscrire dans aucune des trois communautés qui m'avaient invitée à les rejoindre : l'Arche, Paris et Moulins, dont quelques membres de ma famille faisaient partie. J'avais déambulé dans la basilique, bouleversée par tous ces gens marqués par l'épreuve et la souffrance et comme illuminés de l'intérieur. Dans l'immense foule, impossible de trouver aucun des trois groupes que je cherchais. Aucune place disponible. Alors j'avais trouvé refuge, assise par terre, au pied d'un pilier. Curieusement, je n'étais pas malheureuse dans cette relative solitude, et d'autant plus surprise des larmes qui m'ont envahie me comblant de paix et de joie.

À la fin de la cérémonie, Mgr Cleary, qui la présidait, a donné lecture d'un long message autographe de Paul VI adressé aux pèlerins de Foi et Lumière. Pour nous, cela représentait un encouragement assez incroyable. La moitié de ses paroles s'adressait directement aux personnes handicapées, émues particulièrement par ce passage :

Soyez-en sûrs : vous avez votre place dans la société. Au milieu des hommes, souvent grisés par le rendement et l'efficacité, vous êtes là, avec votre simplicité et votre joie, avec votre regard qui quête un amour gratuit, avec votre capacité merveilleuse de comprendre les signes de cet amour et d'y répondre avec délicatesse. Et dans l'Église, qui est avant tout une Maison de prière, vous avez plus encore un rôle de choix : pour comprendre les secrets de Dieu qui restent cachés souvent aux sages et aux habiles. Pour demander aussi à Dieu tout ce dont ont besoin vos parents, vos amis, les prêtres, les missions, toute l'Église, les peuples où l'on manque de pain, de paix, d'amour. Nous savons que le Christ vous écoute de façon privilégiée, que notre Mère la Vierge Marie lui présente vos prières, comme à Cana[1].

Puis Paul VI assurait les parents de sa proximité dans leur épreuve. En même temps, il les encourageait à l'assumer et à la dépasser :

> Oui, regardez votre enfant avec tendresse, comme Dieu lui-même. Et puisse votre épreuve, avec la grâce de Dieu, vous unir au mystère du Christ, stimuler votre recherche d'un progrès humain, si ténu soit-il, fortifier votre solidarité à l'intérieur de votre foyer, et vous ouvrir à tous les autres parents de handicapés, que vous comprenez tellement mieux que les autres.

Enfin, le pape adressait un appel pressant à toute la société, amis, voisins, médecins, psychologues, éducateurs, enseignants, travailleurs sociaux :

> Nous souhaitons que votre témoignage ébranle dans son matérialisme l'indifférence d'une société qui ne sait plus toujours respecter la vie, qui ferme trop volontiers les yeux sur ce qui n'est pas confort, puissance, efficacité. Que les responsables de l'économie, du pouvoir, n'oublient pas d'intégrer dans leurs plans ces déshérités de leur pays comme ceux du tiers-monde ! Pour nous, c'est là le test de cet humanisme véritable dont on veut tant se prévaloir. Et que tous les pasteurs de l'Église sachent entourer ces démunis, comme Jésus, de leur prédilection ! Que ce pèlerinage laisse, pour tous, un sillage de foi et de lumière.

---

1. Luc 10, 21.

À la sortie de la veillée pascale, chacun, avec son cierge allumé, a découvert l'illumination de la basilique et de toute la ville. On s'embrassait avec des alléluias, à la manière des orthodoxes qui ne se lassent jamais de se redire l'un à l'autre, dans une jubilation sans fin : « Le Christ est ressuscité ! Oui il est vraiment ressuscité. »

Dans cette atmosphère, Hubert Allier, un jeune ami de Grenoble, a eu une inspiration étonnante. Avec des membres de sa communauté, il a pris la tête d'une farandole, scandant le chant du pèlerinage. Spontanément, s'est formée une immense et fantastique farandole qui s'est déployée sur l'esplanade. Sans se lasser, elle reprenait les dix-sept couplets de ce chant dont le dernier : « Jésus nous ouvre le passage, nouvelle vie, monde plus beau. Nous pouvons vivre son message, Jésus nous donne un cœur nouveau. »

Et la fête s'est propagée spontanément dans les rues de Lourdes, où des groupes de gens, main dans la main, ont chanté et dansé très tard dans la nuit.

## « Alléluia ! »

Le jour de Pâques, des messes étaient prévues dans plusieurs langues, notamment en anglais et en espagnol. Les pèlerins de langue française se sont retrouvés à la basilique Saint-Pie-X pour la messe internationale préparée par l'équipe liturgique de Foi et Lumière et celle des Sanctuaires. De nombreux autres pèlerins venus de la région et d'un peu partout étaient présents également. Était ainsi signifiée l'intégration des plus faibles dans l'Église, le Corps de Jésus où chaque membre a sa place.

La messe solennelle a été célébrée par Mgr Jean Rodhain, fondateur du Secours catholique, dont le soutien a été si déterminant dans la naissance de Foi et Lumière. À Lourdes, il était un peu chez lui. N'était-il pas « habité » par la famille Soubirous lorsqu'il avait créé une permanence d'accueil à côté de la Grotte et dans la montagne toute proche, la Cité Saint-Pierre. En ce lieu sont accueillis gratuitement les pèlerins en grande difficulté matérielle, malades, handicapés, sans logis, les familles nombreuses, qui se trouveraient exclues de la ville sainte sans l'amour inventif jusqu'à l'infini de Mgr Rodhain. C'est dans cette cité, pendant le pèlerinage de 1971 et les suivants, qu'ont été accueillis tous les pèlerins venus de pays lointains, ou en situation très précaire.

Mgr Rodhain a célébré la messe avec simplicité et gravité, visiblement heureux d'être entouré des plus faibles parmi les faibles. Il a rappelé dans son homélie que « les prévenances du Seigneur, ses préférences ne sont pas celles du monde : "Jusqu'à ce jour, les apôtres ne savaient pas" et nous non plus nous ne savons pas. » Puis il a terminé par cette prière : « Apprenez-nous, Seigneur, autour de votre pain consacré, autour de notre pain partagé, apprenez-nous combien vous nous aimez, chacun, de votre manière si secrète, si discrète, si directe, qui dépasse toute justice et a pour nom Charité. » À la fin des messes, le message du Saint-Père a été distribué dans les trois langues officielles. Pour ceux qui ne parlaient aucune de ces langues, des traducteurs se sont mis au travail et ils en ont reçu le texte ronéotypé avant de repartir dans leur pays. Chacun a reçu aussi une image dédicacée par le Saint-Père.

## « En marche ! »

Participerions-nous à la procession du Saint-Sacrement et à la procession aux flambeaux ? C'était la question du jour. Le responsable de la commission liturgie avait d'abord répondu par la négative. Il considérait qu'il s'agissait de rites dépassés. De plus, pour la procession aux flambeaux, elle risquait d'être mélangée avec la veillée pascale et d'entraîner beaucoup de confusion dans l'esprit des personnes handicapées mentales.

Pourtant, ces deux manifestations avaient bien été inscrites dans le programme. N'est-ce pas la Vierge Marie elle-même qui avait dit à Bernadette : « Allez dire aux prêtres qu'on vienne ici en procession » ? Et nous, pèlerins, n'étions-nous pas un peu, comme au temps de Jésus, cette foule qui le suivait ou se pressait autour de Lui pour écouter sa parole ? Comme elle, nous avions soif d'être guéris de nos maladies et de nos infirmités, nous aspirions à être libérés de tout ce qui tourmente nos esprits et nos cœurs.

Ceux qui étaient déjà venus à Lourdes étaient en général très attachés à ces temps forts de prière à la fois communautaire et personnelle que favorise une procession. Ceux qui venaient pour la première fois en avaient entendu parler comme d'une expérience unique dans sa simplicité et sa beauté.

Ce dimanche de Pâques, après la grande prière universelle sur l'esplanade, les pèlerins s'étaient donc retrouvés à la Grotte d'où devait partir la procession.

Avant le départ, un incident éloquent eut lieu. À l'heure prévue, pas de prêtre à l'horizon, pas de dais, pas d'ostensoir. Les pèlerins s'étonnaient et commençaient à s'inquiéter. Dans un groupe, un monsieur s'impatientait visiblement. Finalement, exaspéré par cette attente inexpliquée, il explosa : « Mais, enfin, c'est inadmissible ! Que se passe-t-il ? » Et il répétait sans cesse : « Que se passe-t-il... ? » Sa colère montrait. C'est alors qu'est montée la voix tranquille d'un jeune handicapé d'une vingtaine d'années : « Monsieur, ce qui se passe, c'est qu'aujourd'hui Jésus est ressuscité et maintenant nous attendons qu'Il arrive d'une minute à l'autre ! » Immédiatement, la tempête s'est apaisée. La foi toute simple et fervente de ce jeune homme nous a rappelé l'essentiel : Pâques, c'est Jésus vivant, Jésus ressuscité, Jésus parmi nous, avec nous.

Quelques instants plus tard, la procession s'est mise en place et des milliers de personnes ont suivi Jésus Hostie, l'accompagnant de leurs chants, de leurs prières de confiance et de supplications, celles de l'Évangile : « Seigneur, viens à mon aide ! », « Seigneur, fais que je voie ! », « Seigneur, fais que j'entende ! », « Seigneur, guéris mon enfant ! », « Seigneur, dis seulement une parole et mon fils sera guéri ! », « Aie pitié de moi, mon fils est très malade ! », « Je crois que tu peux tout ! », « Que ce calice s'éloigne de moi, mais que ta volonté soit faite et non la mienne ! », « Je remets ma vie entre tes mains ! ».

La nuit venue, ce fut la procession aux flambeaux, qui elle aussi est partie de la Grotte. L'esplanade était illuminée par l'immense procession et habitée par les Ave Maria de ce cantique à la Vierge Marie, connu dans tous les pays du monde et dont chaque couplet évoque l'histoire des apparitions. Nous lui avons chanté aussi : « Donne-nous ton Fils ! » Lui, la lumière du monde, avec qui les ténèbres ne sont plus ténèbres.

Au soir de cette veillée de Pâques, une maman confiait : « J'ai vécu tant de Vendredis saints dans le désespoir. Aujourd'hui, dimanche de Pâques, pour la première fois depuis l'accident de notre petit garçon qui l'a rendu profondément handicapé, une petite lumière a jailli dans nos ténèbres. »

## Un grand moment : la veillée des jeunes

Il fallait absolument qu'il y ait un moment où tous les jeunes des quinze pays puissent se retrouver, partager, et exprimer la façon dont ils étaient touchés par ce qu'ils vivaient si intensément, pour la plupart, durant ces jours assez exceptionnels.

La veillée des jeunes animée par Jean Vanier et Raymond Fau avait été programmée le dimanche de Pâques, à vingt-deux heures, après la procession aux flambeaux. Ils avaient déjà vécu trois jours intenses suivis de nuits très écourtées. Ils sont arrivés entre trois et cinq mille à la basilique souterraine, une horde bruyante, exubérante, surexcitée, ne demandant qu'à se défouler dans un magnifique chahut.

Jean Vanier, de sa haute stature, dominait la situation. Il a fait signe à Raymond Fau, le chanteur, de démarrer. Celui-ci a pris sa guitare et a entamé un chant qu'il avait spécialement composé pour cette soirée : « Combien de temps nous faudra-t-il encore, combien d'années, combien de jours, combien de nuits, de printemps et d'aurores pour que ce monde vive d'amour ? »

Jean, paisible, se contenta d'indiquer de ses bras qu'il convenait maintenant de s'asseoir par terre. Peu à peu, le tumulte a diminué. Quelques instants seulement après l'invasion désordonnée, le silence s'est établi. Jeanne-Marie, amusée, m'a murmuré : « Nous avons vu Daniel face à trois mille lions... » Jean a évoqué en quelques mots le sens de cette soirée. Il a rappelé comment, de son métier d'officier de marine de guerre qu'il aimait, il en était venu à la philosophie, à la théologie puis au partage de sa vie avec des personnes handicapées mentales : « Elles m'ont mystérieusement transformé. »

Les jeunes qui le souhaitaient étaient invités à témoigner à leur tour de leur rencontre avec une personne handicapée, que ce soit pour la première fois à Lourdes, ou en tant que sœur ou frère, éducateur spécialisé, assistant à l'Arche... Des élèves de terminale ont raconté leur jumelage avec de jeunes handicapées profondes qu'elles avaient eu l'occasion de rencontrer plusieurs mois avant le pèlerinage : à Lourdes, « c'est bien différent, nous logeons avec elles dans un hôpital, nous couchons dans la même salle. Nous sommes touchées de leur simplicité. Elles trouvent tout beau. Elles sont toujours bienveillantes. Elles nous décantent dans notre façon d'être, de paraître, de voir le monde... ». Un jeune a témoigné ainsi : « J'en avais marre de cette société de consommation, d'argent, de promotion. Je crois que Jean-Jacques, qui ne me quitte pas d'une semelle depuis trois jours, est en train de me sortir de ma déprime. » Dans le même sens, un autre a confié son désir de quitter son école de commerce pour s'engager dans une Arche. Il avait besoin de soutien pour avancer...

Un jésuite irlandais, le père David Harold Barry[1], nous écrivait à propos de cette soirée : « Fraternité impossible ? Ces moniteurs bénévoles, étudiants, dans la force de leurs vingt ans, de leur corps, de leurs succès, l'avenir ouvert devant eux, auraient pu être animés d'une charité condescendante, se pencher sur des cas douloureux. S'il y a eu égalité, et par conséquent fraternité, entre des jeunes aussi inégaux dans la possession des richesses terrestres, s'il y a eu amitié sans condescendance, c'était dans un au-delà du terrestre. Pas un au-delà après la vie ou la mort, mais un au-delà déjà présent, une immensité ouverte dans la profondeur de l'homme. »

## La messe d'envoi par pays et le temps des adieux

La dernière matinée officielle du pèlerinage fut courte, dense, intense. Il y a eu d'abord les messes d'envoi organisées par pays, placées sous le signe d'un envoi en mission et d'une nouvelle communion. Pour les pèlerins français, la messe avait lieu à la basilique souterraine, célébrée par Mgr Donze, et l'homélie fut prononcée par le père Plaisantin. « Rentrés chez nous, il faudra aller chercher les autres, surtout ceux qui sont encore seuls, chercher tout le monde pour partager nos peines et nos joies. Nous avons ce qu'il faut pour cela : Dieu nous aime et

---

1. *Cf.* p. 281-282.

Jésus est vivant. » Les pays dont les pèlerins étaient peu nombreux ont eu le privilège d'avoir une messe célébrée à la Grotte.

Il était beau, ce jour-là, de voir les Belges de langue française et ceux de langue flamande se retrouver autour de leur drapeau commun pour la messe célébrée par Mgr Cammaert. Il en était de même pour les Canadiens francophones et anglophones, qui se retrouvaient dans la joie d'une unique Eucharistie. Durant ces trois jours avec les personnes handicapées, tant de barrières en tout genre sont tombées.

Il était prévu que, dans la matinée, chaque communauté puisse très librement se retrouver dans l'amitié, l'action de grâces.

Pour un dernier adieu, beaucoup se rendirent à la Grotte où nous avions découvert si intensément la tendresse vivante de Marie, son désir que Lourdes, sa ville, soit notre ville à tous, mais spécialement à ceux qui sont les plus chers à son cœur.

À Lourdes, pendant ces quatre jours, nous avons vécu une sorte de transfiguration au Mont Thabor. Nous avons vu la gloire de Dieu, la présence de Jésus dans les célébrations et dans le cœur de nos frères et sœurs handicapés et de leurs parents. Et puis chacun a repris sa route. À la gare ou dans les aéroports, on voyait des visages lumineux, rayonnants, détendus. Nous avions envie de dire comme Pierre : « Nous sommes bien ici, nous voudrions toujours y rester. Si nous plantions trois tentes... »

Ce désir, un jeune garçon handicapé, François, l'a traduit dans l'avion au moment du décollage pour le Canada. Il s'est exclamé : « Et maintenant, nous restons tous à Lourdes ! » Pas de nostalgie dans ce cri, mais le souhait que ce climat inimaginable dans lequel nous avions vécu, nous le retrouvions là où nous allions. Nous avions tous la responsabilité de le recréer dans nos maisons, nos foyers, nos écoles, nos établissements, nos ateliers... Tous messagers de paix et de joie, tous artisans de ces communautés où nous faisions alliance les uns avec les autres, portant les fardeaux les uns des autres, nous émerveillant des dons de chacun.

Dans les avions, dans les trains, le voyage de retour fut bien différent de celui de l'aller.

Dans le train de nuit, raconte un pèlerin, nous étions six membres de notre communauté. À l'aller, sans le dire, nous redoutions tous d'être à côté de Frédéric, très handicapé et très agité. Au retour, chacun revendiquait d'être son voisin. Frédéric avait certainement perçu notre rejet, puis à Lourdes il avait bénéficié des ondes de bienveillance et d'amitié émanant de tous. Elles étaient présentes dans notre compartiment. Frédéric en était rassuré, pacifié. On sentait qu'avec nous, il vivait des moments de vrai bonheur, de communion.

Je voudrais vous rapporter une arrivée à la gare d'Austerlitz :

Nous sommes descendus du train en riant, en chantant ou en fredonnant « Amis, chantons notre joie », tout au long du quai interminable. Même ambiance dans la rue, ou dans les cafés, les brasseries qui avaient été envahis, puis dans les bus, métros, taxis, tant que quelques pèlerins restaient encore ensemble. On aurait voulu dire à tous : « Réjouissez-vous avec nous, Dieu nous aime ! »

Beaucoup aussi, après le Mont Thabor et la Transfiguration, vont se retrouver brutalement dans la plaine. La vie va reprendre avec la solitude, les combats, les fatigues... Un papa témoignait : « Dans la rame de métro, avec ma fille, j'ai compris que nous n'étions plus à Lourdes aux regards apitoyés ou fuyants des autres passagers. » C'est pourquoi tant désiraient qu'il y ait une suite ! Ils ne le savaient pas, mais cette suite, elle avait été inspirée le matin même de ce jour.

## Foi et Lumière avec les « officiels »

Nous avions invité ce Lundi de Pâques les « officiels » de Lourdes et de la région et tous ceux qui avaient permis que le pèlerinage se déroule sans aucun incident, dans une atmosphère que nul n'aurait osé espérer. Au nom de l'équipe internationale et de tous les pèlerins, Jean Vanier leur a exprimé notre gratitude de cœur. Chaque personne s'était impliquée dans sa charge non par devoir, mais comme serviteur et ami.

Tous étaient émus de ce qu'ils avaient vu, entendu, vécu et ils désiraient le partager : « Jamais on n'aurait cru que les contacts avec des "handicapés" seraient si simples et vrais. » Un hôtelier témoignait : « Ils étaient contents de tout. Un jeune handicapé s'est extasié sur le papier fleuri – pourtant pas mal défraîchi ! – de sa chambre. Un autre, de la bonne soupe. À leur départ, on s'est tous embrassés. » Un militaire, qui a passé son temps à conduire de jeunes handicapés, affirmait : « Je ne croyais pas qu'autant de bonheur soit possible chez eux. Quelle leçon pour nous, militaires du contingent, bien portants, mais si facilement enclins au mécontentement, à la critique, si rapides à dénoncer ce qui ne va pas ! » Un journaliste chuchotait : « Je pense qu'un jour nous serons fiers de dire : "Ce pèlerinage, j'y étais". »

Pendant le pot, les témoignages se sont faits plus personnels. La Supérieure d'une maison religieuse qui avait accueilli plusieurs groupes me confia combien sa communauté avait été touchée par la délicatesse des pèlerins, leur patience les uns à l'égard des autres : « Pour nous, ç'a été une véritable remise en cause, peut-être plus efficace encore qu'une retraite. » Un colonel de gendarmerie s'est approché de moi, a ouvert son portefeuille, en a sorti une pâquerette fanée : « Vous voyez, c'est l'un de vos petits qui me l'a donnée et je la garde pour ne jamais oublier ce que j'ai vu. »

Et comme en écho au cri des pèlerins du matin même, une unanimité pour dire : « Revenez l'année prochaine. »

## « Que Foi et Lumière continue »

Avant de nous séparer, nous avions organisé un pot d'adieu avec les responsables de communauté, de diocèse, de région, de pays, du comité international. Il nous avait paru impossible de les laisser repartir sans avoir eu, au moins, quelques instants pour leur dire au revoir et merci. Un « au revoir » en principe définitif, puisque la charte du pèlerinage précisait bien qu'il n'y aurait qu'un seul pèlerinage international Foi et Lumière.

Nous nous retrouvions une centaine de personnes, une petite poignée par rapport aux douze mille participants. Nous nous sentions profondément unis. Chacun percevait combien l'événement avait été protégé et béni. Nous avions demandé le miracle des cœurs, il y en avait eu beaucoup. Après avoir exprimé notre action de grâces à Dieu, Jean Vanier a dit aussi notre reconnaissance à l'égard de tous ceux qui étaient là et qui avaient été les artisans de ces quatre jours, souvent au prix de grands sacrifices.

À peine avait-il terminé ses remerciements qu'un délégué s'est levé dans l'assemblée et a déclaré : « J'ai quelque chose d'important à dire de la part de nous tous ici et de tous les pèlerins. Nous ne pouvons pas accepter que tout soit fini. Nous sommes liés les uns aux autres. Nous voulons que Foi et Lumière continue. » Une salve d'applaudissements a confirmé qu'il s'agissait bien du cri de tous. Jean Vanier a simplement répondu : « Soyez fidèles à l'Esprit Saint. Continuez de vous réunir en communautés de prière, d'amitié, d'entraide. Suscitez des fêtes, des pèlerinages... D'ici quelques mois, nous nous réunirons et nous ferons le point. »

Puis a jailli le Magnificat, le chant de Marie, célébrant l'amour divin pour les petits, les humbles, les affamés. Le Seigneur fait pour nous des merveilles !

Le pèlerinage Foi et Lumière était terminé, mais le mouvement Foi et Lumière était né. Quelques jours plus tard, Jean officialisait cette naissance par une lettre adressée à tous les responsables et aux associations amies.

Chez tous, il y avait la révélation de la joie immense des participants, dans la simplicité de ce qu'ils avaient vécu et partagé pendant ces quatre jours, et l'expression presque unanime de leur attente que cet événement ne reste pas sans suite. Les mois qui suivirent allaient nous montrer que cela ne se ferait pas sans difficulté.

# 5

## Le temps des premiers fruits

### Une presse unanime

Les échos dans la presse furent unanimes dans leur étonnement et leurs éloges. Quelques réactions parmi d'autres.

Georges Hourdin dans *Le Monde* écrivait :

Ce pèlerinage mondial (il faut bien appeler les choses par leur nom) était considéré par les personnes sages comme une aventure folle. Pourquoi rassembler des hommes et des femmes blessés dans leur intelligence et, parfois, dans leur motricité au risque de provoquer des accidents graves, des mécontentements et une sorte de chaos. Il arrive que les hommes raisonnables aient tort... Pendant trois jours, de l'aube au cœur de la nuit, le chant du pèlerinage monta vers le ciel de Lourdes en un immense alléluia indéfiniment répété.

Dans *Ouest France*, le père Chevré, responsable diocésain de l'enfance et de la jeunesse inadaptées de Nantes, s'émerveillait :

Avez-vous vu quelquefois un évêque dansant la ronde avec des enfants et des jeunes ? Avez-vous entendu des acclamations et des applaudissements tout spontanés pendant les offices ? Avez-vous connu une ville tout entière inondée de chants et d'alléluias ? Eh bien cela, et combien d'autres choses, nous en avons été témoins à Lourdes. Et acteurs aussi, presque malgré nous...

Dans *La Croix*, Maurice Abad insistait sur la dimension œcuménique :

> Quelle belle entreprise de la foi, mais aussi quelle touchante solidarité, disait un prêtre anglais, qui soulignait la participation des communautés anglicanes...

Marcel Clément, dans *L'Homme nouveau*, s'enthousiasmait :

> Il faut avoir vu jaillir ces rondes spontanées où s'exprimait la joie du ghetto enfin brisé, il faut avoir vécu ces jours où ces enfants (et ces adultes) osaient chercher le sourire des passants parce qu'ils étaient sûrs de le trouver, enfin il faut avoir éprouvé la charité discrète mais partout présente de ces familles meurtries et vaillantes pour découvrir, par l'intérieur, que l'on a assisté à un événement extraordinaire.

*Le Journal de la Grotte*, quant à lui, consacrait sa « une » à une immense photo avec le titre : « La fête de la joie ». Il faudrait aussi pouvoir citer la presse catholique régionale, relayée par ses correspondants ou les pèlerins eux-mêmes, qui se faisaient parfois reporters à leur retour.

## Lourdes a changé !

La première chose étonnante qui nous a été rapportée immédiatement après le pèlerinage, c'est la trace qu'il a laissée à Lourdes. Je me souviens du témoignage d'un chapelain qui, d'une phrase, résumait ce climat dans *Le Journal de la Grotte* : « Une muraille est tombée, qui n'était pas de refus mais d'ignorance. »

Une religieuse de Lourdes nous écrivait ce qu'elle avait pu constater : « Avant, on voyait peu de handicapés mentaux à Lourdes. Il y en a eu tellement l'été qui suivit Foi et Lumière qu'il a semblé, à certains moments, y avoir à Lourdes plus d'enfants handicapés mentaux que d'enfants non handicapés. Aucune des familles rencontrées n'était venue à Pâques, mais toutes étaient là à cause de Foi et Lumière et parlaient du pèlerinage avec une véritable émotion. La facilité de contact avec les parents et la simplicité de ces derniers sont toutes nouvelles. Ils s'arrêtent dans la rue, demandent conseil aux passants : où garer la voiture ? Comment aller à la Grotte ? Ils présentent leur enfant, alors qu'avant les rares familles rencontrées ne parlaient à personne... Et personne n'osait faire le premier pas. On a vu de petits groupes Foi et Lumière joints à de plus importants pèlerinages : des groupes de personnes handicapées mentales entourées de nombreux animateurs, des chants vifs et animés, des instruments de musique, des lâchers de ballons, des groupes auxquels se joignaient parfois les familles isolées. Leur joie rayonne. »

## Une « permanence »
## pour les personnes handicapées

Dans cette période qui a suivi le pèlerinage de 1971, une idée me restait en tête : celle d'une permanence d'accueil pour les personnes handicapées, quel que soit leur handicap, et pour leurs familles, venues à Lourdes en « individuel » ou dans le cadre d'un pèlerinage. Qu'elles se sentent reçues dans la cité sainte d'une manière privilégiée, avec le regard de confiance que Marie a posé sur Bernadette.

Ce ne pouvait être la mission de Foi et Lumière, qui était appelée auprès des personnes handicapées mentales et de leurs parents. Par contre, ne serait-ce pas celle de l'Office chrétien des personnes handicapées, ouvert largement à toute personne ayant un handicap, à sa famille, à son environnement ? L'OCH avait aidé Foi et Lumière à surgir de terre. Foi et Lumière, à son tour, appellait l'OCH à susciter un nouveau rameau.

Dans cette permanence, nous voulions que chacun trouve écoute, compassion, conseil, soutien, avec une petite lumière d'espérance pour poursuivre la route. Le recteur des Sanctuaires, le père de Roton, n'était pas défavorable à cette idée et nous laissait les mains libres pour avancer.

Il fallait d'abord un toit. Pas évident à Lourdes ! On avait même envisagé de continuer de creuser le rocher où la permanence du Secours catholique avait élu domicile ! Bien à propos, l'Action catholique générale féminine, amenée à réduire ses effectifs, laissa à notre disposition un minuscule bureau. Madeleine Dupui, membre de la Fraternité chrétienne des personnes malades et handicapées, Lourdaise de souche, a pris la responsabilité de cette antenne qui symbolisait le désir de Lourdes de s'ouvrir aux plus faibles. Il y eut, la première année, quatre-vingts visites. Huit ans plus tard, quand Madeleine a pris sa retraite, on en comptait deux mille par an.

Martine Guénard a pris la relève pendant trente ans. Grâce au concours de bénévoles, on y accueille aujourd'hui plus de douze mille pèlerins et de nombreux groupes. Que chacun reparte au moins avec une adresse, qu'il soit encouragé à ne pas rester seul, à rejoindre un groupe et, là où il n'y a rien, à entreprendre quelque chose, reste un des grands soucis. Martine raconte comment une Italienne, médecin, maman d'un petit garçon handicapé mental, s'est effondrée en arrivant à la permanence. Elle n'en pouvait plus et avait terriblement besoin de le dire. Le prêtre de l'accueil lui a conseillé de rejoindre Foi et Lumière dans sa région, mais il s'est aperçu, en consultant l'annuaire, qu'il n'y avait pas de communauté dans sa région. Il lui a alors dit : « Commencez quelque chose. » L'année suivante, elle est revenue à Lourdes avec sa famille et une communauté. Un an a passé et ce furent trois communautés qui débarquèrent à Lourdes avec elle. « Extraordinaire, commente Martine. À partir de l'écoute d'une maman, d'une inspiration de l'Esprit Saint et de la grâce de Lourdes, la vie d'une famille a changé du tout au tout, et aussi celle d'une centaine de personnes. »

En 2005, Mgr Jacques Perrier voulait manifester de manière plus frappante le choix préférentiel de Lourdes pour les plus pauvres, comme Jean-Paul II y a si souvent encouragé. Il décida de créer, dans le cadre des nombreux services des sanctuaires, un service des personnes handicapées et de leur famille. Il en confia la responsabilité et l'animation à l'OCH dans un local qu'il voulut, en signe d'accueil, à l'une des entrées des sanctuaires, la porte Saint-Michel. Ce lieu est au service de toute personne handicapée.

L'intégration des personnes handicapées mentales dans les pèlerinages diocésains ou nationaux ne fut ni immédiate, ni massive. Mais les choses se sont simplifiées progressivement. L'accueil individuel de personnes handicapées devenait plus facile. L'accueil de toute une communauté Foi et Lumière qui s'intégrait aux autres pèlerins apparaissait la meilleure voie pour s'apprivoiser réciproquement. En fonction de la fatigue, des besoins spécifiques de ses membres, la communauté se retrouvait pour une veillée, une célébration liturgique, un échange entre parents, tandis que leurs enfants vaquaient avec les amis. Tout se faisait en douceur et en souplesse.

Nous éprouvions une grande joie lorsque nous apprenions que, dans un pèlerinage diocésain, la présence de la communauté Foi et Lumière avait été très appréciée et « redemandée ». Je me souviens du témoignage d'un responsable diocésain : « Nous avons été étonnés de découvrir le climat – contagieux – de simplicité, de vérité et de joie qu'ont transmis les personnes handicapées, et avec eux tout le groupe. Elles nous ont permis de vivre l'Évangile au plus près.

## Le mouvement est lancé

Du côté du mouvement, il fallait donner suite aux cris des pèlerins le lundi de Pâques : « Nous voulons que Foi et Lumière continue ! »

Immédiatement après le pèlerinage, Jean Vanier a adressé une lettre à tous les responsables, communiquée aussi aux principaux mouvements intéressés. Elle officialisait la naissance du mouvement : « Cette rencontre, sans aucun doute, a été protégée et bénie par une grâce spéciale de l'Esprit Saint. Elle a même été une véritable manifestation de l'Esprit. Il serait impensable, de notre part, de ne pas prendre conscience de l'importance de ce qui s'est passé et ce serait une infidélité grave de la part de chacun de ne pas en tirer les conséquences pour l'avenir. À nous maintenant, dans nos pays, dans nos régions, dans nos diocèses, de réfléchir à nos responsabilités. »

Puis Jean mettait en garde contre deux risques de lâcheté. Celui de dire : « C'est très bien, mais c'est assez », et celui de vouloir rattacher les communautés de base à un organisme existant, avec le risque d'étouffer le mouvement de l'Esprit.

Or, rappelait Jean Vanier, Foi et Lumière n'a pas été créé par une structure et n'a pas été non plus le fruit d'une décision hiérarchique. Ce fut le fruit d'un jaillissement porté par un certain nombre de personnes, qui tout à la fois se voulaient libres et entendaient agir dans l'Église, en liaison avec les structures existantes. L'essentiel désormais était de poursuivre les efforts dans les communautés : faire grandir un courant de prière, d'amitié, d'entraide, faire de leurs réunions des occasions de ranimer l'espérance et, pour certains, de découvrir le signe de l'amour du Père, enfin réfléchir, avec les jeunes amis accompagnateurs, à la création de communautés d'un type nouveau, organisées autour des plus petits, dont notre monde a tant besoin.

Jean suggérait ensuite plusieurs possibilités dans lesquelles les groupes pourraient s'engager : la collaboration avec les pèlerinages diocésains pour l'intégration pleine et entière des personnes handicapées et des parents ; la mise sur pied d'une catéchèse spécialisée en lien avec les structures existantes ; de tables rondes, de rencontres amicales entre jeunes, handicapés ou non. Ailleurs, ce serait la célébration de Pâques et l'organisation d'une fête Foi et Lumière dans les cathédrales du monde entier.

Jean terminait ainsi : « Les suites de Foi et Lumière sont entre les mains de chacun de nous. Que l'Esprit Saint nous donne sa lumière, sa force, son souffle créateur, sa sagesse. » Cette lettre fut considérée comme une feuille de route pour les responsables de Foi et Lumière.

## Première rencontre internationale

Dans les mois qui ont suivi le pèlerinage, nous avons tenu l'engagement de Jean et du comité international, en organisant une rencontre à Paris, les 25 et 26 septembre 1971 : il fallait faire le bilan du pèlerinage et envisager l'avenir. Des retrouvailles surtout marquées par l'action de grâces, l'allégresse, la détermination intacte de continuer au sein du mouvement.

Nous avons évoqué des questions très concrètes : le bilan financier et le film réalisé pendant le pèlerinage. Pierre Leborgne, notre trésorier, nous a informés qu'il y avait un excédent possible d'environ cent vingt mille francs. Depuis les premières rencontres, dans l'hypothèse d'un surplus, il avait toujours été décidé d'en faire bénéficier un pays du tiers-monde. Après un échange de vues, l'assemblée décida d'apporter son aide à l'Inde, dont les besoins étaient vitaux. Une partie de la subvention serait versée à mère Teresa pour soutenir ses centres accueillant des enfants handicapés, l'autre partie contribuerait à la création d'un centre pour handicapés mentaux, sa réalisation étant confiée à un évêque indien avec la collaboration de la Caritas-Inde.

Le film sur Foi et Lumière, documentaire de quarante minutes, est sorti au début de l'année 1972, en versions française et anglaise, avec plusieurs interviews en chacune des deux langues. Plusieurs pays en ont fait des versions sous-titrées et il a eu partout un grand retentissement. En France, par exemple, il fut diffusé dans l'émission *Le Jour du Seigneur*.

Les équipes Foi et Lumière l'ont présenté dans toute la France et elles ont été généralement surprises et heureuses de remplir les salles. Après avoir vu le film, le public était ému : « Nous ne nous attendions pas à cela... » Personnellement, j'ai eu l'occasion de présenter le film à des publics très différents. Quels qu'ils soient – paroisse, lycée, collège, aumônerie ou plus largement à la salle de la Mutualité avec mille cinq cents personnes –, à la fin de la projection, la réaction était la même : un silence impressionnant. Nous constations très souvent qu'après avoir visionné le film, un désir s'était éveillé, une certitude avait grandi : il y a toujours quelque chose à faire pour chacun d'entre nous. Peut-être tout simplement être attentif à cette famille voisine à laquelle nous avions jusqu'ici refusé notre regard, ou à qui nous n'avions pas osé adresser la parole. C'est un par un que les cœurs se changent.

Étonnant de voir qu'il continue de toucher les cœurs et de changer les regards.

Ce fut le constat lorsqu'il a été projeté à Lourdes à Pâques 2011, lors d'une rencontre de mille cinq cents personnes de France, du Canada, du Pérou, etc., le jour même de l'anniversaire de la naissance de Foi et Lumière, il y a quarante ans.

## Au plan international

La grande question, lors de la rencontre internationale à l'époque, était la suivante : « Désirons-nous maintenir un lien entre nous ? Si oui, sous quelle forme ? » Chaque pays était invité, à travers ses représentants, à donner son avis. L'accord fut unanime sur la pérennité des liens et sur le principe d'une réunion annuelle et d'une lettre trimestrielle. Le comité a donné mandat à Pierre Leborgne, Jean Vanier et moi pour assurer la parution de ces lettres, dont le contenu serait surtout fourni par les différents pays. Une rencontre internationale fut fixée un an plus tard à Luxembourg.

Jean Vanier a introduit le bilan moral en rappelant que l'événement Foi et Lumière avait été un véritable « passage de Dieu ». Le pèlerinage, commencé si pauvrement, avait déjà eu un retentissement spirituel et social dans le monde entier. Foi et Lumière, tous les échos en faisaient foi, avait été un événement tout à fait original par sa dimension de fête et de joie, son ouverture aux parents et aux personnes handicapées, qui ont pu sentir qu'ils faisaient partie de la communauté humaine et chrétienne, par la collaboration des jeunes et la façon dont les groupes de base avaient préparé cette démarche et continuaient de se retrouver, de s'entraider, de prier et de se réjouir ensemble. Il importait alors d'être fidèles à cet élan et de répondre à notre tour aux grâces reçues. Une unité assez frappante s'exprimait dans les rapports issus des différents pays et confirmait les paroles de Jean Vanier, hormis la France qui exprimait un autre avis.

En Belgique, on avait été particulièrement marqué par les carrefours entre parents, qui leur avaient permis de trouver une force et un courage qu'ils n'auraient jamais imaginés. Des parents d'enfants placés dans des instituts ou vivant en famille et qui, naguère, se sentaient comme des étrangers lors de visites ou de réunions, se retrouvaient maintenant comme « des membres d'une même famille ».

Au Canada et aux États-Unis, on nous disait : « Foi et Lumière résonne désormais dans les âmes comme le signe dense et trop chargé d'amour d'une manifestation nouvelle d'espérance. Vraiment et humblement, nous pouvons dire que c'est une ère toute neuve depuis notre retour. » Le comité national du Canada avait écrit personnellement à chacun et restait en lien avec les responsables pour soutenir toute initiative. Il avait visité plusieurs communautés, avec l'objectif d'encourager la création de groupes locaux, d'établir un lien entre eux et d'organiser des rencontres nationales, suivant les besoins exprimés par ceux qu'il rencontrait. Une cathédrale du Canada avait décidé d'accueillir chaque mois une liturgie eucharistique conçue pour que les personnes handicapées mentales puissent y participer pleinement et l'on espérait que d'autres paroisses prendraient des initiatives dans le même sens.

Au Danemark, Anne Storm, une jeune étudiante en médecine qui était déjà présente à la réunion du 8 décembre 1969, témoignait :

> Nous savions qu'il y avait environ cinq cents handicapés mentaux catholiques. Comment les trouver ? On a commencé par téléphoner à tous les curés du pays. Presque aucun n'en connaissait, ce qui révélait d'ailleurs l'ampleur du besoin de mettre enfin quelque chose en place pour eux et leurs parents. En août 1970, nous avons envoyé une première invitation à toutes les paroisses, aux couvents et à toutes les personnes qui avaient pris contact avec nous pour une prière commune à l'église, suivie d'une rencontre amicale. Il n'y a eu que dix-huit personnes et seulement deux handicapés mentaux. Chaque mois, nous lancions des invitations. Le nombre des personnes augmentait à chaque fois. Finalement, nous étions une cinquantaine. Le pèlerinage nous a bouleversés. Tout le monde en parle encore sans cesse. Il y a une réelle ouverture vis-à-vis des parents, des handicapés mentaux, des amis et des jeunes. Nous avons décidé d'organiser des rencontres mensuelles tous ensemble et des carrefours pour les parents, pour les aider particulièrement dans l'éducation religieuse. On se sent si unis après avoir partagé la grande fête chrétienne de Pâques. Mgr Rodhain, président de Caritas Internationalis, a dit à Mgr Ballin, (Danemark) : « Les journées de Pâques 1971, c'était le service du pauvre. C'était la Charité (Caritas) à l'état pur ! »

En Espagne, les groupes ont continué de se réunir et chacun évoquait les sentiments et les émotions éprouvés à Lourdes. Il a été décidé de continuer les réunions et d'inviter toujours davantage de familles et d'amis. Le principal projet était celui de célébrer Pâques 1972 dans un sanctuaire marial national. On ne connaissait pas encore le lieu, ni les modalités, mais le désir de tous était de continuer dans la ligne de Foi et Lumière.

Au Luxembourg, la délégation partie à Lourdes avait été constituée exclusivement d'enfants d'un grand établissement, Saint-Joseph de Betzdor, accompagnés de quelques parents, de leurs éducatrices, du médecin et de l'aumônier. Tous ont été surpris et même ébahis par le comportement des enfants. Le médecin insistait surtout sur un fait qu'il appelait « notre miracle de Lourdes » : parmi les cinquante enfants qu'il accompagnait, il avait prévu que certains rencontreraient de grandes difficultés. Or tous les médicaments prévus ont été superflus. Le médecin n'a pas ouvert une seule fois sa trousse pendant le séjour. Selon lui, cela tient d'abord à ce que chaque enfant avait un accompagnateur. « On a pu constater surtout l'importance de l'environnement qui crée une atmosphère calme et évite ainsi l'abrutissement par les médicaments. Les enfants ont vécu des choses extraordinaires et sont allés d'émerveillement en émerveillement. Même les longs offices ne les ont pas fatigués car tout était tellement nouveau, tellement beau, pour eux : être mêlés à cette foule de pèlerins chaleureux, voir leurs travaux exposés sur le grand panneau durant la fête ; ils en étaient si fiers. » Le représentant du Luxembourg ajoutait : « Pour les enfants, ce fut le premier grand événement de leur vie. Nous leur avons constitué un album souvenir qui réunit d'innombrables photos, des coupures de journaux et de revues illustrées. On ne se lasse pas de le feuilleter. Six mois après le pèlerinage, la maison résonne encore du chant de Pâques. De petits souvenirs rapportés – statues, chapelets, images – ne les quittent plus. Des réminiscences de Lourdes se retrouvent souvent dans leurs dessins et les histoires qu'ils racontent... » Le délégué luxembourgeois faisait part de ce qu'il appelait « une heureuse suite dans notre pays : la sensibilisation du public en faveur des enfants handicapés de notre institut ; leur accueil en internat constitue pour beaucoup de familles une gêne, sinon une honte. Le gala artistique, en présence de la grande-duchesse de Luxembourg, les nombreux articles parus dans la presse, tout cela a contribué à dire au grand public que l'enfant handicapé est membre de l'Église à part entière, tout comme nous autres. Nous avons vraiment senti, à partir de ce moment-là, que quelque chose avait changé ». Et il ajoutait : « L'année prochaine, est déjà prévu un pèlerinage national lors des solennités annuelles, après Pâques, en l'honneur de Notre-Dame de Luxembourg. Enfin, nous sommes d'accord pour participer à nouveau à un pèlerinage international ! »

En Suisse, le pèlerinage était considéré comme une réussite qui avait enthousiasmé « tout le monde et chacun ». Les témoignages les plus chaleureux venaient de parents qui n'osaient jamais aller à l'église avec leur enfant handicapé et qui se sont trouvés vraiment à l'aise. Pour eux, c'était une véritable résurrection. Leur souhait unanime : « Que tout continue... »

## L'exception française ?

Après ce tour d'horizon plein d'espérance et d'attente, l'équipe française, appelée à s'exprimer la dernière, a donné un bilan écrit, très positif, des suites dans les départements, et a créé la surprise en remettant aux participants une note, écrite conjointement avec le SCEJI, où elle annonçait sa décision de disparaître. Elle prévoyait d'organiser une dernière réunion des correspondants Foi et Lumière en France pour faire le point et évoquer les perspectives, et pour discuter et ratifier la proposition de l'équipe nationale. Les correspondants pourraient poursuivre des activités s'ils le souhaitaient. On leur donnerait le nom et l'adresse d'une personne, organe de liaison, ayant la charge de renvoyer au diocèse et aux divers organismes les demandes qui les concerneraient. Chaque groupe local découvrirait son propre visage.

Curieusement, le projet de démission de l'équipe nationale n'a pas provoqué de réels remous dans notre assemblée. Comment expliquer que le conseil international n'ait pas réagi davantage à cette étrange nouvelle ? On peut sans doute expliquer cette apparente indifférence par deux raisons. D'une part, nous avions prôné une structure très simple, très légère, laissant une large autonomie aux pays. L'Association internationale n'était même pas constituée en association 1901. La marge de décision du comité international était donc très limitée. D'autre part, nous avions pensé que l'équipe nationale disparaissant, une autre pourrait facilement

voir le jour, désignée par les correspondants diocésains qui semblaient pleins d'allant. Un peu naïvement, nous n'avions pas conscience de tout ce qui se
préparait dans l'équipe nationale sous l'influence du
SCEJI.

# 6

# La crise
## (1972)

Les mois qui ont suivi le pèlerinage de 1971 ont été difficiles pour Foi et Lumière en France. Ils tiennent dans ce livre une place importante, compte tenu du rôle, alors prépondérant, de ce pays dans la vie de Foi et Lumière. Ceux qui ont été à l'origine de ces difficultés étaient sûrement de bonne foi. Pour eux, il valait mieux que les nouvelles sources de vie apportées par Foi et Lumière viennent alimenter les organisations officielles plutôt que de créer une nouvelle pousse dans l'Église. Cette position était concevable, cependant les moyens utilisés, parfois contre la volonté de ses membres et par des procédés douteux, n'étaient guère acceptables.

En effet, au lendemain de la rencontre internationale de septembre 1971, sans plus attendre, le père Georges, aumônier national, décida de réunir l'équipe nationale pour persuader ses membres qu'il était temps d'informer les responsables diocésains de la dissolution de l'équipe et de la nouvelle mission de Foi et Lumière : devenir « un levain dans la pâte » auprès des structures existantes, et de convoquer, pour ce faire, une rencontre nationale.

## La disparition programmée de Foi et Lumière !

L'invitation à cette réunion, adressée tardivement aux responsables français, ne comportait aucune allusion au but qui lui avait été fixé. Elle était libellée ainsi : « Après avoir pris quelque recul depuis Pâques, il nous paraît important de faire le point ensemble dans l'esprit d'amitié et d'entraide qui nous unit. Il est bon et utile que chaque diocèse apporte maintenant ses expériences, ses recherches et ses projets pour les partager avec tous. »

Jean Vanier et moi-même étions invités comme simples participants. Immédiatement, avant la date de la réunion, fixée au 28 novembre, un membre de l'équipe nationale m'avait avertie, confidentiellement, du but réel de cette rencontre : la dissolution de Foi et Lumière. J'étais donc informée, mais pieds et poings liés.

La veille du jour fatidique, trois jeunes responsables de communautés de Foi et Lumière, dont nous avions repéré les qualités humaines et spirituelles, et l'engagement dans le mouvement, m'avaient demandé un rendez-vous. Parmi eux, il y avait Hubert Allier, ce jeune de vingt-deux ans que nous avions remarqué à Lourdes prenant la tête de l'incroyable farandole après la veillée pascale. Ils me firent part de leur trouble. Le responsable de la catéchèse spécialisée de leur diocèse leur avait demandé s'ils accepteraient de donner leur témoignage sur les merveilles du pèlerinage et le nouvel appel de l'Esprit Saint aujourd'hui à s'engager au service de personnes handicapées dans la catéchèse ou dans des associations de loisirs pour faire vivre l'esprit de ce qui avait été vécu à Lourdes, mais en abandonnant le nom « Foi et Lumière », devenu inutile. Ce responsable leur avait demandé de garder le secret afin de ménager l'effet de surprise. Ils étaient inquiets.

Cette confidence me mettait, à mon tour, dans un grand embarras. Devais-je leur dire la vérité sur le rôle qu'on leur demandait de jouer, en dissimulant l'objectif auquel ils devaient ainsi contribuer ? Cependant, si j'avais eu connaissance de la finalité de la réunion, n'était-ce pas pour en faire le meilleur usage possible ? J'ai alors partagé ce que je savais. Ils en furent très soulagés. Mais que pouvaient-ils faire ? La marge d'action était étroite. Soudain, le visage d'Hubert s'est illuminé : « Je crois que j'ai trouvé ! » Contrairement aux deux autres jeunes, la demande du responsable ne lui était parvenue qu'indirectement. De ce fait, il n'avait pris aucun engagement à son égard et se sentait libre d'agir en conscience.

Cette rencontre du 28 novembre 1971 fut la réunion de tous les malentendus pour Foi et Lumière. C'était la première journée nationale depuis le pèlerinage. Une soixantaine de responsables, représentant trente-cinq diocèses, se réjouissaient de ces retrouvailles au patronage Saint-Joseph-et-Saint-Louis, au cœur de Belleville. Plusieurs personnes « extérieures » avaient aussi été invitées, dont la responsable de l'Action catholique de l'enfance, celle des Guides de France, l'abbé Duben, aumônier des centres de jeunes inadaptés, et Jean Roux de Bézieux, président de l'OCH. Nous étions accueillis par le père Orset, curé de la paroisse, aumônier régional pour l'Ile-de-France. Il représentait le père Delanoé, responsable diocésain à Paris des pèlerinages.

Les délégués attendaient impatiemment de pouvoir échanger leurs expériences, de s'en nourrir pour repartir avec un nouvel élan. Il faut dire que, depuis six mois, beaucoup avaient continué de travailler comme ils l'avaient fait pendant les trois ans de préparation. Le message de Jean Vanier, en réponse au cri des responsables : « Nous voulons que Foi et Lumière continue », était suffisamment explicite pour avancer avec confiance. Les retrouvailles furent chaleureuses. On n'en finissait plus de s'embrasser, de se rappeler les merveilles de Lourdes et d'échanger sur le présent.

Puis la réunion a commencé, animée par le père Georges. Il a introduit la journée, puis a présenté les résultats de l'enquête menée auprès de soixante et onze diocèses, dont trente et un avaient répondu. Il a invité les participants à prendre connaissance des différents documents présentés dans leur dossier et annoncé la venue, l'après-midi, de Mgr de La Chanonie, président du SCEJI, et de son secrétaire général. C'était la première fois qu'ils seraient présents à une rencontre. Cela semblait marquer l'intérêt que l'Église portait à notre nouveau mouvement. Si les participants avaient eu le temps de prendre connaissance des documents remis le matin, ils auraient mieux compris le sens de la venue de ces hauts responsables.

Nous nous sommes retrouvés l'après-midi, après la messe à la paroisse et le déjeuner. Certains s'étonnaient intérieurement de voir la table de présidence occupée par l'évêque, le délégué général du SCEJI et l'aumônier national de Foi et Lumière. N'était-ce pas curieux pour une réunion de responsables de Foi et Lumière ? Pourquoi Camille Proffit, responsable nationale, ne siégeait-elle pas officiellement ? Foi et

Lumière ayant été créé par une équipe de laïcs, étant un mouvement de laïcs, pourquoi aucun d'entre eux n'était-il présent pour animer la rencontre ? Mais peu importait, l'essentiel était d'avancer.

Le père Georges a invité Marcelle B. à lire une déclaration commune du SCEJI et de l'équipe nationale. Cette lecture a provoqué un véritable électro-choc, parce qu'elle annonçait à mots à peine couverts la disparition de Foi et Lumière. Marcelle B. a enchaîné sur le devoir des parents de s'engager dans l'UNAPEI, « un grand organisme d'une efficacité et d'un dynamisme exceptionnels au service de nos enfants ». Les auditeurs étaient déconcertés. Beaucoup faisaient déjà partie de cette association, mais se demandaient pourquoi on la mentionnait pendant cette réunion. Être membre de l'UNAPEI et de Foi et Lumière, c'était appartenir à deux associations très différentes et complémentaires.

## « Foi et Lumière doit vivre ! »

Ce fut alors au tour d'Hubert de prendre la parole. Suivant les consignes qu'il avait reçues, il était chargé de lancer un vibrant appel aux jeunes pour qu'ils s'engagent dans les « rencontres chrétiennes », les loisirs et les différents accompagnements existant pour les personnes handicapées. C'était un orateur-né. Il s'est exprimé avec force et conviction. Dans son diocèse, a-t-il dit, il participait à des « rencontres chrétiennes » destinées à des adultes handicapés mentaux. Chaque trimestre s'y retrouvaient cent cinquante adultes avec quelques jeunes. C'était une initiative très féconde lancée par la catéchèse spécialisée. Hubert se disait « très intéressé et très fidèle ». Mais, à Foi et Lumière, il avait découvert autre chose, une nouvelle manière de voir les personnes handicapées et de vivre avec elles. Foi et Lumière avait une vocation très spécifique, a-t-il insisté, celle de réunir des personnes ayant un handicap mental de tous âges, avec leur famille, des amis jeunes et des éducateurs. Les fruits, pendant et après le pèlerinage, avaient été exceptionnels et cela ne faisait que commencer. Pour rien au monde, il ne faudrait que ce soit seulement un feu de paille, vite éteint par la routine. « C'est pourquoi, concluait-il, Foi et Lumière doit vivre ! Foi et Lumière vivra ! »

Ces paroles furent accueillies par un tonnerre d'applaudissements. C'étaient celles que beaucoup attendaient. La liberté d'Hubert rendait possible un débat très ouvert sur toutes les questions ou les objections qui pouvaient s'exprimer. Par contre, elles rendaient les choses beaucoup plus difficiles à ceux qui avaient préparé la réunion et son déroulement. En effet, comment dès lors créer un climat favorable à la déclaration commune, reçue dans les dossiers, mais que personne n'avait eu le temps de lire ? Elle prévoyait, rappelons-le, de provoquer une dernière réunion des correspondants diocésains pour faire ensemble un bilan et ratifier une proposition de l'équipe nationale : celle de disparaître.

Les questions ont fusé. Chacun voulait essayer de comprendre. « Pourquoi l'ordre du jour, banal, a-t-il caché l'objet réel de la réunion ? Nous ne pouvions aucunement pressentir ce qui allait nous être proposé. Nous n'avons donc pas eu la possibilité d'en débattre avec nos équipes. » « Ces textes semblent avoir été longuement mûris. Comment nous demander de les approuver en quelques quarts d'heure, alors que nous venons à l'instant d'en prendre connaissance ? » « Est-ce que vous voulez nous signifier que les équipes diocésaines doivent se saborder, à l'exemple de l'équipe nationale ? »

Ces débats confus ont duré près de trois heures. J'avais l'impression d'une fourmilière sur laquelle on venait de marcher. Les responsables diocésains percevaient de plus en plus clairement pourquoi ils avaient été convoqués. Parmi les déclarations déterminantes, citons celle du père Orset, à qui l'abbé Delanoé, responsable diocésain des pèlerinages, avait demandé de le représenter. L'un et l'autre avaient reçu la « déclaration commune » et ils l'avaient étudiée tard dans la nuit. L'abbé Delanoé avait confié au père Orset le message suivant : « Dans notre monde actuel et dans notre Église actuelle, aucune décision ne peut se prendre sans la base, c'est-à-dire les communautés de familles, dont l'enfant est handicapé. En conscience, cette déclaration, qui va très loin, je ne puis la ratifier aujourd'hui. Elle ne peut être qu'une amorce de discussion. » Le père Orset a également soulevé un autre point : Foi et Lumière fut l'œuvre de laïcs. « Moi-même, dit-il, j'ai été contacté par la responsable pour l'Ile-de-France et tout un groupe de laïcs. Je m'y suis donné à corps perdu, mais j'y ai travaillé comme prêtre sous la direction de laïcs. Aujourd'hui, on voudrait mettre ce mouvement, l'œuvre de laïcs, sous la dépendance du SCEJI ; impossible à ratifier. »

Pour M. Couillaux, père d'un enfant handicapé et responsable diocésain à Rouen, laisser les diocèses continuer leur action sans l'appui d'un organisme national, sans statut, équivaudrait à créer « des groupes invertébrés, avec comme seul soutien un clergé souvent peu concerné, parfois hostile ». Et il ajoutait : « Tout au moins, c'est ce que j'ai vécu "dans mon coin", pendant les préparatifs et les suites du pèlerinage. »

Pierre Leborgne, notre trésorier national et international, souligna une incohérence : le secrétaire du SCEJI avait précisé que celui-ci avait un rôle de coordination et non d'animation. Cela supposait dès lors qu'il existe des associations et des mouvements à coordonner, alors qu'il était question de les supprimer. Il posa la question directement à Mgr de La Chanonie : « Pourquoi l'équipe nationale se saborde-t-elle ? » Réponse : « Parce qu'elle avait comme objectif d'organiser un seul pèlerinage. Mais il ne lui est pas interdit de poursuivre sa tâche avec d'autres objectifs. »

Marcelle-Renée, maman d'une fille handicapée et responsable diocésaine à Clermont-Ferrand, a pris la parole à son tour : « Nous assistons à quelque chose d'étrange. Qu'est-ce qu'une association ? C'est quelque chose de démocratique. Qui doit décider ? Ce devrait être les membres, en tout cas pas ceux qui, pendant trois ans, ne nous ont guère soutenus ! »

Le père Georges assura que l'équipe nationale n'avait agi que par fidélité à l'esprit de Foi et Lumière, ajoutant ceci : « Le nom disparaît mais l'esprit demeure. »

Nous étions arrivés à un point de non-retour. La discussion s'enferrait et nous cherchions le moyen d'en sortir. Certains demandaient un vote sur le texte, mais la question fut éludée. Camille Proffit a alors proposé de donner une suite à l'une des propositions de la « déclaration commune » : « indiquer aux responsables le nom et l'adresse d'une personne pour jouer le rôle d'agent de liaison ». Finalement, le père Georges a accepté, à condition qu'il ne soit qu'une boîte aux lettres. Quand l'agent recevrait une demande, il l'orienterait vers le SCEJI si celui-ci était le mieux placé pour y répondre.

Marcelle-Renée a recommandé qu'on ne reparte pas sans avoir désigné cette personne : « J'ai accepté une responsabilité dans mon département auprès de gens qui m'ont fait confiance. En rentrant sans un lien précis, j'aurais l'impression de les avoir trahies. »

Estimant sans doute qu'on ne pourrait faire autrement pour sortir de l'impasse, le père Georges s'est rangé à la solution proposée : « Dans l'immédiat, je vous propose, à titre provisoire, de voter sur le nom de Camille Proffit comme agent de liaison. » Applaudissements. Camille avait fait ses preuves – et plus que cela ! – par son action considérable lors de la préparation du pèlerinage et elle avait l'estime de tous.

Mgr de La Chanonie, sans doute peu et mal informé de la situation, en découvrait d'un coup la réalité complexe. Elle était exprimée par des parents qui avaient beaucoup souffert, qui avaient découvert un trésor et ne voulaient pas en être privés. Il conclut donc la réunion par une déclaration plus rassurante : « Je vous l'ai dit, et je le répète, le SCEJI n'est pas un organe d'animation mais de coordination, d'information et de relation entre l'Église et le monde des inadaptés. Par conséquent, je ne peux que prendre acte d'un fait : un organisme qui était Foi et Lumière et qui a rempli son but me dit : "Monseigneur, nous vous informons que, notre but rempli, nous n'avons plus d'existence en tant que tels. " J'en prends acte mais je prends acte aussi, et avec beaucoup de joie, que ce qui a pu naître se poursuit en s'adaptant sous d'autres formes, au service des handicapés mentaux, de leur famille et de leurs amis. Je demande que tout cela soit tout de même coordonné par le SCEJI, centre de la pastorale de tous les inadaptés de France, au nom de l'Église. Donc, on ne vous demande pas de disparaître... »

Les responsables diocésains furent un peu rassérénés. Cependant, l'un d'eux demanda à Mgr de La Chanonie : « Monseigneur, l'Église nous permet-elle, oui ou non, de continuer Foi et Lumière dans notre région ?

— Oui, ma réponse est nette : vous le pouvez. »

C'était clair et heureux !

## L'incident du fichier

Le lendemain matin, à peine arrivée à nos bureaux, je reçus un appel de Camille Proffit : « J'ai la quasi-certitude que le SCEJI veut s'approprier le fichier de Foi et Lumière. Il se trouve dans le bureau qui jouxte le vôtre. Il représente un trésor puisqu'il est notre lien avec toute la base du mouvement international. En tant qu'agent de liaison, j'ai le devoir de veiller sur son sort. Ce fichier n'appartient pas à l'équipe nationale qui n'existe plus. Sûrement pas au SCEJI, ni à la catéchèse spécialisée. Je vous le confie donc à vous, en tant que vice-présidente de l'association internationale Foi et Lumière. Placez-le en lieu sûr. Mais faites vite ! »

Que faire ? Le fichier Foi et Lumière, c'était bien autre chose qu'une disquette. À l'époque, les fiches étaient rédigées sur bristol et classées dans des coffrets en bois. Cela représentait du poids et du volume. Heureusement, mon bureau disposait d'un vaste placard, équipé de rayonnages de haut en bas, et providentiellement presque vide ; de plus, il fermait à clé. Le déménagement se limita à un transfert d'un bureau à l'autre. Les deux jeunes secrétaires de la maison étaient acquises à Foi et Lumière et furent mises à contribution en toute confiance. Nous avons dressé le grand escabeau et la chaîne s'est organisée.

Nous finissions à peine de ranger le dernier casier, lorsque la sonnette a retenti. Tandis que l'une des secrétaires allait ouvrir, j'ai fermé précipitamment le placard à clé. On a frappé à mon bureau : c'était le père Georges. Sans préambule, nous avons eu l'échange suivant :

« Le secrétaire général du SCEJI m'a demandé de venir prendre le fichier de Foi et Lumière.

— Je suis désolée, mais Camille, en tant qu'agent de liaison, m'a téléphoné ce matin, me demandant de bien vouloir l'entreposer dans un lieu sûr. Ce que j'ai fait immédiatement.

— Où est-il ?

— Camille m'a demandé de garder la discrétion.

— C'est insensé ! Je veux lui parler immédiatement.

— Je l'appelle tout de suite. »

J'ai alors exposé à Camille la « conversation » que nous venions d'avoir et j'ai passé le combiné au père Georges. Celui-ci regardait d'un œil soupçonneux l'escabeau planté de manière incongrue au milieu de la pièce, mais il n'a pas osé m'interroger. Hors de lui, il a pris l'appareil. Je me suis éclipsée, mais des éclats de voix se firent entendre pendant un long moment.

Camille venait de faire un choix radical : jusqu'à ce jour, elle n'avait pas voulu envenimer les relations avec le père Georges. Ils avaient fait équipe pour coordonner Foi et Lumière en France, lui comme aumônier, elle comme coordinatrice nationale. Elle avait été témoin de la somme considérable de travail qu'il avait assumée. Mais elle se rendait compte qu'il cherchait à imposer un autre projet, celui du SCEJI. En restant proche de lui, elle espérait garder une certaine influence, éviter la dilution de Foi et Lumière dans des structures impropres à l'accueillir. Mais au cours des dernières semaines, les agissements du père Georges avaient rendu la collaboration de plus en plus difficile. La veille, elle avait tranché et pris sa décision.

La tentative du père Georges pour récupérer le fichier fut très peu divulguée, mais elle a renforcé l'inquiétude ambiante. Certes, le 28 novembre, on avait échappé à la dissolution pure et simple de Foi et Lumière. Certes aussi, les conclusions avaient finalement été plutôt rassurantes. Cependant, elles n'étaient que verbales, ne correspondaient pas aux décisions préparées par écrit et laissaient planer de grands doutes sur l'avenir.

Les activités de Foi et Lumière sur le plan diocésain pouvaient se poursuivre, mais à la condition d'être coordonnées par le SCEJI. Or le SCEJI n'avait pas toujours une bonne image parmi ceux qui avaient participé au pèlerinage de Lourdes. Dans certains cas, il avait manifesté une neutralité bienveillante et parfois apporté sa collaboration mais, dans beaucoup d'autres, il avait blessé les responsables et les futurs pèlerins par un certain mépris et même de la malveillance.

Gérard et Camille Proffit avec leurs enfants.
Ils ont inspiré le premier pèlerinage.

Au jour de leurs fiançailles.

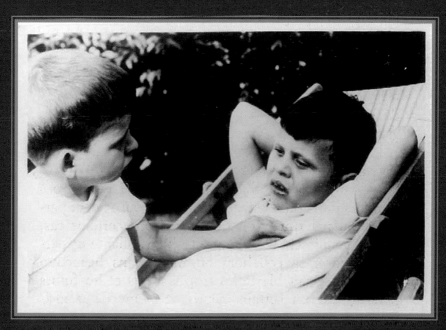

Thaddée et Loïc.

# Lourdes, 1971
## La fête : un grand ALLÉLUIA !

« Elle m'a regardée comme une personne. »

# Le pèlerinage est terminé, un mouvement nous est donné.

Jean Vanier
et Marie-Hélène Mathieu.

Emblème de Foi et Lumière
(peinture de Meb).

Ensemble : partage, amitié, prière, fête.

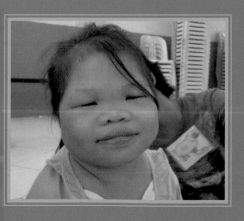

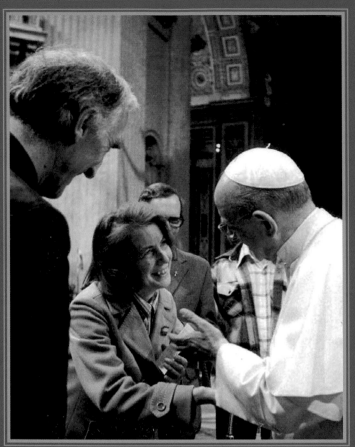

Rome, octobre 1975 :
« Vous avez
une grande mission
pour que
Foi et Lumière
se répande
dans le monde »
Paul VI.

Rome, mars 1984 :
« Que l'Esprit Saint éclaire et fortifie tous les membres de Foi et Lumière » Jean-Paul II.

# Parmi tant de serviteurs...

Mariangela Bertolini, Betty Renaud, Bella Feliciano, Marie-Vincente Puiseux, Teresa de Bertodano, Marianne Abrahamsson, Marie-Hélène Mathieu, le père David Wilson, Roland Tamraz, Jean Évariste, Marcin Przeciszewski, Jean.

Ghislain du Chéné

Artkin Muwishi

Roy Moussalli

Corinne Chatain

Père Joseph Larsen

Viviane Le Polain

Maria Cecilia et Tim Buckley

François et Marie-Noëlle Bal

Maureen O'Reilly

Lourdes, 2 février 2011

Pour les 40 ans de Foi et Lumière,
40 pèlerinages dans le monde entier.

« Je suis venu allumer un feu sur la terre
et comme je voudrais qu'il se propage. »

Pierre Leborgne tenta une conciliation entre les points de vue. Ses fonctions de trésorier et son titre de vice-président du Secours catholique l'y autorisaient. Sa pondération et son désir d'unité le motivaient. Il a tenté d'utiliser ses atouts pour que le SCEJI remplisse sa mission propre et pas davantage. Il a envoyé au père Georges une lettre « d'homme à homme », dans laquelle il analysait clairement les maladresses du SCEJI et suggérait des gestes qui pourraient apaiser ce climat de tension et rendre peu à peu confiance aux responsables diocésains de Foi et Lumière.

L'un des passages de sa lettre marque bien ce qu'était l'état d'esprit de l'équipe française : « Si, le 28 novembre, le SCEJI avait déclaré : "Nous reconnaissons nous être trompés. Nous avons eu très peur de votre pèlerinage qui était une gageure. Nous, service d'Église, nous ne pouvions nous compromettre dans une telle aventure. Mais aujourd'hui, nous vous remercions car, en définitive, vous avez réussi et vous nous avez, en fait, aidés à faire avancer la pastorale des déficients mentaux et leur insertion dans l'Église." Si ce passage avait été prononcé à voix haute, un tonnerre d'applaudissements aurait salué ces paroles. Alors les responsables diocésains du SCEJI auraient accueilli dans leur équipe des représentants de Foi et Lumière et ils auraient illustré, par des attitudes et des actes, les déclarations rassurantes qui avaient été prodiguées verbalement. Alors vous auriez été sûrs que la partie serait gagnée. » Et j'ai envie d'ajouter que nous l'aurions gagnée ensemble.

Peut-être n'était-il pas trop tard ? Malheureusement, à l'époque, les blocages se sont révélés trop profonds et il fallu attendre pour cela que la porte s'entrouvre.

## Repartir de nos racines

Le soir même de la fameuse réunion, plusieurs responsables se sont retrouvés. Ils avaient reçu de plein fouet la nouvelle de la disparition de l'équipe nationale et avaient insisté pour que le père Georges reconsidère la décision prise, mais il la déclara « irrévocable ». Cela signifiait, à plus ou moins long terme, la disparition de Foi et Lumière, et ils ne pouvaient pas l'accepter. Ils voulaient continuer. Mais comment ? L'agent de liaison avait la confiance de tous, mais son rôle strict de « boîte aux lettres » ne laissait pas grand-chose à espérer. Avec qui réfléchir ? L'équipe nationale ? Elle venait de disparaître. Comment faire pour que Foi et Lumière garde son originalité et continue de se développer ?

Dans les jours qui ont suivi, de nouveaux contacts ont été établis. Finalement, les responsables se sont retrouvés à douze, persuadés que la solution la plus conforme au désir du plus grand nombre serait une réunion des responsables départementaux et régionaux qui voulaient que le mouvement vive et perdure. Noël approchant, la première date envisageable serait celle du 8 janvier. Ils ont alors décidé d'envoyer une invitation datée du 8 décembre. C'était un geste pour manifester leur confiance en la protection de la Vierge Marie, l'Immaculée de Lourdes. Depuis trois ans, jour pour jour, elle avait veillé sur le mouvement avec beaucoup de tendresse. Plus que jamais, en cette période de grande crise, il fallait lui faire confiance et lui demander son aide pour trouver les chemins de paix.

La « lettre des douze » invitant à cette rencontre indiquait leurs buts : choisir une équipe nationale de liaison et de coordination correspondant à la réalité et aux besoins de Foi et Lumière en veillant à ne pas faire double emploi avec les mouvements existants et en acceptant totalement une coordination dans le cadre du SCEJI.

En même temps que cette lettre, une autre était adressée aux membres de l'ancienne équipe nationale qui avaient organisé le pèlerinage. Les douze expliquaient clairement leur décision : permettre à tous les responsables départementaux qui le désiraient de continuer Foi et Lumière selon sa vocation propre. Leur message était ferme, serein, délicat. Il se terminait ainsi : « Chers amis, notre reconnaissance à vous, qui avez organisé le pèlerinage Foi et Lumière, restera toujours inscrite dans nos cœurs. Nous espérons que l'équipe qui prendra maintenant le relais le fera avec autant de courage et de foi que vous en avez mis dans votre tâche. Parce que notre but ultime est le même, nous tenons à vous redire ici que c'est dans l'unité du Christ que nous restons avec vous. »

Il y eut de nombreux remous et réactions après ces événements. Pierre Leborgne continua de jouer un rôle de conciliation. Il restait en lien avec Mgr de La Chanonie qui le remercia de participer à la réunion de janvier, comptant sur lui pour venir en médiateur.

Six semaines plus tard, le 8 janvier 1972, l'« équipe des douze » accueillait à la paroisse de Belleville les membres qui avaient répondu à son invitation, reçus encore une fois par le père Orset, avec toute son amitié et sa chaleur. Après beaucoup d'échanges de courrier, alternant le chaud et le froid, l'atmosphère était à l'espérance.

Quarante-neuf participants représentaient vingt-trois départements, quatre s'étaient excusés, dix autres avaient envoyé des nouvelles. Camille Proffit était présente en tant qu'agent de liaison national. Jean Vanier, Pierre Leborgne et moi-même avions été invités comme membres du bureau international.

Pierre Leborgne, plus ou moins mandaté par Mgr de La Chanonie, a introduit la journée. Après avoir souligné que nous étions réunis pour y voir clair, dans la sérénité et dans la paix, sous le regard du Seigneur, il a proposé que Camille Proffit dirige cette réunion. Accord unanime. Camille a donné la parole à Jean Vanier, qui a rappelé les signes qui avaient manifesté si clairement que Foi et Lumière était voulu par Dieu : les incertitudes par lesquelles nous étions passés pendant la préparation, notre pauvreté psychologique et matérielle, la crainte d'une catastrophe financière, puis la multitude des grâces reçues et partagées à Lourdes, la joie immense des personnes handicapées, le soulagement de beaucoup de parents. Et le cri unanime des pèlerins : « Nous voulons que Foi et Lumière continue. »

Et Jean Vanier de poursuivre qu'il nous incombait de continuer le mouvement commencé dans l'esprit de l'Évangile, ce qui n'excluait pas les luttes et les souffrances. Il nous fallait fixer notre regard, non sur les difficultés et les entraves, mais sur ces jeunes, ces hommes et ces femmes handicapés qui attendaient, comme une terre desséchée, des lieux où ils se sentiraient aimés, estimés et respectés.

Camille a présenté la synthèse des réponses envoyées par les responsables diocésains concernant leurs souhaits. Il en ressortait quatre grands axes : la volonté de continuer à rompre l'isolement par les communautés de base ; celle d'assurer des services qui favorisent l'intégration des personnes handicapées et de leur famille dans les communautés humaines et chrétiennes ; le souci d'apporter à tous une nourriture humaine et spirituelle et un ressourcement dans la foi ; enfin, le grand désir de rester en communion avec l'Église diocésaine et les mouvements existants.

Nous avons aussi procédé à la nomination d'un comité national chargé d'épauler Camille, composé d'un couple de l'Est, Paul et Mimi Leblanc, dont le fils était handicapé, d'Hubert Allier et de Pierre Leborgne. Camille a insisté sur le fait que ce conseil ne serait pas une structure nationale qui donnerait des directives « d'en haut », mais que nous comptions beaucoup sur un soutien fraternel de département à département et une information mutuelle que le conseil se chargerait de répercuter. « Notre tâche, a conclu Camille, bien souvent, dépasse nos possibilités mais nous avons profondément senti que nous pouvions compter les uns sur les autres et que, dans notre faiblesse, Dieu était là, notre force. »

Cette rencontre fut clôturée par une messe. Dans son homélie, le père Orset évoquait la spécificité de la mission de Foi et Lumière : la rencontre de personnes handicapées et non handicapées, dont le but est une transformation mutuelle. Foi et Lumière, mouvement créé et animé par des laïcs, capables de déplacer les montagnes lorsqu'ils ne s'appuient pas sur eux-mêmes mais sur Jésus et l'Esprit Saint. En étroite collaboration avec le prêtre, irremplaçable, qui ouvre aux sacrements et qui donne le pain de la Parole et le pain du corps du Christ.

Le père Orset a abordé le nom de Foi et Lumière remis en cause : « Ce nom, ce n'est pas une étiquette de wagon, une pancarte de procession. Il rappelle une confidence reçue à Lourdes : celle d'une maman au cours du colloque des parents : "Quand je suis découragée dans mon cœur, le fait de prononcer le nom Foi et Lumière me donne une petite espérance." Nous le savons tous, un esprit sans nom n'est que pure abstraction. Quand on enlève son nom à quelqu'un, on le raye de la liste des hommes libres, des vivants. Que ce nom soit pour nous un signe de ralliement, le rappel d'une vision, une ouverture à tous les handicapés et à leur entourage, quels que soient leur âge, la gravité de leur déficience, leur appartenance ou non-appartenance religieuse... Qu'il inclue tous ceux qui ne peuvent être touchés par la catéchèse... Qu'il soit une étoile allumée au ciel de Pâques... Qu'il soit "un cri de vie" à part entière, à l'adresse de tous ceux qui demandent la mort des handicapés dès avant leur naissance... »

Sur ces mots d'espérance, nous sommes repartis ragaillardis et unis pour avancer. Les premiers mois de l'année 1972 seront marqués par de grandes fêtes, des rencontres et des pèlerinages, un peu partout dans les diocèses. On pouvait alors penser que les conflits étaient derrière nous. Il n'en fut rien.

## La barque encore chahutée

*La Documentation catholique* publia, dans son numéro du 20 février 1972, une déclaration commune du SCEJI et de l'équipe nationale de Foi et Lumière, dont le chapô annonçait « la dissolution de Foi et Lumière, qui s'en remet à l'Église avec ses divers services spécialisés pour que soit entretenue l'espérance nouvelle suscitée par le pèlerinage de Pâques ». La lettre était signée par Mgr de La Chanonie, bien qu'il n'en fût pas l'auteur. De quoi jeter le trouble et réveiller les oppositions. Un certain nombre d'événements ont alors justifié les craintes.

Ainsi, l'équipe Foi et Lumière de Paris avait adressé à tous ses pèlerins et à leurs amis, en ce même mois de février, une invitation pour une journée d'amitié. Le responsable régional du SCEJI réagit immédiatement par une déclaration en quatre points :

1. Puisque l'équipe nationale est dissoute, la réalité Foi et Lumière a disparu.

2. Une initiative Foi et Lumière ne peut qu'aggraver les difficultés que rencontrent les évêques des diocèses périphériques sur le plan de la pastorale, tant avec le monde indépendant que le monde ouvrier.

3. Ce que fait un responsable ne prête pas à la critique, si toutefois le vocable Foi et Lumière n'apparaît pas, quitte à le remplacer par « Les anciens de Lourdes ».

4. Aucune initiative ne peut être prise sans en référer au préalable au responsable du SCEJI !

Cela avait au moins le mérite d'être clair ! Mais ces positions du SCEJI trouvaient parfois un écho

sur le terrain. Par exemple, les communautés Foi
et Lumière du Rhône avaient prévu un grand pèlerinage de trois jours à La Salette. Les prêtres des
sanctuaires avaient accepté d'héberger les cinq cents
pèlerins. Mais, peu de temps avant le départ, les
responsables reçurent un appel du recteur leur
disant en substance : « Nous avons lu l'article de
*La Documentation catholique* et nous sommes dans
l'impossibilité d'accueillir un mouvement qui n'existe
plus. » La presse diffusait la rumeur. Il faudra aller
jusqu'à l'intervention de l'évêque pour sauver un
pèlerinage qui, de l'avis des participants, fut véritablement béni.

En dépit de ces résistances, nous avons continué
d'aller de l'avant, en essayant d'éviter que les divergences dégénèrent en durcissements et en affrontements. Nous avancions dans l'espérance.

Il y avait des signes de coopération ici ou là. Par
exemple, un responsable du SCEJI demanda à Foi et
Lumière de l'aider à la naissance d'une communauté
pour soutenir des parents isolés. Des amis, des parents
s'engagèrent dans la catéchèse spécialisée. Des passe-
relles n'ont jamais cessé d'être jetées d'un bord à
l'autre.

Aujourd'hui, les mouvements au service des personnes handicapées, dans leur différences et leurs
complémentarités, se retrouvent autour d'une mission
commune.

Au début de l'année 1973, l'association internationale Foi et Lumière fut officiellement créée, avec trois
buts principaux : constituer des communautés d'amitié et de prière avec des personnes handicapées, leurs

familles, des éducateurs et des amis ; travailler à leur intégration dans l'Église et dans la société ; favoriser la vie humaine et spirituelle des personnes handicapées mentales et les aider à grandir dans toutes leurs capacités.

# 7

# Tous les chemins mènent à Rome !
## (1973-1975)

Alors qu'un peu partout nous aspirions à vivre tout simplement Foi et Lumière au quotidien, très vite, dès l'année 1973, se posa la question de notre participation à l'Année sainte[1] que Paul VI venait d'annoncer solennellement pour 1975.

Plusieurs responsables nous ont interrogés : les communautés seraient-elles encouragées à s'intégrer dans les pèlerinages diocésains ou nationaux, ou y aurait-il un pèlerinage international Foi et Lumière à Rome cette année-là ?

Pour la France, fut sollicité l'avis de Mgr Jean-Charles Thomas, responsable de la pastorale spécialisée, avec qui nous avions tissé des liens de confiance. Sa réponse fut très nuancée : « Tout en étant désigné par les évêques de France comme responsable de la

---

1. Une Année sainte – on dit aussi un Jubilé – est proclamée par le pape tous les vingt-cinq ans. C'est une année de grâces, centrée sur un retour à Dieu qui nous appelle à une vie nouvelle sur tous les plans, personnel, familial et social. Avec en perspective une conversion du cœur.

pastorale de l'enfance et de la jeunesse inadaptées, j'ai toujours tenu, depuis un an et demi, à trouver et à garder une juste place ; elle n'est pas celle d'un responsable ultime des décisions de chaque mouvement, groupement ou organisme s'occupant de cette pastorale, chacun devant trouver une juste autonomie. » Cependant, il fut heureux d'adresser le fruit de ses réflexions. Sa préférence se portait sur l'intégration des membres de Foi et Lumière dans les pèlerinages diocésains, plutôt que sur une démarche distincte. Mais il nous indiquait qu'il comprendrait néanmoins une décision différente, si elle avait été soigneusement pesée.

## Le temps des hésitations

Au cours des journées nationales françaises qui se sont tenues en septembre 1973, avec cinquante-huit participants et six invités représentant la Belgique, la Grande-Bretagne et l'Italie, nous avons étudié les deux hypothèses, en éliminant finalement l'éventualité d'un pèlerinage international proprement Foi et Lumière : sa préparation mobiliserait toutes nos forces. N'était-il pas préférable que nous les consacrions à la création de nouvelles communautés et à leur accompagnement ? Ne vaudrait-il pas mieux favoriser l'intégration des personnes handicapées dans l'Église par la participation des communautés aux pèlerinages diocésains ? Le coût élevé d'un pèlerinage international nécessiterait des appels de fonds importants qui pourraient être consacrés à des actions plus concrètes : classes, établissements, centres de jour...

L'équipe nationale décida donc de prendre contact avec le directeur national des pèlerinages, pour étudier avec lui comment les communautés Foi et Lumière pourraient participer aux pèlerinages diocésains et lui demander de faciliter les contacts avec les directeurs diocésains compétents.

Toutefois, cette première orientation n'a pas tenu longtemps. À la rencontre internationale de janvier 1974, lorsque l'équipe française a informé de cette décision, pensant qu'elle serait tout de suite entérinée, une opposition vigoureuse s'éleva. Deux délégués italiens, sœur Ida Maria, chanoinesse de Saint-Augustin, très engagée dans la catéchèse des handicapés, et le père Renzo del Fante, aumônier d'un établissement qui accueillait des personnes handicapées, ne l'entendirent pas de cette oreille. La sœur a demandé la parole : « Vous, les Français, vous avez pu vous rendre à Lourdes avec sept mille pèlerins et cela vous a donné un grand élan. Vous avez maintenant des communautés Foi et Lumière, même si leur dynamisme varie d'une région à l'autre. Vous disposez d'une structure qui permet le rayonnement de Foi et Lumière. Nous, les Italiens, nous n'avons rien. Nous sommes une toute petite poignée à être allés à Lourdes. Nous étions trop petits, nous avons été incapables de transmettre la flamme, mais, nous en sommes sûrs, si vous venez en Italie, la flamme se propagera, elle se répandra partout dans notre pays et même au-delà. » Le père Renzo l'a appuyée : « Si Foi et Lumière traverse les Alpes comme Napoléon, ce sera l'étincelle qui allumera un grand feu dans toute l'Italie et hors de nos frontières ! »

Il fallait ouvrir une réflexion. Hubert Allier, récemment élu responsable national, rappela les raisons pour lesquelles la France avait donné sa préférence aux pèlerinages diocésains.

On évoqua la question sous l'angle spirituel. Si le pape lançait un appel à tous les chrétiens à se rendre à Rome, l'invitation n'était-elle pas plus pressante encore pour les personnes handicapées et leurs familles ? Dans la simplicité de leur cœur, les plus faibles ne vont-ils pas directement à l'essentiel. Rome, c'est la personne du pape. Le père Thomas Philippe l'affirmait simplement : « Leur cœur, souvent moins encombré que le nôtre, est mieux disposé à saisir, par une intuition d'amour, le mystère de la papauté. » Tous aussi étaient touchés par cette Année sainte que Paul VI avait placée sous le thème de la réconciliation. Les parents ayant un enfant handicapé ressentaient particulièrement la nécessité de cette démarche.

D'abord, c'était avec la réalité qu'il leur fallait se réconcilier. Beaucoup étaient brouillés avec elle depuis qu'elle ne coïncidait plus avec leur plan légitime. Ils avaient rêvé d'un enfant parfait, plein de vie et de ressources, et voilà qu'il était démuni, limité dans son intelligence et parfois dans son corps. Pourtant, c'était une personne unique et son destin était suspendu à notre regard. Entendrions-nous l'appel de son cœur : « Cesse de me rêver, aime-moi comme je suis » ?

Et puis, ils avaient besoin de se réconcilier avec eux-mêmes, ce qui était au moins aussi difficile. Nous sommes si portés à nous condamner et à imaginer que l'épreuve n'est que la rançon de nos fautes, si mécontents de nos handicaps, de nos failles, de notre orgueil, de nos faux-semblants. Enfin, se réconcilier avec Dieu : « Si ton cœur te condamne, Dieu est plus grand que ton cœur. » Se laisser envahir par cette infinie « miséricorde » de Dieu, *miseris cor dare*, le cœur de Dieu qui se donne à ceux qui sont dans la misère et qui la reconnaissent. Avoir confiance en lui, non pas *malgré* nos misères, mais *à cause* d'elles puisque ce sont elles qui attirent la surabondance de tendresse de Dieu.

Rome pourrait aider à se réconcilier avec notre enfant tel qu'il est, tel qu'il peut devenir. Avec nous-mêmes, pauvres pécheurs « pardonnés », avec notre vie qui est comme celle de Jésus, marquée par la mort et la résurrection.

### On y va !

Devant nous se précisaient les deux positions : se joindre aux pèlerinages diocésains ou choisir la difficulté, celle d'organiser un nouveau pèlerinage de Foi et Lumière. L'appel réitéré de nos frères et sœurs italiens, leur motivation profonde, nous touchaient énormément. Lucides sur la montagne de difficultés, de soucis que nous rencontrerions, nous sentions l'importance de répondre à la demande de l'Italie. Nous avons alors pris un temps de pause et de prière. Ensuite seulement, nous sommes passés au vote. À l'unanimité, l'assemblée s'est prononcée en faveur d'un pèlerinage international de Foi et Lumière à Rome. Toutefois, la liberté serait laissée aux pays, aux régions, aux départements de s'intégrer dans un pèlerinage diocésain.

Un autre point important fut mis à l'ordre du jour : une meilleure représentation dans le conseil international. En effet, la France, qui comptait plus de communautés que les autres pays réunis, y occupait une place prépondérante. Le conseil international était soucieux qu'apparaisse la place unique de chaque nationalité et approuva à l'unanimité le fait que, dorénavant, chaque délégation nationale puisse être représentée par dix personnes : parents, amis (dont deux ou trois jeunes), un ou deux prêtres, quelle que soit son importance numérique.

À cette époque où nous prenions une décision importante, je demandai de nouveau un rendez-vous à Marthe Robin, qui me dit : « Bien sûr, il est très important d'aller en pèlerinage à Rome, de redire votre reconnaissance au Saint-Père et votre fidélité à l'Église. Mais, est-ce qu'il ne faudrait pas aussi envisager de retourner à Lourdes pour les dix ans de Foi et Lumière ? Vous y avez reçu un cadeau si extraordinaire ! La Vierge Marie serait comblée que ses enfants viennent l'en remercier. » Le moment venu, nous n'oublierons pas ce conseil de Marthe et nous sommes demeurés fidèles à un pèlerinage à Lourdes tous les dix ans jusqu'en 2001 compris.

## Les défis de Rome

Si nous avions l'expérience du pèlerinage de Lourdes, celui de Rome nous a mis face à de nouveaux défis.

Les questions pratiques seraient bien différentes. À Lourdes, toute la ville avait été mobilisée pour l'accueil des personnes handicapées, mais à Rome nous rencontrerions des embûches à chaque pas : les escarpements, les pavés, les escaliers, y compris dans les maisons d'accueil et les pensions de famille, le casse-tête des déplacements dans la ville. Il fallait ajouter à cela la langue italienne, inconnue de la majorité des pèlerins.

Une autre difficulté, et non des moindres, résidait dans le fait que Foi et Lumière n'existait pas encore en Italie. Il nous faudrait donc au plus vite créer une antenne et une équipe responsable de l'organisation sur place.

De plus, il n'était pas sûr que nous pourrions accéder facilement aux autorités du Saint-Siège dont le soutien nous était pourtant indispensable. Notre pèlerinage ne pourrait voir le jour que dans la mesure où le Saint-Père l'encouragerait et où les autorités vaticanes le faciliteraient. C'est pourquoi nous avons immédiatement fixé la rencontre internationale suivante à Rome les 1er et 2 avril 1974, afin de pouvoir y rencontrer les personnalités compétentes, dont en priorité Mgr Mazza, président du comité de l'Année sainte.

## Mariangela

Notre première démarche à Rome fut de désigner un responsable de Foi et Lumière pour l'Italie, qui veillerait en même temps à l'organisation du pèlerinage. En février 1974, sœur Ida Maria organisa un déjeuner avec Jean Vanier et moi pour nous faire rencontrer son équipe de bénévoles avec d'autres amis. Ce jour-là, il nous faudrait coûte que coûte nommer un coordinateur national. Le hasard fit que je me trouvais à table à côté d'une certaine Mariangela, invitée « en extra » par la sœur. Cette jeune femme avait une petite fille, Maria Francesca, surnommée

Chicca, très profondément handicapée. Elle ne parlait pas, ne marchait pas, ne mangeait pas seule, ne communiquait pas. Pendant de nombreuses années, Mariangela n'avait pu ni l'accepter, ni aimer cette petite fille. Parfois, avec honte, elle se demandait : « Est-ce même une enfant ? » C'est à Lourdes qu'elle avait connu un « petit grand miracle », comme disait son mari, celui de découvrir la beauté cachée de sa fille. À peine le déjeuner terminé, conquise par sa personne, je demandai à sœur Ida Maria pourquoi elle n'avait jamais évoqué son nom comme éventuelle coordinatrice. « Elle serait extraordinaire, me dit la sœur, mais c'est complètement exclu. Elle succombe déjà sous la tâche, elle est maman de deux autres enfants dont un bébé de quatre mois. » Jean, qui nous avait rejointes, demanda : « Est-ce que vous m'autorisez à lui parler ?

— Oui, elle sera touchée d'un contact avec vous, mais n'ayez aucun espoir. »

Après un long échange avec Jean, Mariangela conclut dans un grand rire : « Jean a su balayer tous mes arguments. De guerre lasse j'ai cédé. Alors, peut-être je vais essayer ! C'était de la pure folie, mais je reconnais que Dieu m'a donné, au jour le jour, goutte à goutte, la grâce dont j'avais besoin et Foi et Lumière est devenu une lumière dans ma vie et celle de ma famille. »

De ce jour, Mariangela, soutenue par son mari, s'appuyant sur sœur Ida Maria, sur l'équipe et sur beaucoup d'autres, a assumé les deux responsabilités : développer Foi et Lumière dans le pays et animer l'équipe d'organisation du pèlerinage. Très vite, quatre groupes ont été constitués à Rome. Ils se réunissaient une fois par mois, dans un esprit de joie et d'amitié. Chacun d'eux avait accepté une responsabilité pour le pèlerinage. En même temps, Mariangela suscitait la création de nouveaux groupes, à Vercelli, Milan, Cuneo, Parma Abario. Plus tard, elle commencera à lancer Foi et Lumière dans plusieurs pays d'Europe du Sud, comme l'avaient prédit sœur Ida Maria et le père Renzo.

Qu'est devenue Chicca, la fille de Mariangela, la plus petite de Foi et Lumière ? Quatre ans plus tard, en 1978, l'Italie a organisé un pèlerinage à Assise. Chicca y a participé, juste avant d'être opérée d'un cancer, puis de nous quitter discrètement pour le Ciel. Elle fit son adieu muet à mille pèlerins, à sa manière, comme si elle leur disait à l'oreille : « Adieu, j'ai transmis mon message. Ce que je voulais dire, je vous l'ai dit. Maintenant, je dois faire autre chose. » Ce qu'elle nous a confié, avec tout son amour, c'est que les enfants comme elle, mystérieusement, ont un message prophétique pour le monde d'aujourd'hui. Nous l'avons vécu, nous y croyons. Ils ont quelque chose de très fort à nous dire. Devant eux, nous ne pouvons même plus penser en termes d'avenir, car c'est l'éternité qui nous est donnée à voir. En cela, ils nous aident à nous convertir au message des Béatitudes que Jésus nous a laissé.

## Le feu vert du Vatican

Après avoir réglé la question de la création d'une antenne en Italie, il fallait, en collaboration avec elle, nous concentrer sur la rencontre internationale d'avril 1974 à Rome et les contacts avec les responsables de l'administration vaticane.

L'accueil de Mgr Mazza fut très favorable. En accord avec lui, nous avons retenu la période du 31 octobre au 2 novembre 1975, en raison du pont de la Toussaint, mais surtout du vingt-cinquième anniversaire de la proclamation de l'Assomption de la Vierge Marie. Sur son conseil, nous avons réservé neuf mille places d'hébergement auprès de la *Peregrinatio Romana*. Mgr Mazza accepta de transmettre le dossier du projet au Saint-Père par l'intermédiaire du cardinal Villot.

La réponse tardait à nous parvenir. Fin juillet, arriva enfin une lettre de Mgr Mazza : « Je regrette de devoir vous communiquer que la Secrétairerie d'État du Vatican pense inopportun de faire coïncider ce pèlerinage avec la Toussaint et la commémoration des morts, principalement pour des considérations d'ordre liturgique. Il faudra donc que vous vous mettiez d'accord avec la *Peregrinatio Romana* sur le choix d'une autre date. » Cette réponse qui arrivait plus de trois mois après la demande et, surtout, la perspective d'un changement de date nous consternèrent. Il nous paraissait impossible de pouvoir réserver neuf mille places à un autre moment. Nous décidâmes alors de nous rendre à Rome sans perdre de temps pour fixer une date définitive.

À la *Peregrinatio Romana*, notre interlocuteur, feuilletant l'agenda de l'Année sainte, commença par nous indiquer qu'il ne restait plus aucune date en 1975. Devant l'irritation de Jean Vanier, il découvrit un créneau impossible, entre le dimanche 26 octobre dans l'après-midi et le mercredi 29 octobre au matin. Cependant, nous l'avons réservée, bien qu'elle ne corresponde à aucun congé et nous conduise à revoir nos prévisions sur le nombre de pèlerins.

Il restait encore à obtenir l'accord du pape.
Mgr Mazza était injoignable. Jean Vanier partant pour
le mois d'août au Canada, j'avais la charge d'atteindre
Mgr Séjourné de la Secrétairerie d'État. Celui-ci, très
ennuyé, me précisa qu'il n'était pas mandaté pour
intervenir dans cette question, mais il me laissa pressentir quelques réserves des autorités romaines : est-
ce que Foi et Lumière se rendait bien compte que
Rome présentait d'autres difficultés que Lourdes ?
Oui, nous étions lucides et « assumions ». Il m'indi-
qua que Mgr Mazza était le bon interlocuteur mais
qu'en raison du synode, il ne serait possible de
l'atteindre que trois semaines plus tard.

Lorsque Jean Vanier revint en France, la situation
était terriblement embarrassante. Nous avions un certain nombre de documents en attente, notamment la
charte, prête pour l'impression. Tous les documents
devaient être traduits et tirés en quatre ou cinq langues. Il décida d'écrire au cardinal Benelli, secrétaire
d'État, en lui exposant la réalité de la situation. Nous
devions tenir une nouvelle réunion internationale à
Rome les 28 et 29 octobre 1974. Nous étions prêts à
poursuivre l'entreprise que représentait ce pèlerinage
dans la mesure où elle répondait aux vœux du Saint-
Père lorsqu'il avait annoncé l'Année sainte en invitant
tous les chrétiens à venir à Rome. Nous pensions qu'il
était dans le désir de son cœur que les plus faibles
puissent venir vers lui. Nous avions mesuré toutes les
difficultés mais, pour nous engager plus avant, nous
avions absolument besoin de trouver à Rome un
appui, ne serait-ce que l'évocation d'un souhait du
Saint-Père. De la réponse du cardinal Benelli dépendait la poursuite ou non du projet de pèlerinage. Il
donna rendez-vous à Jean Vanier à la date souhaitée.

L'entrevue permit de voir que bien des choses semblaient dégelées, que nous pouvions avancer avec les dates d'octobre et qu'il transmettrait au Saint-Père tous nos désirs en les appuyant. En fait, tout cela s'était débloqué après que Pierre Goursat, fondateur de la communauté de l'Emmanuel, eût remis le dossier concernant le pèlerinage directement entre les mains du pape.

Durant neuf mois, l'incertitude avait plané sur sa réponse. S'ajoutait à cela l'inquiétude qui, à l'époque, agitait plus ou moins le monde entier en proie à de graves difficultés politiques, sociales, économiques, financières. L'Italie était particulièrement touchée. Serions-nous obligés de limiter le nombre de pèlerins ? Ou même d'annuler ?

Sans réponse explicite, nous avions décidé d'avancer dans les demi-ténèbres (ou plutôt dans la demi-lumière), mais cela ne diminuait pas notre élan. En fait, dès le consensus acquis le 30 janvier 1974, l'équipe exécutive et le conseil international, les équipes nationales, régionales, locales, s'étaient mises en route avec énergie et enthousiasme.

Nous avons mis à profit toutes nos expériences positives de Lourdes : les collaborations qui restaient acquises, en particulier celles de Jean Charrière et du Touring Club pour l'infrastructure (inscriptions, voyages, hébergement...) ; la méthode en vertu de laquelle les inscriptions se feraient par communauté et par trio, chaque personne handicapée étant accompagnée au moins d'un parent ou d'un ami ; les mêmes principes d'organisation pour la sécurité et les finances ; la tenue d'une grande fête dans l'un des jardins de Rome ; un autre appui nous était assuré, celui du père David Julien, qui avait participé à l'organisation des grands rassemblements régionaux de France. Il acceptait d'être responsable de l'animation spirituelle et liturgique du pèlerinage. Puis nous avons accueilli une autre recrue, comme tombée du ciel : Anne-Françoise Marès. Elle est arrivée à Noël 1974, alors que nous cherchions vainement un secrétaire général depuis plusieurs mois. Elle avait circulé à travers le monde et terminait une expérience artisanale. Ses motivations pour le poste étaient multiples : découvrir les personnes handicapées qu'elle ne connaissait pour ainsi dire pas ; voyager dans cette belle ville de Rome ; nouer des relations avec des gens d'autres pays ; et puis, assurait-elle, un travail d'une durée de six à huit mois lui convenait parfaitement, en lui évitant de s'engager. En réalité, l'engagement a duré bien davantage ! Trente-cinq ans plus tard, elle faisait toujours partie d'une communauté Foi et Lumière et avait également été nommée responsable pour la région parisienne par le diocèse de Paris au Service de la catéchèse spécialisée pour les enfants handicapés. Un lien direct entre les deux entités.

Au cours des préparatifs du pèlerinage de 1975 se sont révélés les progrès du mouvement depuis 1971, en particulier dans l'unité du conseil international et des autres structures. Nous nous reconnaissions de plus en plus comme des frères et sœurs. Cela n'empêchait pas les divergences de vues ou les tiraillements. Car nous étions bien différents par nos cultures, nos traditions, nos personnalités... Mais nous nous aimions mutuellement tels que nous étions, appelés à la même mission qui nous dépassait radicalement. Peu à peu, nous étions passés de la collaboration à la communion. Ce qui aurait pu nous séparer se dissipait par le désir de chercher la volonté de Dieu et de nous pardonner autant de fois qu'il serait nécessaire.

Dans beaucoup de communautés, on constatait aussi un approfondissement des liens et la découverte d'une mission qui ne nous appartenait pas. Nous savions que les groupes se lanceraient avec joie dans l'aventure. Et, allégée sur le plan matériel, la préparation pourrait donner davantage de place aux aspects spirituels et religieux. Nous l'avons vu, par exemple, en préparant la charte pour le pèlerinage de Rome.

## La charte et la préparation spirituelle

Cette charte était très proche de celle de Lourdes. Cependant, elle lançait un appel particulier aux jeunes amis, dont nous avions découvert l'« intérêt », aussi bien pour eux que pour Foi et Lumière. « À notre époque, de nombreux jeunes sont découragés. Ils ont beaucoup de mal à assumer, dans la foi, leurs engagements sociaux, politiques ou autres. Ce pèlerinage devrait être une occasion pour eux de vivre avec leurs frères et sœurs blessés, de découvrir en eux le mystère de Jésus vivant et de s'engager à leur égard. En outre, en cette période de confusion et de crise, ils pourraient découvrir, à travers cette démarche spirituelle sur la terre où saint Pierre et saint Paul et tant d'autres martyrs ont donné leur vie, où des communautés chrétiennes se sont formées très tôt, une réponse à l'anonymat de nos sociétés et au désarroi de notre temps. » Trente-cinq ans plus tard, avec des profils et des parcours tout différents, bien des jeunes d'aujourd'hui trouvent, comme d'autres autrefois, un nouveau sens à leur vie dans une communauté Foi et

Lumière. D'autres, sans le savoir, aspirent à une source du même genre et attendent qu'on leur fasse signe.

La charte insistait également sur l'approfondissement de la vie des communautés et l'importance de l'intégration des personnes handicapées dans l'Église (paroisses, groupements ou mouvements).

Enfin, le pèlerinage ne devrait pas être une fin en soi. Au retour, nous aurions à témoigner de la Bonne Nouvelle que Jésus est venu annoncer aux pauvres.

Dans le cadre de la préparation, trois démarches spirituelles étaient proposées aux communautés, afin de créer un lien spirituel entre tous les pays et entre tous les membres, aussi bien ceux qui s'apprêtaient à partir pour Rome que ceux qui allaient vivre le pèlerinage « en esprit ».

La première recommandation que nous avons faite aux communautés était de les inviter à choisir un saint pour accompagner leur route. Ayant initialement espéré que le pèlerinage se tiendrait à la Toussaint, il avait paru logique de prendre comme thème de préparation « marcher à la suite des saints ». En général, le choix a été fait par tous les membres de la communauté. Ensemble, ils découvraient sa vie : le plus souvent, ce n'était pas une personne tellement extraordinaire. Comme nous il avait eu un travail, une occupation. Il n'était pas sans défauts, sans difficulté, sans handicap… Lui aussi avait connu des peines, des joies… Simplement, il avait dit « Oui » à Jésus et avait essayé de vivre comme Lui dans la douceur et l'humilité. « Mettez-vous à mon école, devenez doux et humbles de cœur. » Ce saint, cette sainte, devenait l'ami de toute la communauté et de chacun de ses membres. On lui demandait son aide pour devenir, à notre tour, « disciple », « ami » de Jésus.

Chaque communauté était invitée à confectionner une bannière, portant le nom de son saint patron, celui de son pays ou de sa ville. Cette idée fut accueillie avec enthousiasme par les personnes handicapées, et les autres pèlerins, parfois réticents, finirent par se laisser convaincre. La bannière fut un symbole spirituel et aussi un signe de ralliement pour les groupes plus ou moins éparpillés le long d'un quai de gare, ou d'un aéroport, ou à Rome dans les célébrations ou les visites de la ville. Elles évitèrent ainsi à bien des pèlerins de se perdre et permirent de retrouver plus facilement les égarés. Les personnes handicapées, jumelées avec deux personnes, portaient fièrement ce signe d'appartenance à une même famille internationale. À Rome, ce fut si beau de voir côte à côte des saints de tous les pays, de tous les temps, de conditions si différentes !

Le deuxième pilier spirituel de ce pèlerinage en préparation était l'appel à une réconciliation. Par cette démarche, il était proposé à chaque communauté de réfléchir à ce que Jésus lui demandait durant cette Année sainte. *Ombres et Lumière*, dans l'un de ses numéros, avait consacré un cahier intérieur pour nous aider à entrer plus profondément, concrètement, dans ce chemin de pardon. Les personnes handicapées se révélaient nos maîtres, souvent plus simples et plus vraies pour reconnaître leurs torts et pour « faire la paix ». Après une bêtise, elles savent bien comment faire revenir le sourire de maman ou de papa. Pardonner est un mot qui ne leur écorche pas la bouche. Se confesser, lorsqu'on a compris la joie de cet acte, apporte la paix. Elles supportent difficilement les discordes ou les conflits. Même lorsque ceux-ci restent cachés, elles perçoivent une atmosphère, elles interprètent une porte qui claque, elles captent un regard hostile. On peut dire que, par tout son être, la personne fragile appelle à retrouver l'unité, cette bonne terre qui lui permet de grandir.

Les rencontres de communauté centrées sur la réconciliation avec Dieu, avec les autres, avec nous-mêmes et notre vie, donnaient lieu à la réalisation d'un « parchemin », sur lequel chacun pouvait s'exprimer.

Par ces dessins, tous exprimaient ce qu'ils vivaient dans leur communauté. Voici quelques belles déclarations notées sur ces parchemins :

« Je ne pouvais pas accepter mon enfant inadapté. En le voyant grandir et progresser, aidé par mon équipe Foi et Lumière, j'ai peu à peu découvert toute l'affection qu'il nous portait. Peu à peu, j'accepte le projet de Dieu et je me réconcilie avec lui. »

« Mes parents, mes frères et sœurs, refusaient d'accueillir mon fils handicapé. Ils m'invitaient toujours sans lui. Blessé par cette attitude, je décidai de ne plus les voir et nous étions tous malheureux. Lorsque notre fils a fait sa première communion, j'ai invité toute ma famille à la fête et tout s'est arrangé. »

« Jésus, pardon quand je boude, aide-moi. »

« Il y avait un mur entre mon mari et moi. Nous n'étions pas d'accord sur une décision à prendre au sujet de notre fille handicapée. Au cours d'une messe de Foi et Lumière, je demandai à Dieu de changer mon cœur, car je ne pouvais communier dans cet état de ressentiment et de révolte. Peu à peu, j'ai senti mon agressivité diminuer pour se transformer en un élan de pardon et d'affection envers mon mari. J'allai vers lui et l'embrassai comme si de rien n'était. À partir de là, nous avons pu renouer le dialogue et décider de prendre conseil d'une personne en qui nous avions grande confiance. Tout au long de cette Année sainte, j'essaie de désarmer les affrontements... et je sens profondément la grâce de Dieu. »

« Bertrand m'est antipathique. En le voyant, j'ai toujours envie de passer de l'autre côté du trottoir. J'ai surmonté ma répugnance. Je suis entré en conversation avec lui. La glace a été brisée. Maintenant, c'est beaucoup mieux... »

Et puis, cette phrase toute simple : « Cher pape, merci de nous avoir tous invités à Rome avec Foi et Lumière ! »

Les parchemins, rassemblés en un « livre d'or », étaient destinés à être offerts au pape lors de la rencontre que nous aurions avec lui. C'est dire l'amour qu'on y mettait...

Le troisième signe spirituel que nous avions imaginé visait à marquer la dimension familiale de la communauté. Notre famille internationale est née à Lourdes autour de la personne handicapée que Jésus nous confiait. À Rome, nous célébrerions nos premières retrouvailles, au cœur de l'Église universelle dont nous sommes membres depuis notre baptême.

Mais nous nous retrouverions à six mille, très différents par nos cultures, nos langues, nos milieux sociaux. Comment manifester concrètement que nous étions unis les uns aux autres par des liens très profonds ? Comment imaginer de dire à chacun : « Tu es mon frère, tu es ma sœur, je t'aime. » Si cela est matériellement impossible, nous pourrions au moins manifester ce désir par un signe. Ainsi nous avons décidé que chacun adresserait un message à un membre de Foi et Lumière, encore inconnu de nous, pour lui faire part de notre amitié, de notre joie qu'il existe. Ce pourrait être une parole, un dessin, une petite lettre que nous lui remettrions durant la fête.

## La préparation dans les pays

Dans les pays, on se mit en branle avec beaucoup d'ardeur, chacun selon ses charismes et ses appels. J'ai retrouvé le témoignage de la responsable canadienne, qui illustre la manière dont les choses pouvaient se passer.

Au Canada, ce fut Betty Renaud qui prit le gouvernail. Un petit « bout de femme », toute simple, pleine de foi et d'amour, que rien n'arrêtait. Elle avait rencontré Jean Vanier à la maison Saint-Benoît, où tous les jours un repas était servi aux pauvres de la ville, puis elle suivit une retraite. Elle-même raconte :

Il me demanda si je voulais organiser, pour le Canada, le pèlerinage Foi et Lumière à Rome. Mais je ne connaissais rien à quelque organisation que ce soit. J'avais du mal à équilibrer mon propre petit budget familial, imaginez ! Je lui fis part de mes objections, mais il ne fit que sourire : « Si Dieu le veut, ça se fera, même si tout ce que vous dites est vrai. » Dans cette optique, j'acceptai. C'était pure folie... Et nous fûmes plusieurs à croire en cette folie et à nous réunir pour prier et essayer de comprendre la signification de cette rencontre en l'année de la réconciliation. Il fallait préparer notre participation à la fête en ayant la vision que chaque créature a une valeur infinie et a le droit de vivre, au moins une fois dans sa vie, quelque chose qui le comble. Nous étions heureux d'y contribuer.

Ce fut une autre affaire quand j'ai compris que je devais faire des arrangements pour réserver un charter. Dans la panique, je réalisais que ce « quelqu'un » c'était moi ! Nous marchions « sur les œufs ». Il n'y avait plus qu'à avancer avec l'aide du Seigneur. Quand le responsable de l'agence de voyage me demanda combien de personnes participeraient au pèlerinage, je lui retournai la question :

— Combien en faut-il pour remplir l'avion ?

— Trois cent soixante-dix-huit.

— Alors, il y en aura trois cent soixante-dix-huit !

Dieu seul savait qui seraient ces trois cent soixante-dix-huit personnes, car moi je n'en connaissais encore aucune. Le responsable me salua avec un petit sourire sceptique et je revins chez moi tiraillée entre la crainte et l'espoir. Puis tout se mit à s'organiser : des gens s'offraient pour être animateurs dans diverses parties du Canada ; des journées de réflexion se précisaient ; nous recevions des dons, mais je ne puis nier qu'organiser un pèlerinage international, ce fut très difficile. Il fallut combien de lettres, voyages, téléphones, réunions et larmes parfois !

Vint le moment de faire le premier versement de onze mille dollars. J'avais les nerfs à vif en allant voir notre trésorier pour lui dire que je devais signer le contrat le lendemain et lui demander combien nous avions en banque. Serge additionna les chèques et me dit : « Nous avons onze mille dollars. » Nous nous regardâmes en silence et je crois que nous eûmes en même temps la même pensée : « Ô, hommes de peu de foi ! » À deux autres reprises, le même schéma se reproduisit. Quelle expérience !

Les préparatifs battaient aussi leur plein en Grande-Bretagne. Dix-huit diocèses seraient présents au pèlerinage. Sept cent vingt-huit pèlerins se répartiraient en cinq avions partant de Manchester, Luton et Londres. La plus petite communauté sera de six personnes, la plus grande de soixante. Les petits groupes de préparation se mettaient en route et on prévoyait quelques célébrations, diocèse par diocèse, avant le départ, afin que ceux qui ne partiraient pas puissent eux aussi se retrouver dans la communauté.

Dans plusieurs cantons de Suisse romande, des communautés s'étaient constituées. Chaque mois, un membre de chaque communauté se retrouvait soit à Lausanne, soit à Genève pour la réunion du comité national. L'accent était mis sur la préparation spirituelle. Nous faisions une grande place aux jeunes amis pour accompagner leurs frères et sœurs plus démunis. Nous voulions tant que Foi et Lumière soit vraiment la rencontre de l'amitié et de la fidélité.

En Allemagne, un groupe de pèlerins, membres d'un grand établissement de Bavière, était venu à Lourdes. Les effectifs avaient grandi. Encore bien petit, le groupe avait accepté avec enthousiasme le projet de Rome. On se plongeait dans le numéro spécial de préparation, on économisait... Le vent de printemps, malgré toutes les fatigues et les difficultés, nous aidait à attendre les merveilles de l'Esprit Saint.

Le mot « espérance » fut notre mot clé. Il y avait l'espérance des parents des enfants handicapés qui semblaient étonnés que d'autres veuillent partager et cheminer avec eux et leurs enfants. Et il y avait également l'espérance des personnes handicapées, jeunes ou adultes, qui n'auraient jamais imaginé se retrouver un jour avec le pape et des frères et sœurs du monde entier. Forts de toutes ces espérances, nous marchions ensemble vers la Ville éternelle.

# 8

# Rome : le pèlerinage de la réconciliation
## (1975)

Ce pèlerinage fut nommé le « pèlerinage de la réconciliation » en référence au nom de l'Année sainte. Il aurait pu également être appelé le « pèlerinage de la confirmation de Foi et Lumière ». En effet, si Lourdes a vu notre naissance et notre baptême, Rome apparaissait comme une confirmation par l'Église. Le pape, il est vrai, a multiplié les signes pour nous encourager, nous envoyer en mission.

Il nous fallait d'abord arriver dans la Ville sainte. Pour ceux qui empruntaient les trains spéciaux, avec des arrêts dans chaque ville pour prendre de nouveaux pèlerins, les voyages furent longs, très longs. Deux fois vingt-quatre heures en partant de Paris, alors que nous resterions à Rome à peine deux jours et demi. Mais, calculait un jeune handicapé féru d'arithmétique, si l'on compte que les jours et les nuits de voyage font partie du pèlerinage, nous avons vécu ensemble cinq jours pleins très denses et très riches.

J'ai été frappée, cette fois encore, de constater combien le temps du voyage est important dans un pèlerinage et peut être marqué par une vraie dimension humaine et spirituelle. « Au départ, racontait le responsable d'une communauté belge, nous avions grand-peur de nous trouver complètement perdus. Il n'en fut rien. D'abord le voyage a permis de nous connaître. Nous arrivions huit familles d'enfants ou de jeunes, un prêtre, une infirmière et quatre amis. Dès l'installation dans le train, j'ai senti que nous étions du même monde, un monde où il n'y avait pas de barrières. Nous n'avions plus peur que nos enfants soient regardés de trop près ; ils pourraient vivre à plein, sans contraintes, sans que, nous parents, nous craignions qu'ils se fassent remarquer. »

Je me souviens aussi du récit de ce prêtre :

Alors que la nuit tombait, un groupe m'a demandé de le guider dans la prière. Pourquoi pas ? Nous avions choisi ensemble un texte proche de notre situation. Ainsi, dans ce wagon pas chauffé et à peine éclairé, nous avons relu, au chapitre 17 des Actes des Apôtres, le passage où saint Paul naviguait dans la tempête en se dirigeant vers Rome comme nous. Puis, nous avons médité sur les paroles d'encouragement et de confiance que saint Paul adressait à ses compagnons de voyage : « Courage, mes amis, je me fie à Dieu. » L'inconfort est devenu une source de joie : « On fait comme saint Paul ! », et tandis qu'il n'y avait plus d'éclairage, un jeune aveugle a ajouté : « Ça c'est la foi sans la lumière ! » J'ai pu constater à quel point cette prière reprise de groupe en groupe nous a aidés à former un peuple marchant vers la lumière.

Un ami nous disait même : « Après avoir quitté Amiens, nous avons transformé un compartiment en "chapelle d'adoration" au bout du train, et l'adoration se fit toute la nuit. »

Les arrivées à Rome s'échelonnèrent durant vingt-quatre heures, de jour comme de nuit, obligeant les équipes d'accueil italiennes à de véritables prouesses d'ingéniosité et à une disponibilité exceptionnelle.

## Rendez-vous place Saint-Pierre

Le grand jour était arrivé, celui de la messe à Saint-Pierre et de la rencontre avec le pape. En début d'après-midi, les bannières des cent vingt-cinq groupes ont convergé vers la place Saint-Pierre, en formant un demi-cercle sur le fond du parvis. Nous étions une immense foule d'hommes, de femmes, d'enfants, beaucoup atteints dans leur intelligence ou dans leur corps, parfois tout juste arrivés de la gare ou de l'aéroport, exténués et un peu hébétés, mais émerveillés du spectacle. Ils avaient, la veille ou l'avant-veille, quitté l'Allemagne, l'Argentine, la Belgique, le Canada, le Danemark, l'Espagne, les États-Unis, la France, la Grande-Bretagne, l'Irlande, l'Italie, la Suisse.

Nous étions au cœur de l'Église. Au nom de cette Église, le cardinal Poletti, vicaire de Rome, nous accueillit avec une grande affection. Il prit dans ses bras un petit garçon profondément handicapé, au doux sourire, puis le remit dans ceux de Jean Vanier. Ce dernier s'est alors adressé à cette foule devenue une famille depuis le lundi de Pâques de 1971 :

Le grand moment est arrivé. Après des années, des mois et des semaines de préparation et de prière, nous voici tous regroupés au cœur de la chrétienté, tout proches du pape. Nous portons avec nous tous ceux qui n'ont pu venir, leurs souffrances et nous ouvrons nos cœurs pour recevoir la grâce que Jésus va nous donner. Ainsi, nous retournerons chez nous les cœurs brûlant d'approfondir nos communautés et d'aider à faire de notre société un lieu où tous les hommes, quels que soient leurs handicaps, quelles que soient leurs difficultés, puissent croître dans l'amour de Jésus et dans la dignité humaine.

Dans une certaine exultation, nous sommes entrés dans la basilique où se trouve le tombeau de saint Pierre, dont notre pape Paul VI était devenu le successeur. Pour la première fois dans son histoire, cette basilique était envahie par des pèlerins dont beaucoup, à cause de leur visage, de leur comportement ou de leur inefficacité apparente, étaient généralement cantonnés à l'écart de la société.

La messe d'ouverture célébrée par le cardinal Poletti fut pleine de ferveur et d'allégresse. Les chants de la célèbre chanteuse noire Willy Mae Wright montaient vers le ciel avec toute la pureté de sa voix, et ils étaient repris par la foule. Elle connaissait bien Foi et Lumière à Cleveland, particulièrement l'aumônier, le père Jim O'Donell.

Les cent vingt-cinq bannières de saints étaient portées par leur responsable et une personne handicapée et entouraient le chœur. Ainsi, tous ces « amis de Dieu » qui, durant leur vie, ont mis leurs pas dans ceux de Jésus ont été à l'honneur ce soir-là et durant tout le pèlerinage.

Dans la basilique, certains, très émus, se demandaient quelles solutions pourraient être apportées à

tant de souffrances. Questions douloureuses, mysté-
rieuses dont la réponse fut ici la joie et la confiance
des alléluias, la joie d'être accueillis par le Saint-Père,
celle aussi de l'accueillir comme Jésus avait été
accueilli au milieu des foules d'aveugles, de boiteux,
d'infirmes, de pauvres, à qui il annonçait inlassablement la Bonne Nouvelle du Royaume.

## « Tu es aimé de Dieu... tel que tu es »

Juste avant l'arrivée du pape, toutes les lumières
se sont allumées. Un arc qui rappelait le soleil des-
siné par Meb, jaillissant victorieux d'entre les nuages
pour illuminer la barque de la grande famille de Foi
et Lumière. Mais la vraie lumière émanait des visages
et des yeux rayonnants. Le père n'était pas moins
ému que ses enfants. Personne n'était intimidé par
la *sedia*, ce fauteuil surélevé sur lequel, à l'époque,
le pape était porté. Ce signe n'était pas une manifestation de triomphalisme, mais au contraire un
signe de délicatesse pour que même les plus petits
puissent le voir.

Au moment de lire son discours officiel, le pape,
visiblement touché par tant de souffrance, de
confiance et d'affection filiale, a abandonné à son
secrétaire les pages qu'il avait écrites ou qu'on avait
écrites pour lui. Et il a improvisé. Chacun sentait que
ses propos lui étaient adressés personnellement.

Dans quelques instants, en passant au milieu de vous,
je voudrais faire comprendre à chacun de vous : tu es
aimé de Dieu, tel que tu es. Il habite ton cœur. Remercie-
le. Aie confiance en Lui. Vois : Il te donne place parmi

tous les autres chrétiens, dans son Église. Avec eux, tu es appelé à former une famille où l'on s'aime comme des frères.

Puis, au nom de tous, nous avons eu le privilège, Jean Vanier, le père Hviid, Hubert Allier et moi-même, d'un instant de contact personnel avec le Saint-Père. Jean lui a remis le « livre d'or » contenant tous les parchemins, signes tangibles des actes de réconciliation et de pardon qu'il avait sollicités des chrétiens en cette Année sainte. Le pape a ouvert le livre d'or et, avec beaucoup d'émotion, il s'est attardé sur quelques feuillets.

Mon tour venu, Paul VI s'est tourné vers moi avec son regard si pénétrant. Il m'a pris la main et m'a dit : « Vous avez une grande mission pour que Foi et Lumière se répande dans le monde entier. » Des paroles qui s'adressaient à tous ceux qui étaient là, physiquement ou spirituellement. J'étais chargée de lui offrir l'insigne de Foi et Lumière. Ainsi que le protocole l'exige, afin que le pape ne soit pas encombré par des cadeaux, un garde du corps s'est précipité pour l'en débarrasser. Mais le pape l'a remis entre mes mains et m'a fait signe de l'épingler sur son camail blanc. Les applaudissements et les alléluias se sont déchaînés ! S'il tenait ainsi à porter cet emblème de notre famille sur son cœur, n'était-ce pas pour exprimer que, lui aussi, en était membre ? Comme pour nous dire : « Continuez ce que vous faites avec le plus petit. C'est bien. Je suis avec vous. »

Quelques secondes plus tard, nous avons été témoins d'un autre geste de confiance. Une religieuse a posé dans ses bras un petit enfant très profondément handicapé, Youri, dont le regard émerveillé ne pouvait se détacher de celui du pape. À ce moment-là, au micro, une voix a annoncé : « C'est nous tous qui sommes présentés au Saint-Père et qu'il prend dans ses bras ! »

Et puis, pendant près d'une heure, des personnes handicapées accompagnées d'un parent ou d'un ami se sont succédé pour passer un instant inoubliable avec le pape. Un enfant autiste s'est mis à battre des mains, sans une pause, dans une joie qui semblait venir de si loin. Un jeune ami poussait un autre jeune en fauteuil roulant, l'un et l'autre, avec tendresse et respect, ont embrassé la main du Saint-Père. Une maman, souriant au milieu de ses larmes, a présenté une petite fille sans aucun mouvement, sauf la réponse de son beau sourire. Les chants se succédaient en italien, en français, en anglais et dans les autres langues des pèlerins. Malgré la fatigue, nous étions tous hors du temps.

Remonté dans sa *sedia*, le pape est passé lentement au milieu de nous. On sentait qu'il aurait voulu répondre à tous ceux qui tendaient la main vers lui, qui voulaient simplement le toucher ou qui l'appelaient : « Pape, pape, venez vers nous. » Il répondait par des bénédictions. Il pressait des mains. Il caressait un visage déformé qui soudain s'illuminait. Il posait sa main sur le front de parents qui avaient tant besoin d'être consolés. Il y eut un moment de grâce et d'émotion intense lorsqu'il s'est penché de la *sedia* pour prendre Chicca, la plus petite de notre assemblée, minuscule membre du Corps du Christ blessé et ressuscité. Pour Mariangela et Paulo, l'espace d'un éclair, toutes les larmes étaient essuyées, le voile déchiré, avec dans leur cœur une certitude : Dieu aimait

Chicca d'une infinie tendresse et, de ce même amour, toutes les Chicca, cachées dans la basilique ou éparpillées dans le monde entier.

## « Le miracle de la foi et de l'amour »

Ce moment exceptionnel avec Paul VI a marqué les esprits, et pas seulement celui des pèlerins. Quelques jours après, l'*Osservatore romano*, le quotidien du Vatican, a consacré deux pages à Foi et Lumière, sous le titre : « Dans le cœur de Dieu. » Le journaliste Virgilio Levi relevait, avant notre venue, trois formes de réactions : « Hostiles, doloristes ou ancrées dans l'Évangile. » Ainsi, un prospectus « radical » avait dénoncé « la multinationale de l'exploitation des handicapés » ! D'autres, tout en reconnaissant le caractère sérieux du mouvement, avaient mis l'accent sur les souffrances qu'avaient à supporter les personnes handicapées et leurs familles : « En réalité, commentait Virgilio Levi, contre toute attente logique, ce fut celle du bonheur dont les membres de Foi et Lumière ont témoigné. Le miracle de la foi et de l'amour qui permet que la joie soit présente au milieu même des difficultés et de la douleur. »

Et le journaliste poursuivait : « Si la récente audience du Saint-Père a été l'une des plus belles, une des plus émouvantes de l'Année sainte, cela est dû principalement à cet esprit de joie que les groupes ont manifesté à l'unisson avec leurs alléluias. »

À la sortie de la basilique, puis sur le parvis, les pèlerins n'arrivaient plus à se séparer et nous continuions à nous émerveiller ensemble.

L'affection du Saint-Père s'est manifestée de nouveau le surlendemain, lors de la veillée de la Lumière, place Saint-Pierre. C'était le troisième jour du pèlerinage, la veille de notre départ. Dans la nuit, les six mille pèlerins s'étaient rassemblés, chaque groupe autour de son étendard.

Pour se réconcilier avec Dieu, avec les autres, avec soi-même, il nous fallait d'abord reconnaître notre faiblesse, nos fautes, et les balayer de nos cœurs. La voix du père David Julien s'est élevée sur la foule : « Qui déchire les ténèbres, qui fait partir la nuit ? Le soleil ! Qui est le soleil de nos vies ? Qui est le soleil de nos cœurs ? Jésus. »

Sur les marches de la basilique, douze prêtres en aube blanche, portant des torches, présentèrent un Évangile monumental et le posèrent au centre de la place. « Ceci est le livre de l'Amour de Dieu qui, depuis deux mille ans, montre le chemin à ses fils. C'est le chemin que nous avons choisi, nous lui sommes fidèles et nous en sommes comblés de joie. » Puis les prêtres, avec leurs torches, sont descendus vers la foule à laquelle ils ont transmis la lumière. Le cierge de chaque pèlerin fut allumé. En quelques instants, la place a été illuminée de six mille lumignons et des « Alléluia, Alléluia » fusaient de toutes parts. Les prêtres ont ensuite lu en cinq langues cette parole de l'Évangile : « Aimez-vous les uns les autres comme je vous ai aimés. À cet amour, on reconnaîtra que vous êtes mes disciples[1]. » À ce moment-là, chacun a posé sa main droite sur l'épaule de la personne qui se trouvait devant lui,

---

1. Jean 13, 34-35.

constituant ainsi une chaîne humaine jusqu'à l'Évangile. « C'est la parole de Dieu qui nous donne la lumière et fait de nous des lumières pour le monde. » Les lampions rouges se levaient, au rythme des chants, vers le ciel et vers la fenêtre du Saint-Père. Les fauteuils roulants étaient soulevés les uns après les autres pour que tous puissent jouir de cette vision...

Le cœur débordant, la foule attendait la venue du Saint-Père à sa fenêtre. Soudain, il est apparu. Il avait remis l'insigne de Foi et Lumière sur son camail, marque de tendresse à l'égard de ses enfants que le monde si souvent méprise. Puis, ouvrant les bras, ce furent des paroles d'affection et sa bénédiction : « Chers amis, nous sommes tout près de vous dans cette veillée de prière, même dans la nuit de souffrance. Que la lumière de Dieu brille toujours en vos cœurs et que Dieu Tout-Puissant vous bénisse au nom du Père et du Fils et du Saint-Esprit. Amen. »

Cette bénédiction du Saint-Père, lumière dans la nuit, resta pour beaucoup gravée dans leur cœur, une image vivante à garder comme un viatique.

## La fête et la visite de Rome

Pas de rencontre Foi et Lumière réussie sans une fête. Elle se déroulait au stade Flaminio.

Ce ne fut pas la réplique exacte de celle de Lourdes. On y reconnaissait immédiatement le charisme des Italiens, leur talent pour susciter un climat de réjouissances communautaires avec leur créativité et leur élan vital. Une centaine de jeunes amis bénévoles avaient participé à l'organisation et avaient pu l'imprégner de leurs dons.

Et puis l'équipe française avait acquis une expérience dans les grandes fêtes de Belgique et celles de France, Lisieux, La Salette, Bressuire, Cognac… Elles réunissaient souvent de grandes foules, souvent jusqu'à trois mille personnes. On y avait découvert l'importance de partager un repas (ou au moins un goûter). Autour d'une table, on se retrouvait autour de la nourriture du corps et pour se rencontrer, cœur et esprit, dans la joie et le partage. À Rome, le repas était apporté par une société spécialisée, mais cela n'empêchait pas de pouvoir offrir à son voisin un morceau de pizza et de recevoir de lui une part de son dessert.

Un prêtre rapportait :

Ils dansèrent et chantèrent toute la journée, dans une allégresse sans borne. Tout le monde faisait la fête sans aucune barrière, sous l'œil ahuri des *carabinieri* romains qu'on avait envoyés là pour protéger des gens qui n'avaient nul besoin de protection. Ce sont les seuls qui n'ont pas pu danser, les pauvres ! Ils n'en avaient sûrement pas le droit. Du coup, ils m'ont paru vieux, très vieux, alors que nous étions tous subitement jeunes, jeunes d'une jeunesse éclatante.

Une mère s'émerveillait de la capacité de son fils de profiter de tout et de tout admirer :

Parce qu'il était entouré d'attentions et d'affection, tout lui semblait beau, tout était grand, tout était agréable. N'est-ce pas ce que nos enfants nous demandent le plus ? Et c'est moi qui souffrais le plus de tous mes handicaps du cœur… Pendant la fête, ils s'estompèrent, ils disparurent. Combien de fois ai-je regardé le ciel ! Et la chaleur du soleil qui me pénétrait. Que c'était bon !

Sister Maura, qui venait d'Angleterre, accompagnait une petite fille, Helen, et sa mère. Helen avait onze ans, et en paraissait quatre. Elle ne pouvait ni marcher, ni parler. À la mort de son père et de son grand-père, dix-huit mois auparavant, elle avait refusé de manger et l'on avait dû revenir au biberon. Sister Maura avait proposé à sa mère de participer au pèlerinage avec Helen. Elle espérait ainsi aider cette mère car pour Helen, il semblait qu'elle ne pourrait pas en retirer grand-chose. Sister Maura écrivit :

J'ai emmené Helen avec moi à la fête, faisant danser son fauteuil roulant sur les airs de musique, lui prenant les mains pour qu'elles battent sur le rythme des chants… Helen restait dans son fauteuil, indifférente à tout et à tout le monde. Après deux heures, je m'arrêtai. Je contemplai le merveilleux spectacle autour de moi. Soudain, Helen a commencé de s'agiter sur son siège et m'a regardée avec un sourire vraiment splendide. Les mots ne peuvent décrire ma joie de voir cette enfant, profondément blessée, revenir à la vie. Mon seul regret fut que sa mère n'ait pas été avec nous à ce moment-là. De toute façon, je n'avais pas besoin de m'en inquiéter car, à partir de ce moment-là, Helen a retrouvé la vie. Elle s'est mise à faire des gestes et à essayer de battre des mains, de communiquer de cent manières.

Je crois que l'amour de six mille personnes, toutes rassemblées au nom de notre Seigneur, a réussi à pénétrer son être et à lui redonner de la joie. Tant de personnes si heureuses, tant de nationalités mêlées les unes aux autres.

Avant la mort de son père, elle aimait la musique. C'était comme si elle avait réalisé à la « fiesta » qu'après tout, la vie valait la peine d'être vécue. Et puis, le temps était si beau, si ensoleillé.

L'animation sonore de la fête était simple, rythmée par un orchestre de jeunes avec guitares, trompettes, flûtes, cymbales. Sans aucune lassitude, nous reprenions en chœur le chant du pèlerinage de Rome composé par le père David Julien : « Quand on se rassemble, que c'est beau ! Dieu vient changer nos cœurs, que c'est beau ! Quand on est ensemble, que c'est bon ! La joie remplit nos cœurs, que c'est bon ! Et si notre sourire allait porter ton Nom. Et si notre courage allait dire ta joie. Alors, de par le monde, la réconciliation porterait ton message, Toi, le Dieu de pardon. »

Ce chant alternait avec « Amis, chantons notre joie », qui resterait pour toujours le chant des retrouvailles, rappelant la naissance miraculeuse de Foi et Lumière. Il y avait aussi le refrain « Main dans la main » mille fois répété, suggérant immédiatement de mettre sa main dans celle du voisin, qui que ce soit, et à former d'innombrables rondes qui parfois se rejoignaient pour une immense farandole.

Ces fêtes Foi et Lumière, si spontanées, si joyeuses, quel en est le secret ? Il n'y en a pas d'autre, me semble-t-il, que celui de la présence de la personne handicapée. La fête répond à un besoin profond de son cœur. Elle est tout naturellement en harmonie avec la réjouissance communautaire, car elle vit l'instant présent. Elle n'est pas encombrée du souci du rendement et de l'efficacité. Elle n'a pas non plus le désir de dominer ou de jouer un personnage. Sa présence simple et pauvre est un appel pour chacun à donner ce qu'il a de meilleur.

Ainsi, la fête fait tomber les barrières. Lorsqu'on chante et danse ensemble, on se retrouve dans la simplicité, tous frères. On oublie alors son handicap, ses difficultés, son orgueil. Quelque chose change en nous, et l'on passe de l'indifférence au partage et à la communion.

Pour finir ce pèlerinage, nous avions projeté pour tous une journée de visite de Rome et de ses environs. Un véritable défi logistique. Il fallait rassembler cent cinquante cars place Saint-Pierre et six mille personnes venues de toute la ville et des environs, prévoir les itinéraires de telle sorte que le flux des visites soit harmonieux, trouver pour chaque car un guide compétent capable d'adapter la présentation des lieux et les commentaires à des personnes ayant des handicaps plus ou moins lourds. Leur adjoindre éventuellement des traducteurs.

Le père Michel Charpentier, aumônier de l'équipe d'organisation italienne, terminait des études de théologie à Rome. Il fut une cheville extraordinaire pour préparer cette mission impossible. Il était à la fois amoureux de Rome et catéchiste dans deux centres pour enfants handicapés mentaux d'une communauté Foi et Lumière. Il sut choisir les lieux qui pourraient ensuite nous aider à être de meilleurs pèlerins sur la route de tous les jours.

Il écrivit une sorte de poème, accessible à presque tous les pèlerins et qui redonnait la vie aux pierres :

Pour toi, j'ai visité Rome, le soleil était chaud, le ciel était bleu. Je suis allé voir le Colisée. J'ai imaginé les grandes fêtes de l'empire romain, les courses de chars, les lutteurs... J'ai imaginé Paul, saint Paul qui arrivait à Rome. Paul, fatigué par le voyage, mais plein de courage, plein de joie dans le cœur, tout rempli de l'Évangile. J'ai imaginé saint Pierre qui arrivait à Rome, lui aussi, pour porter la Bonne Nouvelle. Dieu aime Jésus et Jésus est vivant. Dieu aime tous les hommes et tous les hommes peuvent vivre. Mais beaucoup ne les écoutaient pas. C'est gênant quelqu'un qui dit qu'il faut s'aimer, qui dit que le Sauveur, ce n'est pas l'empereur. Alors, j'ai imaginé les chrétiens qui étaient pris, ligotés, mis en prison, martyrisés. J'ai vu les catacombes où les martyrs ont été enterrés. Pour toi, j'ai visité Rome et je t'adresse le salut fraternel que saint Pierre avait envoyé aux chrétiens du monde : « Que tu aies tout plein d'amour et de paix » (1 P 1, 2).

Malgré la pagaille inévitable, malgré la fatigue, il y avait beaucoup de joie au soir de cette journée. Et tous s'émerveillaient : « On n'avait encore jamais vu ça » ; « Que c'était beau ». Beaucoup étaient avides de trouver des photos ou d'acheter un petit guide qu'ils pourraient montrer à ceux qui n'étaient pas là et les aideraient à raconter tout ce qui était indicible, surtout quand on dispose de bien peu de mots.

## « Allez-vous-en sur les places »

Ce pèlerinage s'est achevé à Saint-Paul-hors-les-Murs, le dernier matin, pour une messe d'action de grâces et, surtout, d'envoi en mission. Rien de nostalgique, mais un grand désir de transmettre toutes les grâces dont nous avions été comblés. Encore une fois, les pèlerins furent impressionnés par la célébration à la fois simple, joyeuse, fervente, et dans une grande communion. A-t-on jamais entendu une homélie plus courte que celle de Mgr Brewer, évêque de Shrewsbury (Angleterre) : « Ouvre nos yeux. Ouvre nos bras. Ouvre nos cœurs. » Ce cri, accompagné d'un geste, était repris par tous les pèlerins comme une demande instante : « Oui, Jésus, viens changer nos cœurs de pierre en cœurs de chair pour que nous annoncions la Bonne Nouvelle aux pauvres et que les pauvres nous entraînent sur le chemin des Béatitudes qu'ils connaissent si intimement, mieux que nous. »

À la sortie de la messe, chaque pèlerin reçut une image sur laquelle était inscrite, de l'écriture du pape : « Nous avons reconnu l'amour que Dieu a pour nous et nous y avons cru. » Le dernier moment avant de nous séparer fut celui d'une dernière folle farandole d'adieu autour de Saint-Paul-hors-les-Murs. Pour beaucoup d'entre nous, nous ne nous reverrions jamais, mais nos cœurs restaient à jamais unis par la mission qui nous était confiée.

Quant aux responsables de communauté, de région et de pays, ils eurent le privilège d'une ultime parole de Jean : « Oui, comme à Lourdes, il y a eu une protection manifeste de Dieu. Dans le cœur de chacun de nous monte un cri d'action de grâces pour les merveilles dont nous avons été les témoins. »

Au moment de quitter Rome, j'avais en tête tout ce que nous avions vécu, que Virgilio Levi résumait si bien dans son article de l'*Osservatore Romano* en commentant ces trois jours :

Cela semblait des choses d'un autre temps, cela pourrait ne pas sembler authentique. Mais qui a vu et
entendu toutes ces choses ne peut douter de leur
authenticité. Elles se passent dans un monde déchaîné
et que la joie ne peut atteindre par d'autres voies. Foi
et Lumière n'est pas un mouvement qui s'impose par
le nombre de ses membres : une poignée d'hommes ou
de femmes, de garçons ou de filles, de gens en parfaite
santé et d'autres limités plus ou moins gravement dans
leurs capacités intellectuelles et physiques, mais il fait
penser au peu de levain qu'une femme incorpore à
quelques mesures de farine, ou au grain de sénevé qui
devient un arbre où les oiseaux font leur nid. C'est
l'Évangile qui se prolonge ; c'est une œuvre de Dieu et
Dieu s'en sert pour répéter à ceux qui veulent écouter :
« Vous êtes tous dans mon cœur. »

# 9

# En communauté, la joie de se rencontrer

Deux mois à peine après le pèlerinage à Rome, une rencontre internationale eut lieu à Versailles les 10 et 11 janvier 1976. Revêtus d'une nouvelle force par l'Esprit Saint, nous n'étions plus tout à fait les mêmes, marqués par cette plongée aux racines de l'Église, en pleine Année sainte. Nous restions dans l'action de grâces pour la protection que Dieu nous avait manifestée encore une fois.

Les tensions et les oppositions étaient toujours là. Elles faisaient partie de notre histoire et du contexte de l'époque. Elles perdurèrent pendant plusieurs années, diminuant, s'apaisant ici ou là, restant marquées dans d'autres régions. Mais nous étions plus aguerris et paisibles, sûrs que le temps et le désir de nos cœurs faisaient leur œuvre.

En 1975, nous avions également à tenir compte du contexte social et politique, en particulier de la loi sur l'avortement, qui venait de dépénaliser la suppression de l'enfant dans le sein de sa mère si on lui découvrait un handicap, et cela jusqu'à la veille de sa naissance. Devant cette discrimination effrayante, nous sentions le devoir de témoigner de la beauté de toute vie humaine et de la nécessité de soutenir les parents confrontés à la grande épreuve du handicap de leur enfant.

## Au cœur de Foi et Lumière, la communauté

Désormais, des communautés existaient réellement. Leurs membres étaient plus engagés, les rencontres plus régulières, de nouveaux groupes voyaient le jour. Cependant, sortis de l'adolescence, nous vivions encore une période de tâtonnements. Certaines communautés disparaissaient et d'autres demeuraient fragiles, le nombre de leurs membres étant insuffisant ou, au contraire, leur effectif trop élevé pour permettre une vraie vie de communauté, où chacun peut être attentif à chacun. C'était le cas en Belgique, au Canada, en France, où les communautés comptaient parfois une centaine de membres ou plus, alors que le nombre idéal se situe entre vingt et trente. D'autre part, certains groupes réunissaient uniquement des parents avec leur enfant ; on ressentait alors combien manquaient les amis avec leur dynamisme et leur créativité. Dans d'autres groupes, des jeunes se retrouvaient sans parent, en nombre à peu près égal avec des personnes handicapées, et leurs activités se rapprochaient plus d'un club de loisirs que d'une rencontre où l'on partage autour des plus fragiles et avec eux. Cela pouvait être une initiative valable, mais était-ce Foi et Lumière ? *A fortiori* s'il n'y avait pas de personnes handicapées mentales, la communauté perdait alors sa raison d'être.

Il arrivait aussi que la dimension spirituelle et religieuse des communautés soit mise en question.

Il fallait alors rappeler nos racines : Foi et Lumière était né d'un pèlerinage, en réponse à la soif spirituelle de parents et de leurs enfants handicapés. On ne pouvait gommer cet aspect, indissociable de l'existence même du mouvement. Cela ne signifiait pas fermer la porte. À Lourdes, il y avait des non-pratiquants et des non-croyants, ils étaient les bienvenus dans les communautés Foi et Lumière. Profondément enracinées dans l'Évangile, elles sont largement ouvertes à ceux qui aiment son esprit, son ambiance et désirent nouer des liens d'amitié avec des personnes fragiles.

Il fallait aussi préciser l'amplitude des initiatives possibles qu'une communauté pouvait prendre au nom de Foi et Lumière. Dans sa « lettre de mission » de 1971, dont nous avons parlé plus haut, Jean Vanier avait encouragé la créativité et le lancement d'activités très diverses. Il était normal que certains l'aient pris au mot et cela avait pu donner lieu à des réalisations de tous ordres, par exemple une petite école au Pérou, des groupes de prière aux États-Unis ; en France, la création d'une maison d'accueil pour les parents et leur enfant pendant les vacances... Mais il était vite apparu que de tels projets dépassaient les forces restreintes des petites équipes de Foi et Lumière.

Ainsi, nous découvrions ce qu'il ne fallait pas faire, parce que ce n'était pas dans notre vocation : la création ou la gestion d'établissements, de foyers, d'écoles, d'ateliers, de maisons de vacances...

Les échecs, les erreurs, les carences, les fragilités de certaines communautés, comme les initiatives positives et les fruits récoltés, nous ont aidés à découvrir et à approfondir ce qui constituait l'essentiel d'une communauté Foi et Lumière, son secret merveilleux, son pouvoir de faire jaillir des perles comme cette question d'Anne, une jeune handicapée : « Maman, est-ce que tu te souviens comment on faisait quand on n'avait pas encore Foi et Lumière ? » Ou la constatation de Denis : « Avant Foi et Lumière, j'avais rien qu'envie de mourir. » Et celle de Flora : « Pourquoi je suis venue à Foi et Lumière ? À cause du vide de mon cœur asséché. Pourquoi je suis restée ? À cause de Carlos, quand il m'a dit : alors, tu reviens quand ? »

Ce que nous découvrions, il nous fallait l'écrire noir sur blanc ; ainsi nous avons mis en chantier une charte pour préciser ce qu'était le mouvement, son inspiration, sa vocation, ses composantes, ses activités, et une constitution pour définir son organisation et ses structures. La constitution était comme le squelette du mouvement, la charte comme son cœur et son esprit, l'une étant indissociable de l'autre.

Plutôt que de présenter ces deux documents, je voudrais dire comment ils se concrétisent dans une communauté, en faisant souvent référence à celle dont je suis membre, la communauté Notre-Dame du Magnificat[1]. Elle n'a rien d'exemplaire, mais est unique comme chacune des mille six cents autres dans le monde, et elle est un reflet de ce qui se vit à Foi et Lumière.

---

1. Chaque communauté choisit son nom.

## La rencontre avant tout

À la différence de l'Arche, où l'on vit sous le même toit, la communauté Foi et Lumière est une communauté de rencontre où l'on se retrouve régulièrement. L'essentiel n'est pas de « faire des choses ». Le directeur de l'association caritative de Rome avait raison lorsqu'il nous avait lancé : « Vous ne faites rien : ni écoles, ni ateliers, ni loisirs, ni même des activités catéchétiques ! » Dans les siècles passés, beaucoup d'ordres religieux ont été créés pour servir les faibles et c'était absolument indispensable. À Foi et Lumière, nous avons simplement été appelés à tisser des liens d'amitié et de communion les uns avec les autres. Nous avons scellé une alliance entre personnes handicapées, parents, frères, sœurs, amis et aumônier.

Si les personnes handicapées sont le cœur du mouvement, leurs *parents* y occupent une place presque aussi essentielle. Si différents les uns des autres par leur culture, leur place dans la société, leurs réactions devant l'enfant handicapé…, ils ont cependant en commun un lien très profond, l'expérience en leur propre chair de l'une des souffrances les plus vives de l'existence, le handicap de leur enfant. Les larmes d'une mère française sont les mêmes que celle d'une maman russe ou péruvienne ; il en est de même pour le cœur des pères. La petite espérance qu'éveille Foi et Lumière en eux est souvent très semblable. Comme le dit une mère du Honduras : « Ma vie reste la même, pourtant tout a changé. Mon enfant est aimé. Pour moi, ce n'est plus le trou noir, mais un tunnel. Au moins un dimanche par mois, le soleil brille pour nous. »

Notre rencontre, au minimum mensuelle, est un temps essentiel pendant lequel la communauté se constitue, se nourrit et grandit dans l'amour.

Le « carnet de route » nous y aide. Préparé par une équipe internationale, différente chaque année, il propose un thème pour l'année le plus souvent centré sur l'Évangile, comme « La vie à Nazareth », « Les amis de Jésus »... Ce thème est décliné en douze chapitres : il suggère des mimes, des questions pour les groupes de partage, des idées pour organiser l'atelier des artistes, des jeux, une prière... Chaque pays, chaque communauté l'adapte à sa culture propre et à ses besoins. Le carnet de route est un lien très fort qui unit toutes les communautés du monde dans une même réflexion, une même spiritualité. De nombreuses communautés se réunissent le samedi ou le dimanche, favorisant ainsi la participation à la messe dominicale paroissiale. Quelques autres, dont la nôtre, se retrouvent un soir de semaine, car c'est la seule possibilité pour une majorité de membres. Le temps est plus limité, le rythme plus serré, mais on est ensemble et c'est le plus important.

La rencontre comporte trois temps qui ne sont pas figés : celui de l'accueil et du partage, celui de la prière, celui du repas et de la fête, qui se prolonge par un quatrième temps, celui de la fidélité. Ils sont inspirés par la vie des premières communautés chrétiennes, ne formant, comme le dit saint Luc, qu'un seul cœur et une seule âme : « Leurs membres se montraient assidus à l'enseignement des apôtres, fidèles à la communion fraternelle, à la fraction du pain et aux prières. Ils rompaient le pain avec joie et simplicité de cœur. Ils louaient Dieu. Ils s'entraidaient et veillaient aux besoins de chacun[1]. »

## S'accueillir mutuellement

L'accueil joue un rôle important. Pour ma part, lorsque, en fin d'après-midi, j'arrive dans la communauté, je suis fatiguée et tendue, et le sourire et le regard de chacun viennent comme jeter au loin tout le poids de la journée. Grâce à Emmanuel, Isabelle, Patrick, et tant d'autres dont l'un des charismes est l'accueil, nous sommes introduits dans un autre monde. Chacun a une petite attention pour les autres, les chaises sont disposées en rond, un peu plus loin sont installées les tables pour le repas, nous nous sentons attendus.

Le chant, lancé par Alain, le responsable de la communauté, ou une danse marque le début « officiel » des retrouvailles. On prend place dans le cercle, toujours prêt à s'élargir à l'entrée d'un retardataire. La communauté est une famille où chacun connaît le prénom de chacun. Ce n'est pas si facile lorsqu'on est une trentaine. Un petit jeu permet de se les rappeler tous et rend joyeux celui qui se voit ainsi nommé et reconnu.

Puis nous procédons au « point météo ». On donne des nouvelles des absents, chacun peut exprimer les choses, grandes ou petites, qu'il a vécues récemment : Blaise a perdu son chien, Delphine va peut-être déménager, François et Mireille, un jeune

---

1. Actes des Apôtres 2, 44-47.

couple ami, attendent un bébé, Sylvain est triste et en colère car un « type » du CAT[1] l'a appelé « triso ». Alain annonce aussi les choses importantes dans la vie de Foi et Lumière en France ou dans d'autres pays.

## Une Parole à partager

En général, après ce temps d'accueil, vient le temps de l'écoute de la Parole de Dieu. Aujourd'hui, elle est présentée par Alain. Il a assimilé le texte proposé dans le carnet de route et il en restitue l'essentiel avec des mots tout simples. Ce soir, c'est la parabole du bon samaritain. Le père Franco, vicaire à la paroisse, notre aumônier, la commente, pose des questions, et nous lui en posons aussi, il n'y a aucune timidité entre nous. Puis nous mimons ce texte. Ce n'est pas du théâtre et nous ne sommes pas des acteurs, nous voulons simplement revivre l'Évangile, cette histoire vraie. Nous nous répartissons les rôles en veillant à ce que personne ne soit laissé de côté. Blaise, qui a un handicap, est le voyageur. Un père, Louis, est le bon samaritain, accompagné d'Arnaud, son âne ! Il faut aussi choisir le prêtre, le lévite, les bandits, l'hôtelière et tout son personnel. Pas besoin de vrais déguisements. Un accessoire suffit, un turban, un bâton, une cagoule, un tablier blanc, un sac de voyage, un sac à dos...

Nous faisons une brève répétition puis, le moment venu, nous nous rappelons, encore une fois, qu'on

---

1. Centre d'aide par le travail.

ne va pas «jouer» mais «vivre» une parole de Jésus qu'Il nous a demandé de prendre en exemple. Céline est chargée de lire les paroles de la Bible. Tout en ayant un œil sur le déroulement de la scène, elle rectifie avec légèreté celui qui «s'emmêle les pinceaux». Il y a souvent des imprévus, des rires, mais peu importe, le cœur est touché, on se souviendra de ce qui s'est passé et de la Parole de Jésus : «Toi aussi, fais la même chose que ce bon samaritain.»

## Les petits groupes

Quel impact cet Évangile pourra-t-il avoir sur nos vies ? Des petits groupes de partage de cinq à sept membres se constituent plus ou moins spontanément, si possible avec un membre de l'équipe de coordination[1]. En petit nombre, chacun s'exprime plus librement, selon son cœur. Et parfois jaillit un mot inspiré, comme cet échange un jour que l'on interrogeait Vincent :
«Qu'est-ce que nous pouvons dire à Jésus ?
— Jésus.
— Oui, mais après ?
— Jésus, Jésus, Jésus !

---

1. L'équipe de coordination est un groupe de quatre à huit personnes, dont au moins un parent, un ami, un aumônier (prêtre ou pasteur) et autant que possible une personne ayant un handicap mental. L'équipe se réunit entre les rencontres pour prévoir leur animation et les autres activités de l'année. Elle veille sur l'unité de la communauté et la place unique de chacun.

Le cri de son cœur, simplement, parce que "c'est dans la bouche des enfants, des tout-petits, que tu as préparé la louange parfaite[1]". »

Aujourd'hui, trois questions nous sont proposées : dans cet Évangile, qu'est-ce qui m'a le plus touché ? Est-ce que j'ai déjà rencontré un bon samaritain ? Est-ce que, moi aussi, je peux être un bon samaritain ?

La première question permet de s'assurer que l'essentiel a été compris par tous et peut-être de le reformuler ensemble de manière encore plus simple. Quant au bon samaritain, chacun évoque celui qui lui est venu en aide à un moment difficile ; puis, selon ses moyens ou son inspiration, en écrit le nom sur un petit carton, le reproduit en pâte à modeler, le mime et rend grâces pour lui... L'appel à être un bon samaritain nous incite à sortir de notre égoïsme pour prendre soin de tel ou tel. « Ce n'est pas évident, dit Jocelyne, mais ensuite on est plus heureux. » On prend alors mieux conscience des difficultés de chacun, de ses conditions de vie, de ses peines, de ses joies... La simplicité et la vérité des plus faibles invitent à se dépouiller de sa façade. Ce soir-là, Dominique et sa sœur Nathalie étaient dans le même groupe. Dominique parle très peu, mais il a su immédiatement désigner le bon samaritain de sa vie, sa sœur Nathalie, il s'est levé pour aller l'embrasser. Quant à Bernard, un père, il reconnaît : « Moi, quand je rentre du travail le soir, je n'ai qu'une envie, m'installer devant la télévision et m'enfermer dans ma bulle. »

1. Psaume 8, 3.

Dans les communautés de famille avec de jeunes enfants, les parents souhaitent souvent se retrouver dans le même petit groupe, parfois avec quelques amis et l'aumônier. Pour certains, le quotidien est si lourd, si envahissant que le thème proposé leur semble éloigné de leurs préoccupations. Nous prenons le temps d'en parler. Les évoquer leur fait du bien. Écouter les autres membres les sort d'eux-mêmes. Une maman dit le sourire inattendu de son enfant. Un père a été touché par la bienveillance du pompiste en voyant dans sa voiture la petite fille handicapée. Dans ce climat chaleureux, une épouse peut entendre ce que dit son conjoint et dont il n'a jamais parlé. Une maman qui a deux enfants handicapés confie sa souffrance profonde à la pensée qu'elle ne sera jamais grand-mère. Cela n'appelle pas de réponse mais un silence qui comprend et console. La parole de l'aumônier éveille une petite espérance qui peut continuer à faire sa route tout le mois et à nous garder unis.

## La prière communautaire

Le « coin prière » a été préparé avec soin. L'icône ou la statue de la Vierge Marie, les bougies, les fleurs, la flûte de Simon, un chant méditatif nous invitent à nous tourner vers Dieu. Jésus nous a assuré que, si nous étions réunis à deux ou trois en son nom, il serait au milieu de nous. Sûrement bien plus encore quand la communauté tout entière entre dans le silence pour le prier. Avec des mots tout simples, comme des enfants qui parlent à leur Père, nous lui disons les quatre paroles fondamentales de tous les jours : « je t'aime », « merci », « pardon », « s'il te plaît ». Ce soir, nous lui disons plus particulièrement merci pour le bon samaritain qu'il a mis un jour sur notre route. En procession, chacun va déposer son nom dans une corbeille au pied du coin prière et le proclamer tout haut tandis que la communauté le salue par un refrain d'actions de grâces.

Beaucoup de communautés choisissent également de consacrer quelques minutes à « la prière du pauvre » que le père Joseph, notre aumônier international, a introduite un peu partout dans le monde. C'est la prière de ceux qui ne sont pas capables de réfléchir beaucoup, mais sont capables d'aimer. C'est aussi la prière de ceux qui voudraient se débarrasser de tout ce qui les encombre, et devenir tout petits devant Dieu. Ainsi, les mains ouvertes sur nos genoux, les yeux fermés, nous allons simplement « être avec Dieu ». Lui dire de temps en temps un mot d'amour : « je t'aime », « tu es dans mon cœur », « je suis là pour toi ». Une paix, un silence descend sur le groupe, interrompu par la surprise de Béatrice : « Je sais pas prier, on dit rien et pourtant, je m'embête pas ! » C'est vrai, on découvre que Dieu est là et que sa joie est de faire sa demeure dans le secret de notre cœur. Ainsi, la prière communautaire peut nous apprendre la prière personnelle.

## Tous à table !

Dans notre communauté, c'est à la fin de la rencontre que se situe le repas : des provisions tirées de son sac ou des plats disposés sur une belle table. Quel qu'il soit, c'est un moment de détente et d'unité. Dans l'Évangile, l'amour, l'amitié de Jésus se manifestent bien souvent au cours d'un repas. Il accomplit son premier miracle aux noces de Cana. Il accepte l'invitation des pharisiens. Il aime se rendre pour un repas chez ses amis de Béthanie. Il y a aussi cet extraordinaire « pique-nique » de la multiplication des pains et des poissons, dégustés dans l'herbe verte du printemps. Et ce dernier repas bouleversant avec ses disciples où il se donne lui-même en nourriture dans l'eucharistie.

À nos repas, Jésus nous a indiqué qui inviter : « Quand tu donnes un festin, invite des pauvres, des estropiés, des boiteux, des aveugles ; et alors tu seras heureux[1]. » Aucun doute, c'est parce qu'ils sont là qu'à nos repas Foi et Lumière, il y a beaucoup de bonheur.

Partout dans le monde, on a vite perçu combien il est important pour la vie de la communauté de partager une même nourriture, si frugale soit-elle : les pommes de terre en Pologne, les biscuits et les bananes au Rwanda, la *pasta* en Italie, les oranges de la République dominicaine, le bol de fèves en Russie, des chips et du saucisson en France... Le bénédicité ouvre l'appétit. L'un d'eux est particulièrement apprécié, parce qu'on le mime et qu'il se termine par le mouvement de prendre la main de son voisin et de l'élever très haut, tournée vers le ciel. Le texte est tout simple : « Nos cinq pains et nos deux poissons, Seigneur, nous te les offrons, multiplie-les pour la faim des hommes et qu'ensemble nous chantions ton nom. »

Au dessert, il y a un moment très attendu : celui des anniversaires[2]. Pour quelques instants durant

---

1. Luc 14, 13.
2. Les réunions étant habituellement mensuelles, nous célébrons ce jour-là l'anniversaire des personnes qui sont nées dans le mois.

l'année, chacun devient l'unique. Après qu'il a souf-
flé les bougies du gâteau, on le fête, on le chante,
on rend grâce pour sa présence. Les communautés
ont des traditions différentes, mais les anniversaires
sont toujours un temps fort.

Enfin, le temps des adieux venu, la joie serait mêlée
d'une certaine nostalgie s'il n'y avait pas l'espérance
du quatrième temps, celui de la fidélité.

## Le temps de la fidélité

En effet, la rencontre de la communauté ne représente que quelques petites heures par mois, bien peu
pour certains. Comment maintenir la « lumière »
durant tout ce temps qui s'écoule entre deux réunions
mensuelles ?

Tout d'abord, avant de nous quitter, nous échan-
geons souvent une sorte de viatique, un signe pour
accompagner la route durant le mois. Je me souviens
particulièrement de l'année dont le thème était : « Dix
paroles de Dieu pour être heureux. » La mère de
Didier avait confectionné ce qu'on appelait des petits
« sacs de bonheur », chacun avait le sien. À la fin de
chaque rencontre, nous y glissions le « trésor » que
nous venions de fabriquer ou qui nous avait été
offert : un santon pour la crèche, une bougie à mettre
dans notre coin prière, une petite croix fabriquée pendant l'atelier des artistes[1], un papier tiré au sort à la

---

1. L'atelier des artistes mis en route par les petits groupes de partage est particulièrement apprécié par ceux qui ne peuvent parler.

veille des vacances portant le nom d'un membre de la communauté pour nous inviter à faire route avec lui, par le cœur, jusqu'à la rentrée.

Ce qui entretient la flamme, ce sont aussi les inventions de l'amitié. Elles nous manifestent que nous ne sommes pas tout seuls : un coup de téléphone, un mail, une carte postale, un petit dîner, une sortie au cinéma, une aide pour un déménagement, la garde d'un enfant, etc.

Entre chaque rencontre, un certain nombre de communautés proposent un lien plus formel en suscitant des petits groupes de cinq ou six personnes qui gardent entre elles un contact plus spirituel.

Il y a également le carnet de route qui est remis aux membres de la communauté pour être un lien entre les réunions. Les personnes handicapées sont souvent heureuses de le feuilleter, pour se rappeler ce qui a été vécu lors de la dernière rencontre et y trouver notamment une idée très concrète pour chaque jour du mois.

## Un appel à grandir

Les communautés Foi et Lumière nous appellent à grandir. Les personnes handicapées nous poussent chacun, handicapé ou non, à aller de l'égocentrisme au don de soi, du sentiment de culpabilité à la reconnaissance de nos limites, de nos faiblesses, de notre vulnérabilité et à découvrir, en l'expérimentant, que nous avons tous besoin les uns des autres. Alors nos cœurs se transforment, les clivages disparaissent, les ghettos s'ouvrent.

Il en fut ainsi pour Victor. Lorsqu'il est venu pour

la première fois dans la communauté avec sa mère, il était obsédé par son sac de pique-nique. Il a fallu tous les efforts de sa maman et de deux jeunes pour l'empêcher de tout avaler avant l'heure du repas. Quand sa mère parlait de Foi et Lumière, il répondait immanquablement « pique-nique ». Il est resté à ce stade quelque temps, jusqu'au jour où, lorsque sa mère a évoqué Foi et Lumière, il a prononcé le mot « ami ». Et puis, éblouissement pour sa maman lorsque, lui parlant de la communauté, elle l'a entendu répondre : « Jésus. »

Pique-nique, ami, Jésus... Quel cheminement !

J'aimerais vous parler de Martial. Lorsqu'il est arrivé dans la communauté, il avait un handicap mental et des difficultés psychiques à tendance paranoïaque. Il se montrait taciturne et solitaire. Dans le cercle, il reculait ostensiblement sa chaise, manifestant ainsi son envie de rester en dehors du groupe. Il refusait habituellement toute nourriture. Parfois, il demandait la parole, vitupérant contre la méchanceté de l'humanité, tout en revendiquant toujours sa foi en Dieu. Insensiblement, il s'est apaisé, il a accepté de s'asseoir à un coin de table et de grignoter. Lors d'une rencontre précédant Noël, chacun se réjouissait de la manière dont il vivrait la fête. À un moment, il déclara avec tristesse : « Vous serez tous en famille, moi je serai seul dans ma chambre. » Alors, Émile, un jeune ami, lui a dit : « Si tu veux, moi, pour Noël, je t'invite. » Son agressivité et son isolement se sont soudainement brisés. Progressivement, il s'est rapproché de plusieurs personnes. Maintenant, lorsqu'il demande la parole, c'est en général pour s'émerveiller et s'étonner que Foi et Lumière existe. Récemment, il a fait un plaidoyer pour qu'un jour le président de la République reconnaisse ses propres mérites et ceux de Foi et Lumière, « qui devrait exister partout dans le monde ». Martial n'est pas guéri de toutes ses blessures et sans doute ne le sera-t-il jamais, mais il y a désormais une petite lumière dans sa vie. Il parle de Foi et Lumière à qui veut l'entendre.

Il est arrivé que nous vivions des expériences plus négatives et parfois nous avons dû prendre conscience de nos limites dans l'accueil des personnes atteintes de troubles psychiques très lourds.

Ainsi, Diwan, dix ans, avait un comportement très perturbé, violent. Il fallut, la mort dans l'âme, prendre la décision de nous séparer de lui le jour où il agressa, de façon inattendue et brutale, une petite fille trisomique, terrorisée, en gardant le souci de proposer à ses parents d'autres relais.

## Les clivages tombent

Dans une « vie classique », il y a peu de chances de se côtoyer et de devenir amis quand on appartient à des milieux très différents. Il en fut ainsi pour Simone et Yvonne qui vivaient dans des réalités presque contrastées et dont les cœurs se sont élargis.

Simone vivait cloîtrée dans un minuscule deux-pièces avec son fils Philippe, handicapé profond, aveugle, épileptique. Elle était, le soir, ouvreuse à la salle Pleyel. Yvonne, mère de cinq enfants, était une habituée des concerts, avec Constance, sa fille, atteinte de trisomie, très sensible à la musique.

Leur rencontre eut lieu dans le hall de la salle Pleyel. Simone a osé parler à Yvonne de Philippe, qui était tellement plus gravement handicapé que sa fille. Simone lui a confié l'abandon de son mari, le dur quotidien, les promenades de Philippe en landau jusqu'à ce qu'elle obtienne un fauteuil roulant. Les mots de pitié ou les gestes de rejet, comme ce jour où, à la sortie d'une gare, sous une pluie diluvienne, dans la file prioritaire des taxis, une femme s'est précipitée sur elle pour prendre sa place en lui lançant : « Je n'en ai rien à faire de votre handicapé ! » ; ou lorsqu'un membre de sa famille lui a demandé pourquoi elle se sacrifiait pour « un déchet » ! Et elle ajoutait : « J'ai eu la chance de ne pas me révolter, mais de les plaindre. Ils n'étaient sûrement pas méchants et moi, si je n'avais pas eu Philippe, comment je les regarderais ces enfants-là ? »

Responsable de Foi et Lumière pour l'Ile-de-France, Yvonne, bouleversée, a proposé à Simone de participer avec Philippe au premier pèlerinage à Lourdes, ce fut le premier grand bonheur de leur vie. Pour la première fois, ce n'était pas de la pitié qu'on avait pour son enfant, mais de l'amour. Des amis qui l'aimaient et se laissaient aimer, qui aidaient même aux tâches les plus ingrates. Trente ans plus tard, le chant du pèlerinage faisait toujours sourire Philippe.

Les jeunes amis, qui venaient souvent le visiter dans le minuscule logement, y trouvaient en retour comme une oasis. Simone, devenue responsable d'une communauté, pouvait confier : « Grâce à Yvonne et à Foi et Lumière, Philippe et moi avons été des gâtés de la vie. »

## L'importance des pères

Quelques mots des pères. La naissance d'un enfant handicapé est pour eux une souffrance aussi profonde que celle de leurs épouses, mais elle s'exprime différemment. Leur pudeur les empêche souvent d'en parler. Moins proches physiquement du tout-petit, ils peuvent avoir la tentation de s'en écarter ou même de fuir leur foyer. D'autres ont tendance à exiger trop de leur enfant. Il faut à tout prix qu'il progresse, qu'il apprenne, enfin qu'il « s'en sorte ». Et puis il y a ceux qui ont compris l'appel profond de leur enfant, son besoin vital d'une atmosphère de paix qui naît de l'unité de ses parents, de leur amour mutuel, quelque chose aussi important que le lait et le pain de tous les jours. L'enfant a soif de l'affection de son père, de ses encouragements, de sa confiance. Foi et Lumière, lorsqu'ils acceptent d'en ouvrir la porte, marque souvent pour les pères une nouvelle étape. Elle fut radicale pour Francesco[1] et, sur un tout autre mode, tout aussi révélatrice pour Antoine.

Antoine, chef d'entreprise, refusait de venir dans la communauté malgré l'insistance de sa femme et, surtout, de Bénédicte, leur fille handicapée. Il était très heureux de les conduire en voiture et de passer les reprendre à la fin de la réunion : « Ne m'en demandez pas plus. » Mais voici qu'un jour – c'était la rencontre précédant la fête de Noël – il était prévu de mimer ce qui s'était passé à la Nativité. Tout naturellement, ce « patron » a donné un coup de

---

1. *Cf.* p. 37.

main pour sortir le matériel de la voiture et le mettre en place pour la fête. Un groupe de jeunes, chargé de préparer le mime de Noël, ignorant ses fonctions, l'a abordé : « Nous n'avons personne pour faire l'âne de la crèche. Est-ce que vous voudriez bien faire l'âne ?

— Non, je n'ai jamais fait cela et je ne saurais pas le faire.

— C'est très facile, il suffit de vous mettre à quatre pattes, on va poser une couverture marron sur votre dos et vous n'aurez qu'à marcher à côté de Marie et de Joseph. » Bénédicte s'est alors écriée : « Oui, papa, ce serait si bien ! » Il s'est laissé fléchir. Et il raconte : « Ce fut un grand moment de ma vie quand je me suis retrouvé à quatre pattes, avec Bénédicte en agneau qui trottinait à côté de moi, jubilante. » Cette première rencontre avec Foi et Lumière fut la première d'un nombre incalculable d'autres rencontres. Depuis ce jour, devenu simplement « Antoine », il fait volontiers signe à des pères dont il comprend si bien les difficultés.

## Vive les amis !

Sans les amis, surtout les jeunes, Foi et Lumière n'aurait jamais pu voir le jour et rayonner dans le monde comme il l'a fait. Réciproquement, grâce à Foi et Lumière beaucoup de jeunes qui erraient en quête d'un monde meilleur ont trouvé un sens à leur vie. Beaucoup qui étaient attirés par l'Évangile mais rejetaient l'Église ont découvert que c'était tout un, ils ont vécu les paroles de Frédéric Ozanam : « Deviens l'ami du pauvre, l'ami d'un pauvre. C'est là que tu rencontreras Jésus. »

Les jeunes d'aujourd'hui sont bien différents de ceux de 1980. Dans les pays occidentaux (à la différence des pays du Moyen-Orient, d'Afrique, d'Amérique du Sud, etc.), il est beaucoup plus difficile de les rejoindre. Davantage qu'hier ils ont peur de s'engager. Pourtant ils restent l'espérance du monde, de l'Église, de Foi et Lumière. Et ils existent car nous en avons beaucoup rencontré. Quand ils sont là, quand on leur fait confiance, quand on leur donne une responsabilité, ils sont « géniaux » de délicatesse, de dynamisme et beaucoup peuvent dire comme Yvan : « Foi et Lumière a été un fil rouge dans ma vie en impasse. Je ne sais pas trop comment la simplicité de cœur des personnes handicapées, leur amitié a touché mon être profond. » Ne jamais se lasser d'appeler les jeunes.

Nous découvrons aussi combien est précieuse l'amitié de familles qui n'ont pas d'enfants handicapés. Un don réciproque, source d'équilibre et de sérénité, source d'ouverture à la différence et d'éveil tout naturel du cœur à la personne qui souffre.

Pierre et Blandine étaient fiancés. Toute la communauté a été invitée à leur mariage. On peut deviner la grande joie de tous à cette cérémonie ! À la messe, après l'échange des consentements, on vit s'avancer dans la nef Isabelle apportant les alliances, très émue et fière de cette responsabilité que lui avaient confiée Pierre et Blandine. L'assemblée était touchée et surprise. Par la suite, les mariés s'expliquèrent. Ils étaient venus à Foi et Lumière pour se rendre utiles, faire du bien. La situation s'était retournée. « Isabelle, avec son regard lumineux et son sourire qui signifie :

"Je suis tellement contente d'être avec vous", nous avait fait découvrir une étonnante amitié. Par elle, nous avons entendu Jésus nous dire : "Je ne vous appelle plus serviteurs, mais amis." » Aujourd'hui, à Lyon, Blandine et Pierre – parents de Paul, 4 ans, et Madeleine, 2 ans –, responsables d'une communauté Foi et Lumière de familles avec des enfants, sont en train de jeter les bases d'un second groupe.

Personnellement, en tant qu'amie, Véronique m'a beaucoup aidée, par son intuition et sa sensibilité à la peine des autres, par son désir de la soulager et sa foi. Je devais m'embarquer pour l'Inde et l'Australie et je me sentais dépassée par ces deux missions. Dans la communauté, j'évoquais pourtant joyeusement ce voyage. Véronique avait perçu mon angoisse : « Marie-Hélène, te fais pas de souci. Ton voyage, je te l'offre. Tu seras pas toute seule. Je t'offre les anges et les saints et la Sainte Vierge, tu verras… » Ses paroles ont réveillé ma confiance et, durant ce périple exigeant, je ne me suis jamais sentie seule !

### Et les frères et sœurs ?

Avoir un frère ou une sœur avec un handicap, ça n'est jamais neutre, et c'est rarement facile. C'est pourquoi il nous a paru, dès le début, essentiel que les frères et sœurs d'une personne handicapée puissent trouver, s'ils le souhaitaient, au sein des communautés, une place particulière qui leur permette à la fois de découvrir que d'autres pouvaient aimer leur frère ou leur sœur tel qu'il était mais aussi d'exprimer ce qu'ils avaient à dire (y compris leur ras-le-bol !).

Un exemple parmi tant d'autres, celui d'Henri et de Nadège.

Henri raconte qu'il a longtemps eu le moins de contacts possible avec Nadège, sa sœur handicapée, parce qu'il souffrait beaucoup de sa présence. Il se souvient :

> Un jour, maman, surmenée, me demanda d'aller chercher Nadège au camp Foi et Lumière. J'ai obtempéré en rechignant et en me promettant que ce serait vite expédié. Quand je suis arrivé, j'ai trouvé une quinzaine de jeunes dont la moitié avaient un handicap. Tout le monde m'a accueilli dans une ambiance joyeuse : « Restes-tu dîner ? » Comment refuser ? « Restes-tu coucher ? » Je suis resté. J'étais tout étonné de la joie de Nadège et du regard des amis sur elle. Elle n'était plus une personne handicapée, elle était Nadège. Quand elle est montée dans la voiture, elle n'était plus un chien battu mais une jeune fille heureuse, c'était ma sœur. Et moi, je suis devenu un ami, jusqu'à être responsable de la communauté !

## Quelque chose que je n'avais pas appris au séminaire

Dans notre communauté, un de nos aumôniers, le père Jacques, à l'occasion de son départ pour une autre paroisse, nous a confié combien la communauté et la rencontre des personnes handicapées avaient éclairé son sacerdoce : « Au séminaire, on m'avait appris qu'il fallait aimer, servir, se donner et c'est ce que j'essayais de faire au long des jours. À Foi et Lumière, j'ai appris quelque chose d'aussi important et peut-être plus difficile. J'ai appris à me laisser aimer et à recevoir. Nulle part ailleurs je n'ai été embrassé, entouré d'autant d'attention, de sollicitude et d'affection. Jamais je n'ai entendu parler aussi simplement de Jésus comme quelqu'un d'aussi proche. »

Et puis, il y a les membres invisibles, ceux qui sont au ciel. Ils ne sont plus inscrits sur la liste des membres, mais restent si présents.

Je revois beaucoup de visages chers de notre communauté qui nous ont quittés : la première, Marie-Odile, qui avait un handicap léger, était une grande sœur pour beaucoup. Récemment, ce fut Annie, la maman de Marie-Claire ; Dominique, le frère de Nathalie ; Louis, le papa de Bruno. Moments de profond chagrin, parfois d'angoisse, mais aussi d'unité et de communion autour de ceux qui sont le plus directement et douloureusement touchés par la séparation. Avec le vieillissement d'un certain nombre de communautés, nous sommes de plus en plus souvent affrontés à cette mystérieuse épreuve.

Alice, cette jeune femme qui la première a éveillé mon cœur à la souffrance des personnes handicapées, avait une foi toute simple dans la communion des saints, cette « union intime, constante, joyeuse, rafraîchissante de ceux qui sont partis et de ceux qui demeurent[1] ». Pour consoler Josette, à la mort de son père, Alice lui écrivait : « Tu vois, je trouve que nos morts sont toujours avec nous. Nous, on ne les voit pas, mais eux ils nous voient. » Elle appelait ses parents dans les moments difficiles, ne serait-ce que

---

1. Paul VI.

pour traverser la rue : « Papa, maman, donnez-moi la main. »

Alors que le monde supporte difficilement l'idée de la mort, je pense que nos frères et sœurs handicapés ont une vocation spéciale pour nous aider à la vivre, avec leur foi toute simple et leur certitude de la présence mystérieuse de ceux qui nous restent si proches et que nous aimons nommer et invoquer. Lorsque, à notre tour, nous entrerons dans la Vie pour toujours, ce sont eux qui nous accueilleront. Spontanément, me viennent à l'esprit Chicca, Sophie, Thaddée, Philippe, Véronique, Clémence, Emmanuel[1] et tant d'autres, que nous découvrirons dans la lumière de Dieu. Nous comprendrons enfin le sens caché de leur vie et tous les fruits qu'ils ont portés.

## Un trésor à transmettre

Les « trésors » que nous avons découverts dans la communauté, nous voudrions tant les faire connaître autour de nous. Comment les transmettre ?

Cela se fait d'abord tout naturellement sans que nous y pensions. Dans notre communauté, nous invitons beaucoup, simplement à venir... pour voir : « Viens et tu verras ». Des personnes handicapées entraînent des membres de leur foyer ou des copains de l'atelier. Un jeune couple fait signe à un autre. Ils sont maintenant plusieurs, dont deux avec leur tout-petit. Quelques personnes ne font que passer, mais

---

1. Gilles Delaunet, *Emmanuel, mystère d'amour*, Éditions Traditions monastiques, 2001.

elles gardent une image de ce qu'est Foi et Lumière. D'autres restent. Ainsi la communauté grandit.

Quand, lors de la rencontre, nous nous retrouvons à une quarantaine de membres, les relations interpersonnelles sont plus difficiles. Il devient nécessaire d'envisager l'avenir avec le « référent » Foi et Lumière. Dans notre histoire, nous avons ainsi été amenés à donner naissance à une nouvelle communauté, à déléguer une équipe de volontaires pour en soutenir la création, à envoyer des renforts à une communauté trop amenuisée et faiblarde. Si l'on ne donne pas la vie à d'autres, on risque de se dessécher...

Mais essaimer est une aventure qui implique souffrances, sacrifices et joies. Lorsque l'on a créé des liens profonds, il est parfois difficile de convaincre les membres de la communauté du bien-fondé du projet, de la grâce de donner vie à une autre communauté ou d'en soutenir une autre. Les résistances sont normales, bien compréhensibles, et nécessitent du temps et de la patience pour s'apaiser. Il faut aussi du temps et des soutiens pour trouver et sensibiliser une nouvelle paroisse à la présence évangélique des plus faibles, trouver un premier responsable, constituer une première équipe de coordination... Vraiment, cela est souvent ardu. Néanmoins, lors de la première rencontre du nouveau groupe, on oublie toutes les souffrances, tout à la joie d'une naissance.

Une nouvelle communauté peut aussi voir le jour sous l'impulsion d'une personne qui fraie le chemin. Marie-Agnès, une adulte atteinte de trisomie, était un membre fidèle et passionné de sa communauté. Lorsque sa famille a déménagé, elle n'a eu de cesse qu'une communauté voie le jour dans sa nouvelle paroisse. Elle a visité personnellement le curé, taraudé ses parents pour qu'ils s'engagent, alors qu'eux-mêmes pensaient préférable de laisser à leur fille l'espace libre. Marie-Agnès a parlé du projet à droite, à gauche, jeté les jalons lors d'une messe dominicale, à l'issue de laquelle le projet a été présenté aux paroissiens, avec une invitation à se retrouver plus tard pour en savoir davantage. Cette communauté vogue maintenant depuis plusieurs années.

Dans un autre cas, ce fut la solitude d'une jeune maman venant d'Argentine et de sa petite fille très profondément handicapée, rencontrées dans la rue, qui fut à l'origine d'un nouveau groupe.

Je pense encore à ce jeune curé, nouvellement nommé dans sa paroisse, qui a décidé que sa première démarche serait d'aider à la fondation d'une communauté. Elle serait le signe d'une priorité évangélique. « Il faut savoir prendre Jésus au mot lorsqu'il nous dit d'inviter les pauvres au festin. »

## Donner et recevoir la vie

La communauté n'est pas un lieu clos, elle est un lien avec bien d'autres communautés dans un échange de vie : la paroisse où elle est enracinée, la communauté contemplative avec qui elle est jumelée, la famille internationale dont elle constitue la cellule de base. Elle aime prendre la route pour un pèlerinage, un week-end spirituel, un camp de vacances...

L'intégration dans la paroisse et dans l'Église fut l'une des priorités de Foi et Lumière à sa naissance, et elle le demeure. Elle fut fortement encouragée par les papes successifs et par des évêques de plus en plus nombreux. Certes, elle s'est heurtée un moment à des hésitations et réticences dans certains diocèses ou certaines paroisses. Notre communauté est fière d'être issue de la première communauté parisienne à qui son curé a ouvert ses locaux et son cœur : le père Adolphe Hardy, curé de la paroisse Saint-François-Xavier, devenu évêque de Beauvais. Cela se passait avant que le cardinal Lustiger ait déclaré : « Les personnes handicapées n'ont pas à être amenées au cœur de l'Église comme si elles en étaient à l'extérieur. D'emblée, au contraire, elles nous désignent où est ce cœur. »

Aujourd'hui, à Paris, les vingt communautés ont un aumônier, dont la majorité appartient au clergé paroissial. Dans notre communauté, l'aumônier est vicaire de la paroisse et il établit le lien avec elle. Le bulletin paroissial signale notre rencontre mensuelle. Quand nous participons à la messe dominicale, l'annonce en a été faite sur la feuille paroissiale et le curé mentionne chaleureusement notre présence. Des membres de la communauté font partie des servants de messe, d'autres sont invités à la procession des offrandes.

Un curé de campagne qui avait accepté d'être lui-même aumônier d'une communauté, remarquait : « Aux yeux de bien des hommes, accueillir les plus démunis c'est vraiment déraisonnable, mais c'est le choix qu'a fait le Christ. Les personnes handicapées, en participant concrètement et visiblement à la messe de la paroisse et, autant que faire se peut, à d'autres activités, se trouvent insérées dans le corps du Christ, son Église. Elles y reçoivent les fleuves d'eau vive dont Jésus veut nous combler. »

Comme bien d'autres, notre communauté est jumelée avec une communauté contemplative. Pour nous, c'est un carmel. Don inattendu, don réciproque. Nous recevons leur prière. Le travail, les soucis familiaux, les tiraillements de tous les côtés nous poussent si souvent à la limite de l'asphyxie. Les religieuses nous apportent comme un ballon d'oxygène. Elles nous affirment : « Vous donnez chair à notre prière, votre passage la ravive. » Chaque année, à la rentrée, nous passons une journée au monastère dont un bon moment avec les moniales. Nous chantons, nous prions. Nous leur confions tout. Elles nous parlent des événements marquants de leur vie si régulière, mais axée sur le don. Durant l'année, nous restons en lien par le carnet de route. Nous les appelons dans les coups durs, cela nous maintient dans la paix.

## La retraite pour tous !

Quelques pays ou régions organisent des week-ends et retraites autour de la Parole de Dieu et de la prière. Un temps très privilégié pour l'approfondissement de la vie spirituelle. Pendant deux ou trois jours, ou plus, nous sommes à l'écart du monde, souvent accueillis par un Foyer de Charité, dans un demi-silence, un lien qui favorise une vie de communion avec Jésus. Une trentaine de personnes, dont la moitié est atteinte d'un handicap, et l'autre moitié constituée d'amis et de parents, sont ensemble pour l'écoute de la Parole et le partage qui suit, l'échange par petits groupes, les ateliers par thèmes, les célébrations, les temps de détente. Jumelés deux par deux, on ne sait pas trop qui est accompagnateur, qui est accompagné ; c'est tantôt l'un, tantôt l'autre ; de toute façon, chacun se découvre avant tout chercheur de Dieu.

Maria Cecilia est en équipe avec Carlos dont le vocabulaire se limite à une vingtaine de mots. Vient alors le temps de prier. Maria Cecilia se trouve très embarrassée : que va-t-elle pouvoir faire ? Carlos, lui, le sait très bien. Il la prend par la main et la conduit devant le tabernacle. « Jésus là. M'aime. » S'étant assis sur le banc, il prend la main de Maria Cecilia et dit : « T'aime. » Puis de nouveau le silence. Enfin, se jetant dans ses bras : « On s'aime. »

Pour ceux qui n'ont pas encore reçu le sacrement de la confirmation et de l'eucharistie, une préparation peut leur être proposée. À Paris, le père Jacques Cuche, curé d'une paroisse où il accompagna une communauté puis plusieurs autres, fut conduit tout naturellement à préparer certaines personnes handicapées parfois au baptême, le plus souvent à la confirmation et l'eucharistie. Ceux qui y participaient n'ont pu oublier, tout récemment, la joie de la célébration de la confirmation, par le cardinal André Vingt-Trois, de quatorze jeunes atteints d'un handicap mental. Quelle joie chez eux de ce jaillissement dans l'Esprit Saint, joie qui se communiquait à tout l'entourage.

### Se remettre en route

Née et confirmée lors d'un pèlerinage, cette démarche s'inscrit dans les gènes de Foi et Lumière.

Pour deux ou trois jours, la communauté coupe avec ses habitudes et ses routines[1]. Nous mettons notre main dans celle du faible qui nous ouvre un chemin. Tout un voyage intérieur. De nombreuses communautés reprennent ainsi leur « bâton de pèlerin » chaque année. Certaines s'intègrent dans leur pèlerinage diocésain et parfois même y sont invitées par leur évêque.

Et puis il y a les camps de vacances qui sont souvent nés à l'initiative de jeunes amis, soutenus pas le désir des familles. Dans certains pays, surtout ceux où il y avait très peu d'équipements pour les personnes handicapées, il y en eut et il y en a encore beaucoup, par exemple en Italie, au Liban, en Égypte, en Pologne…, et aujourd'hui un peu partout.

Lorsque l'on devient pour quelques jours communauté de vie, les fruits sont étonnants. Je garde un extraordinaire souvenir d'un camp en Italie, dans les Abruzzes, auquel j'avais participé trois ou quatre jours. Je conserve l'image de ce petit Pablo, âgé de cinq ou six ans, profondément handicapé. Il était blotti dans mes bras avec son regard de confiance, de douceur, d'abandon. Présence de Dieu…

Enfin, il y a la « famille internationale ». La communauté ne navigue pas en solitaire (j'aime bien cette image du bateau pour qualifier ce que nous sommes). Elle fait partie d'une flottille de six à huit embarcations qui voguent ensemble, accompagnées et soutenues par un responsable. Celui-ci est lui-même en lien avec un responsable de province qui organise des ren-

---

1. Des pèlerinages peuvent être organisés par les régions, les pays, les zones.

contres, des sessions de formation, des pèlerinages, etc., constituant ainsi une famille élargie avec laquelle nous avons des contacts directs.

« *Hisse et Ho !* », la lettre internationale de Foi et Lumière, a vu le jour début 2009 après la modification de nos structures et la mise en place d'une nouvelle équipe. Un vent nouveau soufflait, la petite barque de Foi et Lumière avait hissé les voiles et se laissait mener au large ! Le renouveau était palpable. D'Est en Ouest et du Nord au Sud, on avait soif de savoir ce qui se passait dans le monde.

Ghislain et Corinne se sont lancés et un premier numéro a vu le jour. Ce fut tout de suite un succès : les sept communautés de la petite île de Rodrigue, ou celle perdue en rase campagne en Écosse, se trouvaient reliées au monde. De partout, on peut découvrir le quotidien des communautés de Madagascar, de Corée, de Taïwan ou de Géorgie. Plus encore, dès qu'un événement grave se passe dans le monde, de nombreux messages affluent pour demander des informations sur les frères et sœurs concernés. « Nos amis du Japon ont-ils été directement touchés par le tsunami ? Comment peut-on les aider ? » Oui, Foi et Lumière international est plus que jamais une famille unie !

Très importante, enfin, la journée « Annonce et Partage » qui invite chaque communauté à porter les fardeaux des uns et des autres, non seulement par le cœur, mais aussi par notre contribution financière.

En terminant ces pages, je crains d'avoir donné une vision un peu idyllique de la communauté. Comme dans tout groupe, toute famille, il y a des hauts et des bas. Il y a des moments où tout va bien (avec le risque alors de « s'installer »). Il y a des moments de lassitude, de découragement ou, au contraire, de tensions qui peuvent dégénérer en conflits. Mais ils peuvent aussi devenir une étape de vérité et de croissance.

Avec ses ombres et sa lumière, la communauté est faite de tous ces liens, de ces trésors innombrables – les personnes ayant un handicap, les familles, les amis, la chaîne des communautés réparties de par le monde –, et il est impressionnant de voir combien les événements finalement si petits qui y prennent vie (l'accueil, la Parole et le partage, la prière, le repas et la fête) nous disposent à partir à la rencontre des autres. Ils nous donnent la grâce de recevoir autant et plus que ce que nous donnons (l'amour, l'écoute, le souci de l'autre, un peu de paix…).

# 10

# Avance au large

Nous n'avons jamais planifié la croissance de Foi
et Lumière dans le monde. Nous ne nous sommes
jamais dit : pourquoi ne pas quadriller tel ou tel pays
où le mouvement existe déjà ou pourquoi ne pas jeter
notre dévolu sur telle ou telle partie du monde ? Pourtant Jean-Jacques, un membre de ma communauté,
atteint de trisomie et d'une grave déficience visuelle,
me posait régulièrement la question de la croissance
de Foi et Lumière. Le mouvement avait transformé
sa vie et il était obnubilé par son rayonnement.
Chaque semaine, j'avais un appel :
« Est-ce que Foi et Lumière existe au Groenland ?
— Non, Jean-Jacques.
— Alors, Marie-Hélène, je crois qu'il faudrait que
tu commences. »
La semaine suivante, ce pouvait être le Chili ou un
autre pays dont il avait entendu parler à la télévision.
Son zèle missionnaire et ses exhortations me touchaient.
Bien sûr, comme lui, dès le premier pèlerinage,
nous étions profondément désireux que Foi et

Lumière grandisse, mais nous voulions nous laisser guider par Dieu, qui continuerait de nous parler à travers les événements et les rencontres.

Ce désir de continuer, sans plan préétabli, ardent dans les premières années, conduisit surtout à augmenter le nombre des membres dans les communautés, mais non celui des communautés elles-mêmes. Quelques-unes voyaient le jour, mais d'autres disparaissaient. Cela aboutit à une stagnation. Pendant les dix premières années, nous sommes restés au nombre de trois cents, nombre approximatif car à l'époque nous n'avions pas encore précisé exactement ce qu'était une communauté Foi et Lumière et toutes n'étaient pas clairement identifiées[1].

## Une fécondité mystérieuse

Par la suite, pour prendre la mesure de l'expansion de Foi et Lumière, nous avons eu un « instrument de mesure » : les données établies tous les dix ans au moment des grands pèlerinages internationaux. Ils concernaient le nombre des communautés et celui des pays. Voici quelques chiffres. En 1981, il y avait trois cents communautés dans vingt-sept pays. De 1981 à 1991, elles sont passées à mille communautés dans soixante pays (soit sept cents nouvelles communautés et trente-trois nouveaux pays en dix ans). De 1991 à 2001, la croissance a continué, à un rythme plus lent, pour atteindre mille quatre cents communautés dans soixante-treize pays. En 2011, on compte mille six

---

1. Le premier annuaire international date de 1983.

cents communautés situées dans quatre-vingts pays. Après avoir fait une pause dans l'expansion quantitative de Foi et Lumière, le mouvement connaît une seconde jeunesse grâce à la mise en œuvre de sa nouvelle constitution, amenant un grand renouvellement dans les équipes de responsables. J'en reparlerai.

Parallèlement à l'histoire de Foi et Lumière, il serait très intéressant et utile de survoler celle de la société et de l'Église, la situation sociale, politique, économique, culturelle, morale et religieuse, également les progrès et les reculs de la prise en charge des personnes handicapées, l'évolution du regard de la société sur elles. Avec des différences parfois considérables selon les continents et les pays.

Foi et Lumière n'est pas hors du monde. Comme tout autre mouvement, il bénéficie de ce qui est en progrès et subit les conséquences de ce qui se dégrade ou se pervertit. Par exemple, en Haïti, les problèmes politiques, la violence, les cataclysmes naturels ont fortement marqué les communautés, très vivantes jusqu'en 2005. C'était l'un des pays les plus pauvres du monde, et celui qui m'avait le plus frappée par sa capacité de faire tomber les barrières, y compris celle de la couleur. Foi et Lumière était la seule association où cela se faisait tout naturellement, me disait-on là-bas. Je n'avais vu nulle part tant de joie, de simplicité et une intégration aussi spontanée de Foi et Lumière dans la culture. Plus récemment, les bouleversements politiques et sociaux en Égypte et en Jordanie ont conduit à annuler un grand pèlerinage. Au Soudan, la création de deux nations a amené presque toutes les communautés implantées dans le Nord à émigrer. Leurs membres se sont trouvés disséminés dans le Soudan du Sud. Dans ce pays si pauvre, si chahuté et pourtant si déterminé, le mouvement doit encore être restructuré. Dans le Soudan du Nord, il faut de nouveau semer.

Si les chiffres sur l'expansion de Foi et Lumière sont parfois instructifs, ils ne disent rien de l'essentiel. Car ce n'est pas le nombre des communautés, ni celui des pays qui importe, mais la qualité de ce qui s'y vit, l'amour, la compassion qui y grandissent. Saint Jean de la Croix a écrit : « Le plus petit mouvement de pur amour est plus utile à l'Église que toutes les œuvres réunies[1]. » Une communauté très aimante, même très bancale, mais profondément désireuse d'être proche de la personne fragile, d'aimer davantage, de rejoindre un cœur à la fois, est plus utile que beaucoup de communautés un peu installées dans leur routine. En même temps, bien sûr, ce que Dieu désire, ce sont beaucoup de communautés brûlantes de vie et de charité.

La question que l'on nous pose souvent est de savoir comment le mouvement a rejoint et continue de rejoindre de nouveaux pays. Dans un passé encore récent, la parole de Jean Vanier, donnée au cours d'une retraite ou d'une série de conférences, a souvent mis en branle une personne ou une équipe. Souvent aussi, des assistants de l'Arche, revenant dans leur pays après un stage de quelques mois ou même un séjour d'une semaine dans une communauté de l'Arche, ont eu le désir d'implanter chez eux ce qu'ils avaient vu, entendu, vécu.

Dans d'autres cas, c'est la permanence d'accueil de Foi et Lumière à Lourdes qui a suscité le mouvement, par exemple à Gibraltar, au Burundi et au Rwanda.

---

1. Cantiques spirituels.

Et puis, il y a bien sûr le bouche à oreille et les rencontres imprévisibles que l'on peut faire au détour d'une paroisse, d'une retraite ou d'un pèlerinage.

Quelques personnes ont particulièrement œuvré pour la naissance et la croissance de Foi et Lumière dans une partie du monde où leur appel à s'engager s'est manifesté d'une manière très providentielle. L'histoire de Foi et Lumière est, dans une très large mesure, celle de ces pionniers qui ont osé un jour, parfois contre toute pensée raisonnable, prendre le risque de tendre la main à des familles isolées du seul fait du handicap de leur enfant, et qui ont découvert, croyant donner et venir en aide, qu'ils recevaient au centuple en apprenant simplement ce qu'aimer veut dire... Ayant trouvé un trésor, ils ont pris leur bâton de pèlerin pour aller le porter à d'autres. Notons que, s'ils furent en tête de cordée, leur premier souci, comme celui des pionniers d'aujourd'hui, fut toujours de constituer immédiatement une équipe.

J'ai déjà parlé de Mariangela et Francesco, mais il y en eut beaucoup d'autres, tant de personnes merveilleuses, parents, amis, prêtres ou religieux, inspirées par une personne handicapée, qui se sont données sans compter pour que Foi et Lumière vive et grandisse de par le monde. Il y faudrait un ouvrage entier... Déjà leurs noms sont inscrits dans le cœur de Dieu, qu'ils le soient aussi dans les nôtres.

## Pionnier sous les bombes au Liban et au Moyen-Orient

Au Liban et au Moyen-Orient, tout a commencé avec Roland Tamraz, alors jeune étudiant en économie. En 1977-1978, il passa dix-huit mois comme assistant à l'Arche. Avant de retourner dans son pays, il confia à Jean Vanier son désir d'y lancer l'Arche et, peut-être, Foi et Lumière. Jean l'y encouragea. Un an après, en 1981, en collaboration avec le père Atallah et le père Labaki, il nous invita Jean et moi pour dix jours intenses de visites et de conférences. Un séjour très impressionnant. Le Liban était en guerre, Beyrouth coupé en deux, à l'est les chrétiens, à l'ouest les musulmans. On vivait dans le bruit perpétuel des canons et des rafales de mitraillette. Le périphérique qui permettait d'accéder d'un quartier à l'autre était un lieu des plus périlleux. Obligés de l'emprunter à nos risques et périls, nous n'avions croisé qu'une seule autre voiture. La situation économique était très difficile. Pour Roland, il existait d'« autres risques » : une vie sombrant dans le désespoir, pour les jeunes gens comme pour les familles, surtout celles qui avaient la charge d'un enfant handicapé. Tous ceux que nous rencontrions avaient soif d'un renouveau spirituel, d'une rencontre avec Jésus. Ils aspiraient à la paix et à la reprise des relations entre chrétiens et musulmans. Dans ce désert, les communautés Foi et Lumière apparurent comme une réponse extraordinaire. Comme il n'y avait pas de catéchèse spécialisée, c'était bien souvent les membres de Foi et Lumière qui préparaient les jeunes aux sacrements célébrés ensuite dans leur communauté paroissiale.

Leur jaillissement fut exceptionnel. Trois ans après notre passage, il y avait quinze communautés, pleines de vitalité et d'enthousiasme. Les jeunes y étaient nombreux, les familles aussi, très engagées. Les personnes handicapées se révélaient dans toute leur beauté. Lors de bombardements violents sur la ville de Zahlé, Jacqueline, responsable de la région, pleurait deux de ses élèves qui avaient été tués. Nadine, une jeune femme handicapée, lui dit : « Ne pleure pas, Jacqueline... Il faut que nous priions pour ceux qui nous bombardent. »

Rien ne semblait pouvoir arrêter le dynamisme de Roland. Comme l'aéroport de Beyrouth était fermé, on ne pouvait gagner l'Europe que par la mer, en faisant une nuit de bateau pour se rendre à Chypre, puis une journée d'escale avant de prendre un avion. Mais pour Roland, pas de temps à perdre : à chaque voyage, il multipliait les contacts. Mary Katsolioudis avait huit frères et sœurs, dont quatre avaient un handicap. Elle suscita très vite la création de deux communautés. Puis l'esprit missionnaire de Roland, qui l'avait conduit en Égypte (1981), en Syrie (1982), le pays ennemi, le mena en Jordanie et en Grèce (1987). Les communautés étaient des symboles d'unité, non seulement au Liban mais dans tout le Moyen-Orient en grande ébullition. Des symboles d'unité entre les traditions chrétiennes, entre catholiques romains et catholiques orientaux. Des musulmans, tout au moins au Liban, rejoignaient une communauté en aspirant pour leur enfant et pour leurs familles à ces espaces de paix, de joie et d'unité.

À la rencontre internationale de Wetherby, en Angleterre, en 1982, Roland était accompagné de Joseph, un Syrien, père d'un enfant handicapé. Ils logeaient ensemble dans l'une des cellules qui nous servaient de chambres. Ils étaient inséparables. Un appel pour chacun de nous à être artisan de paix dans tous les petits gestes de chaque jour, qui seuls peuvent construire la paix universelle !

## Pionnier au cœur du matérialisme en Pologne et en Europe de l'Est

De tous les pays au-delà du « rideau de fer », la Pologne est le premier où Foi et Lumière est né. Cela n'est pas étonnant, car c'est le seul pays communiste où les catholiques avaient la possibilité de se rendre à l'Ouest et d'établir des contacts avec leurs frères dans la foi.

Marcin Przeciszewski, un étudiant, s'est mis en route en auto-stop pour la France, à l'été 1978. La rencontre avec des personnes handicapées mentales, durant son séjour à l'Arche de Trosly-Breuil, fut un choc. Il dit avoir connu une sorte de guérison intérieure. Pour la première fois, il a vécu l'amitié comme une réalité spirituelle très forte.

À son retour à Varsovie, il lança avec quelques amis les premières communautés Foi et Lumière. Elles se réunissaient chez des particuliers. Marcin raconte :

> Le jour d'une réunion, des camionnettes de la Milice se sont arrêtées devant la maison où nous étions réunis, probablement à la suite d'une dénonciation comme réunion illégale. Des miliciens armés ont fait irruption, et ils nous ont demandé nos cartes d'identité. Nous, les personnes « en bonne santé mentale », étions paniquées, tandis qu'un garçon handicapé s'est approché de l'officier et lui a demandé : « Comment tu t'appelles ? » Puis : « Veux-tu être mon ami ? » Hania, à son tour, s'est jetée au cou d'un milicien et lui a demandé s'il viendrait à nos réunions. Les miliciens furent complètement déstabilisés. L'officier a alors donné le signe du départ. Quelques instants plus tard, nous étions de nou-

veau entre nous. Un « alléluia » retentissant fut l'expression de notre soulagement et de notre joie.

Six mois plus tôt, en mai 1978, deux communautés Foi et Lumière étaient nées à Wroclaw, fondées par Teresa Breza, la maman de Joasia, une jeune fille handicapée mentale. Teresa recherchait par toute la ville un prêtre qui pourrait préparer sa fille à la première communion. Tous refusaient, arguant que ces enfants ne comprendraient jamais de quoi il s'agissait, et qu'il fallait se plier aux exigences de l'Église. Désespérée, Teresa a emprunté de l'argent et acheté un billet d'avion pour la France afin d'y chercher des exemples de catéchèse spécialisée et de les rapporter à des prêtres polonais. À Paris, son chemin a croisé le mien. Outre la catéchèse, je lui ai parlé de Foi et Lumière. Elle fut séduite, car le mouvement impliquait aussi les familles et les jeunes. Ainsi, les communautés Foi et Lumière sont d'abord nées à Wroclaw avec des familles puis à Varsovie avec des jeunes. La jonction s'est faite entre elle et Marcin au pèlerinage de Lourdes en 1981.

Lors du premier pèlerinage Foi et Lumière en Pologne à Czestochowa en 1983, Jean Vanier, devant l'icône miraculeuse de la Vierge Noire, a formulé le vœu que « des communautés de Foi et Lumière naissent à Moscou ». Les Polonais ont alors pris Jean pour un doux rêveur. Pourtant, trois ans plus tard, Marcin, entré en contact avec un jeune philosophe de Moscou, ancien marxiste converti à l'orthodoxie, a été invité en Russie. L'apprenant, Jean Vanier lui a demandé de jeter les jalons d'une retraite qu'il pourrait donner à Moscou. Lorsque l'idée devint réaliste, Jean a évoqué les personnes fragiles, pauvres et persécutées qui avaient une mission toute particulière à jouer dans le monde. Quelques semaines après cette retraite, la première communauté Foi et Lumière naissait à Moscou.

À la même époque, il y eut des contacts avec des jeunes de Tchécoslovaquie. Marcin nous décrit les rencontres à la frontière polono-tchécoslovaque, à Sniezka, sommet le plus élevé des Sudètes : « La frontière était très surveillée, mais une piste de trois kilomètres permettait aux touristes, aussi bien polonais que tchèques, de se rencontrer. Lorsque les gardes-frontière nous tournaient le dos, nous échangions nos sacs à dos. Dans celui que je remis aux amis tchèques se trouvaient des livres de Jean Vanier, des exemplaires d'*Ombres et Lumière* et d'autres documents concernant Foi et Lumière. » Tout cela fut source d'inspiration pour ceux qui lançaient le mouvement à Prague ou à Bratislava.

## Pionnières jusque dans les favelas en Amérique latine

En 1975, Maria Cecilia de Freitas Cardoso, âgée de vingt ans, était enseignante spécialisée au Brésil. Quand elle entendit, par hasard, Jean Vanier parler de Foi et Lumière à un groupe de jeunes dans une paroisse (qui n'était d'ailleurs pas la sienne), l'idée la séduisit immédiatement. Son métier l'amenait souvent à rencontrer des personnes handicapées et leurs familles.

Il fallut deux ans pour jeter les bases d'une communauté, née en mai 1977 à Rio de Janeiro, avec sept membres ayant un handicap, dont deux mamans et quatre jeunes. Une rencontre tous les quinze jours, en alternant la paroisse et une sortie extérieure dans un musée, à la plage, chez une amie… Cela se terminait toujours par un bon temps de prière.

En juin 1977, Maria Cecilia vint en France. Elle resta un mois et demi à l'Arche, puis participa à un camp de vacances Foi et Lumière organisé par une communauté de Grenoble en juillet-août. Jean lui a alors demandé d'être coordinatrice nationale pour le Brésil, bien qu'il n'y ait encore qu'une seule communauté. En fait, sans qu'elle le sache, un second groupe se préparait à São Paulo.

Zilda Furtado de São Paulo, dont le parcours fut très proche de celui de Maria Cecilia, rencontra Jean Vanier au Brésil en 1975. Quand Jean vint dans son pays cette année-là, Zilda était catéchiste dans une école spécialisée pour des garçons atteints d'un handicap mental. Elle fut enthousiasmée à l'idée d'intéresser les parents à la préparation de la communion de leurs enfants.

Il ne se passa rien dans l'immédiat, mais Foi et Lumière demeura dans le cœur de Zilda. Elle passa une année à l'École de la Foi à Fribourg (Suisse), se rendit à l'Arche et participa à plusieurs rencontres de Foi et Lumière en France. À son retour en 1977, elle lança la communauté de São Paulo, avec l'appui du cardinal Arns.

Quand Maria Cecilia et Zilda se rencontrèrent enfin, leur amitié suscita un rayonnement de Foi et Lumière très rapide dans le pays. Je me suis rendue plusieurs fois dans leur pays. Ce fut une joie de travailler avec elles, de parler dans les paroisses, de rencontrer les familles. Maria Cecilia et Zilda faisaient mon admiration par leur confiance et leur amour. Confirmées dans leur projet, elles créèrent des communautés aussi bien dans les quartiers riches que dans les quartiers pauvres, et même dans des favelas. Maria Cecilia se faisait inviter un peu partout, parlait de Foi et Lumière à des groupes de jeunes, aux Équipes Notre-Dame, dans les séminaires, les réceptions de mariage. Sa parole savait toucher, notamment les jeunes.

En 1983, elle quitta le Brésil pour préparer un doctorat en éducation spécialisée aux États-Unis, tandis que Zilda était nommée coordinatrice de la zone Amérique latine et Caraïbes et participait ainsi aux rencontres du conseil international. Zilda vibre encore en évoquant l'expérience extraordinaire qu'elle a vécue : « Nous étions treize personnes, dont Jean et Marie-Hélène, comme une famille. Chaque année, nous vivions pendant une semaine tout le jaillissement de Foi et Lumière dans le monde. Inimaginable ! Qu'est-ce que c'est Foi et Lumière pour toi ? Pour moi ? Foi et Lumière, c'est ma vie ! »

À son retour au Brésil, en 1987, Maria Cecilia se vit confier des responsabilités nationales et internationales. En 1996, elle épousa Tim Buckley, qui avait passé six ans à l'Arche. À leur mariage, beaucoup d'allégresse, en particulier celle des deux cents invités de Foi et Lumière et de l'Arche. Tim et Maria Cecilia firent des choix professionnels qui leur permettraient de consacrer le meilleur de leur temps à Foi et Lumière, mettant en place la coordination du continent Amérique et la commission internationale de formation. Aujourd'hui, Maria Cecilia résume son histoire avec Foi et Lumière comme une histoire d'amour :

Pour moi, ce fut très facile d'arriver à Foi et Lumière. C'était un fort appel de Dieu, très clair, quand j'ai entendu la parole de Jean Vanier en 1975. C'était très simple aussi : certaines personnes plus limitées que les autres et souvent très rejetées n'avaient aucun ami. Elles avaient le droit d'avoir des amis ! J'ai dit : « Me voici, je veux être une de ces amies, Jésus est là et nous conduit par la main. » Il y a maintenant trente-quatre ans que je suis à Foi et Lumière, toute une vie dont quinze avec Tim. Il y eut abondamment la joie et certes aussi des temps difficiles, des conflits. Parfois, nous les avons bien vécus, d'autres fois, nous avons fait des erreurs, mais nous gardons chacun dans nos cœurs et nous rendons grâce pour cette vie qui nous a comblés. Magnificat !

## Pionnière jusqu'en prison aux Philippines et en Asie

Jean Vanier est venu pour la première fois aux Philippines en mai 1984, appelé par un jeune Philippin qui avait été durant plusieurs mois assistant à l'Arche de Liverpool et qui espérait jeter les bases d'une communauté dans son pays. À la fin de son séjour, Jean suggéra de commencer plutôt par Foi et Lumière.

Bella Feliciano, une jeune psychologue, maman de quatre enfants, animait un groupe de prière, auquel participaient des Petites Sœurs de Jésus. Son groupe fut très touché par les paroles de Chris, dont la vie avait été transformée lors de son séjour à l'Arche. Bella fut particulièrement émue par l'histoire d'Éric, un jeune homme handicapé. « Tandis que j'écoutais, dit Bella, mon cœur brûlait des paroles d'Isaïe : "C'est par ses blessures que nous sommes guéris. " » Comme tout le groupe était très intéressé et touché, Chris expliqua que, pour devenir amis avec tous les « Éric » de leur entourage, cela pouvait se faire très simplement au sein d'une communauté Foi et Lumière. Il y avait six mois que le groupe priait pour savoir quelle serait sa mission. Lorsque Chris demanda qui désirait participer au lancement d'une première communauté, tous furent partants.

Chris précisa qu'il faudrait un « correspondant national », simplement pour faire des comptes rendus et les expédier. Cela ne devrait pas prendre plus de trois heures par mois ! Bella accepta ce rôle. Elle l'élargit en fait à une tout autre dimension puisque, trois ans plus tard, six communautés avaient vu le jour. C'est à ce moment-là que je me suis rendue aux Philippines, en juin 1987, pour une rencontre de la zone Asie-Australie-Pacifique, « la zone impossible » comme on l'appelait alors. Elle était si vaste, si dispersée, si diverse, mais si belle. Étaient invités les responsables de l'Inde, de Hong Kong, de l'île Maurice, de l'Australie, de la Nouvelle-Zélande, des Philippines, du Japon et de la Corée du Sud. Ils avaient en particulier à désigner le coordinateur de la zone. C'est Bella qui fut élue.

Deux priorités lui étaient confiées dans sa mission : accompagner les pays les plus anciens et leur assurer la formation qu'ils n'avaient pu avoir ; aider les pays les plus jeunes, car les débuts sont déterminants pour assurer une bonne croissance. Six ans plus tard, la zone avait trouvé son identité et une grande cohésion. Deux communautés étaient nées à Taiwan ; l'Australie et la Nouvelle-Zélande étaient prêtes à former une nouvelle zone.

Pendant notre séjour à Manille pour une rencontre de zone, le moment que nous avons vécu à la grande prison nationale, dans le quartier de haute sécurité réservé aux détenus accusés des crimes les plus graves, m'a profondément impressionnée, et émue. Parmi eux, Nonoy, condamné à mort par un tribunal militaire et emprisonné depuis huit ans. Sa femme Nellie faisait partie de la communauté Foi et Lumière et du groupe de prière de Bella. Avec l'aide des Petites Sœurs de Jésus, Nonoy avait constitué dans la prison des groupes de partage biblique qui portaient dans leur prière la communauté Foi et Lumière de Manille et l'éclosion d'une nouvelle communauté, née dans l'orbite de la prison. Ils apprirent qu'une rencontre de la zone allait se tenir à Manille et y virent l'occasion de tenir une rencontre Foi et Lumière dans le quartier de haute sécurité. Le directeur de la prison accepta.

Ce moment fut inimaginable. Nous sommes arrivés, le cœur serré, devant l'enceinte énorme et la lourde porte. Nous étions attendus par deux gardiens, dont l'un muni d'un trousseau de clés impressionnant. Chacun de nous avait son « passe » personnel que nous avons dû montrer maintes et maintes fois à des gardiens dont le visage s'éclairait à notre arrivée ! Nous avons enfin atteint le cœur de la prison, une cour gardée en ses quatre coins par des soldats lourdement armés. Là, prêts pour la rencontre, nous attendaient douze détenus, dans leur uniforme orange vif, qui avaient aidé à préparer et décorer la cour. Ensemble, nous avons savouré des boissons et des petits sandwichs, partagés aussi avec les gardiens, et nous avons vécu la rencontre selon son déroulement habituel. Il est toujours inouï de voir avec quelle force le charisme des personnes handicapées fait tomber toutes les barrières. Il y eut beaucoup de chants et de danses, dont la danse bamboo, où les Philippins font preuve d'une agilité surprenante. Ce fut émouvant de voir ces prisonniers se mouvoir harmonieusement. Liberté, amitié et joie pour quelques heures. Quelle grâce pour nous que ce moment passé avec des hommes qui sont considérés comme les derniers des derniers et les pires aux yeux du monde, et dans le cœur desquels l'enfant handicapé a éveillé le désir d'accueillir une communauté Foi et Lumière en leur sein.

### Pionnier à tâtons au Zimbabwe et en Afrique australe

Le père David Harold Barry, jésuite irlandais, accueillit Jean Vanier au Zimbabwe en novembre 1982. Il ne le connaissait que par l'Arche. Mais, à peine le pied posé dans la ville de Bulawayo, Jean commença à évoquer Foi et Lumière. À Harare, la capitale, une première rencontre se tint chez Rem et Ann Fernandes qui devinrent les piliers dès les premiers jours. « À la fin de la rencontre, dit le père, nous nous sommes regardés les uns les autres avec grand étonnement de ce que nous venions de découvrir… C'était littéralement comme un trésor caché dans un champ. » Deux communautés ont vu le jour, l'une à Bulawayo, l'autre à Harare. Une petite équipe parcourait les villes pour répandre le message. Le film du pèlerinage, plus encore que les paroles, était un moyen extraordinaire pour « expliquer » Foi et Lumière. Teresa de Bertodano, la correspondante des communautés anglophones de l'Afrique, vint plus d'une fois soutenir et accompagner le groupe dans ses périples. Elle était si forte dans sa fragilité. Étonnante aussi dans les rencontres internationales, lorsqu'elle apparaissait, toute petite, entourée de trois colosses noirs, les coordinateurs de différents pays d'Afrique du Sud.

En ces années-là, jusqu'en 1990, le mouvement a connu une grande croissance. Voyage jusqu'en Zambie. Des liens se sont créés avec le Botswana où deux communautés ont vu le jour grâce à une religieuse, sœur Elizabeth. Le Lesotho voyait naître les débuts d'une communauté. En 1990, le travail du père David le conduisit jusqu'à Lubumbashi (en République démocratique du Congo), où les communautés poussaient comme des champignons. Il y en eut jusqu'à dix-huit. Aux rencontres nationales de cette époque, participaient des représentants de trente à quarante communautés venant d'une zone qui s'étendait de Lubumbashi jusqu'au Cap. En 2002, il y eut un pèlerinage mémorable au Zimbabwe : ce fut une étape marquante de l'histoire, son apogée.

« En effet, en 2003, écrit le père David, lorsque Jean vint nous visiter pour la dernière fois, il y avait des signes précurseurs de ce qui allait se passer. Au Zimbabwe et dans d'autres pays voisins, la lune de miel était finie. Une combinaison de difficultés économiques, d'incertitudes politiques et, peut-être aussi, d'incompréhensions au sein même des communautés, aboutit à une profonde chute dans notre engagement. Il y eut un effondrement général en Zambie. Les efforts répétés pour le maintien au Botswana échouèrent et le contact avec la RDC cessa pratiquement, même si des communautés continuaient de se réunir. »

Cependant, tout au long de cette période très sombre, un petit noyau restait fidèle et a maintenu une lumière allumée en Afrique du Sud et au Zimbabwe. Ce fut une lutte quotidienne. Depuis 2010, on peut voir quelques signes de renaissance. Des contacts ont été noués avec la Zambie et au Zimbabwe ; un petit groupe de personnes parcourt le pays pour remobiliser les anciennes communautés et rappeler toutes les valeurs de Foi et Lumière. Cela a permis le redémarrage de plusieurs d'entre elles et l'arrivée de nouveaux amis. Sous l'impulsion de plusieurs, qui ont pu participer à une session de formation internationale à Alexandrie (mai 2010), une session nationale a pu être organisée au Zimbabwe malgré les grandes difficultés que traverse ce pays. « Peut-être, dit le père David, le temps est-il venu pour nous d'une seconde naissance en nous appuyant sur ce message : "Proclame la Parole. Insiste à temps et à contretemps[1]." »

Autour d'amis fidèles et très engagés, Artkin, coordinateur de zone de 1998 à 2007, écrit : « Foi et Lumière, c'est ma vie ! Le mouvement m'a propulsé sur un chemin de croissance spirituelle que je n'aurais jamais connu autrement. Les personnes ayant un handicap m'ont appris ce qu'était le véritable amour. Aujourd'hui, je suis heureux dans ma communauté avec Lilian, ma femme, et nos cinq fils. »

Des braises pour demain ?

---

1. 2 Timothée 4, 1.

## Pionnière en Ukraine après le communisme

Née au Canada, de parents ukrainiens émigrés, Zenia Kushpeta a grandi au sein de la diaspora de Toronto qui avait toujours rêvé d'une Ukraine libre. D'un tempérament artiste, elle se lança, au début des années 1980, dans une carrière musicale. Professeur et pianiste de concert, elle donnait l'impression d'être une personne comblée. En fait, elle était en quête et recherchait la terre où elle pourrait trouver un sens à sa vie. Elle envisageait de partir au loin dans une association internationale, mais se retrouva au sein de la communauté de l'Arche, à Daybreak, près de Toronto, pour un an. La rencontre avec Rosie fit basculer sa vie de façon radicale. Rosie venait de rejoindre l'Arche après plusieurs années passées dans une institution. Le plus souvent, elle était emprisonnée dans un petit lit recouvert d'un filet dans le « dortoir-vivoir » qu'elle partageait avec une douzaine d'autres enfants. Elle ne parlait pas, ne marchait pas, ne pouvait manger seule et ne cessait de crier de douleur.

L'apercevant un jour assise dans le jardin, Zenia vint s'asseoir près de Rosie, qui semblait être dans son monde, incapable de contact. Peu à peu, un lien s'est installé entre les deux jeunes filles et Zenia découvrit le courage de Rosie pour supporter ses souffrances ; elle fut profondément touchée par l'authenticité et la liberté intérieure de la jeune fille. Elles devinrent amies. Rosie fut à l'origine de l'engagement à l'Arche de Zenia durant de nombreuses années.

En 1991, à la chute de l'Union soviétique, l'Ukraine devint indépendante. Pour la première fois, Zenia a pu se rendre dans son pays d'origine pour essayer de contribuer à sa reconstruction après des siècles de domination et plus de soixante-dix ans de régime communiste. À son arrivée à Lviv, Zenia fut le témoin désolé et choqué de la situation intolérable dans laquelle vivaient tous les habitants, et particulièrement les personnes handicapées. Les conditions de vie dans les hôpitaux psychiatriques et les institutions étaient désastreuses et tragiques. Zenia sut immédiatement qu'elle avait trouvé sa terre et qu'elle était appelée à partager avec les Ukrainiens tout ce qu'elle avait appris de Rosie durant ses années à l'Arche. Peu importait pour elle les conditions matérielles presque misérables dans lesquelles elle vivait. C'est ainsi qu'en janvier 1992, elle fut « missionnée » par l'Arche de Daybreak pour fonder les premières communautés Foi et Lumière en Ukraine.

Premières années pleines de défis. Les personnes ayant un handicap étaient reléguées au bas de l'échelle sociale, méprisées, ignorées, rejetées. Pour qu'une vie de communauté devienne possible, il fallait apprendre à faire confiance à l'autre, à vivre sans avoir peur, à accepter des responsabilités...

Avec un groupe de jeunes, Zenia a commencé à faire le tour des familles. La première fut celle de Myron, un jeune homme de vingt-cinq ans, ne parlant pratiquement pas, refusant de croiser le regard de quiconque. On s'était tant moqué de lui ! Sa famille fut invitée, avec plusieurs autres, à une première rencontre Foi et Lumière dans une paroisse. Elles n'en revenaient pas de l'intérêt qu'on leur portait. Dans la communauté, Myron se mit à sourire, il se détendit et se fit des amis. Avec eux, il partageait son amour de la musique et de la danse. Sa simplicité, sa transparence, son grand cœur attiraient tous ceux qui l'approchaient.

En Ukraine, Foi et Lumière s'est peu à peu développé. Aujourd'hui, une trentaine de communautés grandissent dans plus de quatorze villes. Foi et Lumière a préparé le terrain pour d'autres initiatives. En 1993, Zenia suscita la création d'un centre spécialisé pour les enfants. En 2001, au cœur de l'Université catholique ukrainienne, elle lança un petit OCH pour promouvoir dans la société un nouveau regard sur la personne handicapée et assurer la gestion de cinq ateliers d'activités pour des adultes avec un handicap mental. En 2008, ces ateliers sont devenus la base de la première Arche en Ukraine. Quand, en 2007, je fus invitée dans ce pays pour les vingt-cinq ans du mouvement, je fus sidérée par la vitalité des communautés Foi et Lumière. Je n'avais jamais vu autant de jeunes, si dynamiques et si proches des personnes handicapées, des parents ébahis, ravis de voir les capacités nouvelles de leur enfant stimulé par tous ces amis. Une joie inimaginable. Tout paraissait bon, l'alimentation à base de pommes de terre, betteraves, choux, etc., et les grands dortoirs de soixante personnes. Nous avions passé quatre jours ensemble dans un ancien camp militaire, non loin de Lviv, dans une immense forêt. L'officier, père d'un enfant handicapé, l'avait mis à notre disposition avec également tout le personnel chargé de l'infrastructure. Révélant des talents extraordinaires, un grand spectacle rassembla les cinq cents participants divisés en trois corps d'armée. Au lieu d'arriver avec ses porte-avions, ses sous-marins ou ses tanks, chaque corps d'armée présentait ses banderolles : amour, paix, joie. Prophètes pour un monde nouveau, nos frères et sœurs handicapés jubilaient. « De leurs épées, ils forgeront des socs de charrues et de leurs lances, des faucilles. Une nation ne tirera plus l'épée contre une autre et l'on ne s'entraînera plus à la guerre[1]. »

## Pionnier de l'improbable en Argentine

En Argentine, Foi et Lumière n'arrivait pas à voir le jour. Pourtant, le père Oswaldo Napoli le désirait vivement, mais responsable de la catéchèse spécialisée, il n'avait aucune disponibilité. Tout se réalisa grâce à un prêtre qui ne voulait pas entendre parler de personnes handicapées mentales !

Le père Alberto Bochatey, un jeune prêtre argentin, avait obtenu de sa congrégation augustine d'aller faire des études supérieures de théologie morale à Rome. Quelques semaines après son arrivée, le père prieur de la Maison où il logeait lui parla d'un groupe qui recherchait un aumônier. Il n'y avait que deux réunions par mois. Le père Alberto, peu enthousiaste, était pourtant disposé à répondre à cet appel. Quand il apprit que c'était un groupe de personnes handicapées mentales, il fut accablé.

Il était venu à Rome pour rencontrer des personnes intelligentes et sages et non pour perdre son temps avec de petits « débilards », comme il le dit clairement au prieur. Puis, sans trop de ménagement, il donna à Maria et Enrica (respectivement responsable de la communauté et amie) une réponse ambiguë et très réticente, espérant que cela les découragerait défini-

---

1. Isaïe 2, 4.

tivement. Mais elles persistèrent doucement à l'inviter, jusqu'au jour où, à la fois lassé et un peu honteux, il leur répondit qu'il viendrait célébrer la messe, mais qu'il repartirait immédiatement en raison de ses études.

Dieu l'attendait dans les personnes de Marina, Raffaele, Roberta, Massimo, Cristina, et beaucoup d'autres ! À son visage figé ont répondu des sourires, des mains l'ont caressé avec une simplicité que seuls des enfants et des frères peuvent se permettre. « Moi, l'étudiant et le professeur, je me découvris tout simplement le pauvre Alberto qui ne comprenait rien, qui était un "handicapé". » Il n'était pas capable de lire la page la plus cachée et importante de sa vie : découvrir ce secret profond que Dieu confie aux « petits » secret qu'eux seuls peuvent nous révéler et qu'ils m'ont révélé.

Pendant la messe et la rencontre, à laquelle finalement il participa, une lumière se fit en lui : on ne peut venir à Foi et Lumière sans aimer la toute-petitesse et la simplicité. Il y fallait un abaissement et une humilité évangéliques. « De même que Pierre renia trois fois le Seigneur, par peur d'être identifié comme disciple de Jésus, moi j'avais renié par peur d'abandonner la compétition et le monde des sages. »

Devenu aumônier de la communauté durant deux ans, il fut tellement marqué qu'à son retour en Argentine, il avait une seule certitude : importer Foi et Lumière, et en jeter la semence dans la paroisse de Mendoza qui lui était confiée. Tout commença avec Sergio et sa famille, qui vivaient à cent mètres du presbytère. Deux ans plus tard, il y avait trois communautés dans la ville, puis une douzaine dans le pays, dont il devint l'aumônier national.

« Aujourd'hui, je ne peux relire ma vie sans mes "amis spéciaux". Tant dans ma vie sacerdotale que dans ma vie académique, la spiritualité de la petitesse, de l'amitié et de la fête ont été une source permanente. Jean m'avait dit un jour : "N'oublie pas d'inclure les personnes handicapées dans tes études et tes écrits." C'est ce que j'ai fait. »

Le père Alberto Bochatey est aujourd'hui recteur du Collège international augustinien à Rome. Il est professeur en théologie morale et spécialiste de bioéthique, membre de l'Académie pontificale pour la vie. Il est toujours aumônier d'une communauté Foi et Lumière à Rome.

## Prévue pour le Burundi, née au Rwanda

Les communautés Foi et Lumière ne sont pas toutes nées sous l'impulsion de pionniers. Dans bien des pays, elles sont nées au gré des imprévus de Dieu et de sa Providence. Je l'ai expérimenté en particulier au Burundi. Candide et son mari, fonctionnaire à l'Unesco, avaient eu sept enfants dont l'avant-dernier était gravement handicapé. La famille vivait dans la banlieue parisienne. Candide venait souvent me demander conseil et soutien pour l'éducation de son petit garçon. Elle aurait beaucoup voulu créer « quelque chose » dans son pays. À l'occasion de l'ouverture par Air France de la ligne Bujumbura-Paris, son mari avait reçu trois billets d'avion gratuits. Il ne pouvait se rendre disponible pour ce voyage, mais Candide serait là. Elle me proposa de l'accompagner avec une troisième personne pour ce vol de nuit en première classe. « Viens avec moi, nous passerons une petite semaine là-bas, puis deux ou trois jours au Rwanda voisin. » Marie-Vincente, secrétaire générale de Foi et Lumière, à qui je proposai d'être la troisième, fut ravie. À Bujumbura, l'accueil fut excellent et nous eûmes droit à une entrevue avec l'évêque, à des visites de centres, des conférences, des rencontres avec des familles intéressées par Foi et Lumière et par la création d'une petite école.

En fin d'après-midi, au jour fixé pour le départ au Rwanda, nous nous sommes rendues à l'aéroport. Candide fut retardée par des formalités avec la police : « Montez dans l'avion, dit-elle, je vous rejoins. » Un petit dix places, pas tellement rassurant. Nous nous sommes installées. Le moteur s'est mis en route. L'hélice a tourné. Pas de Candide. Nous l'avons vue arriver sur le terrain à l'allure d'une flèche, poursuivie par quatre policiers ; elle a escaladé les marches, s'est engouffrée dans l'avion, et s'est arc-boutée sur son siège. Pas pour longtemps. Les policiers l'en ont extirpée pour la faire descendre. Nous avons voulu la suivre. « Il n'en est pas question, a-t-elle clamé. Il faut y aller, Dieu veille », et nous nous sommes envolées. « Dieu veille », c'est bien beau, Mais nous n'avions aucune adresse, aucune consigne. À notre arrivée à Kigali, la nuit tombait. La police nous a interpellées : nous n'avions pas de certificats de vaccin contre la fièvre jaune et surtout pas d'adresse sur place. « Vous allez passer la nuit au poste de police de l'aéroport, vous serez rapatriées demain matin vers Bujumbura. » Je n'étais pas du tout rassurée. « Attendez, lui ai-je dit, je ne m'en souviens plus, mais si vous me donnez l'annuaire téléphonique, je crois que je retrouverai le nom et l'adresse. » Ce qui fut fait. J'ai cherché une communauté chrétienne et j'ai appelé la première de la liste, Caritas Christi. Une voix d'homme, chaleureuse, me répondit. Je lui expliquai notre situation. C'était un jésuite. « Je suis à dix minutes de l'aéroport, je vais arranger les choses, j'arrive. » Le père Jean Gasenge est arrivé, saluant amicalement le personnel, y compris la police, et les a assurés qu'il nous attendait, que nos chambres étaient prêtes. Caritas Christi était une maison de retraite avec des petites cellules très sommaires et agréables, donnant sur un parc magnifique. Nous avons eu l'impression de vivre au paradis !

Pendant quarante-huit heures, le père Jean, toutes affaires cessantes, s'est consacré à nous : visites de toutes sortes, et en particulier un grand centre à Gatagara pour les enfants handicapés physiques tenu par une équipe de prêtres, extraordinaires de disponibilité et de délicatesse pour chacun des enfants. Le père Jean s'intéressait vivement à Foi et Lumière et pensait que le mouvement s'implanterait merveilleusement au Rwanda. Il allait en parler à plusieurs familles et reprendrait contact avec nous.

Plusieurs mois plus tard, sans nouvelles, je lui ai écrit. Sans aucune réponse de sa part. Malgré le silence, nous lui envoyions régulièrement le courrier adressé aux coordinateurs nationaux. Nous gardions confiance. C'est au bout de quatre ans qu'il a repris le contact. Il n'avait jamais cessé de penser à Foi et Lumière, mais ne trouvait pas la personne idéale pour prendre la tête du mouvement au Rwanda. Et désormais, elle était là : Josefa, la secrétaire du doyen de la Faculté catholique.

Josefa avait un enfant très handicapé, Pacifique, et elle était prête à s'engager. Tout pouvait donc se mettre en route. Marie-Vincente allait retourner là-bas à trois reprises. Je m'y rendrais également pour deux sessions de formation. Le mouvement était devenu très vivant, lorsque est survenu l'affreux drame du génocide qui a décimé le pays, y compris Foi et Lumière. Aucune paroisse, aucune famille n'a été épargnée.

Quand j'y suis retournée, en 1996, j'ai été bouleversée par les traces terribles laissées par tant d'abominations, tant de plaies ouvertes, touchée aussi par la volonté de pardon, impossible à vues humaines. Mais il y eut aussi les actes héroïques de ceux qui jouèrent leur vie pour en sauver d'autres.

Le père de Pacifique m'a raconté comment son fils lui avait sauvé la vie. Des soldats armés jusqu'aux dents avaient fait irruption dans la maison. Ils avaient entendu dire que Josefa, la maman, y était cachée. De fait, elle vivait depuis plusieurs mois entre un plafond et un plancher, survivant grâce aux soins et à la vigilance de son mari. Les soldats vociféraient : « Nous allons te tuer ! » Pacifique s'est alors élancé vers son papa, a tourné autour de lui comme pour le protéger, en poussant des cris de douleur. Les soldats ont eu un moment d'hésitation, puis ils ont baissé leurs armes et sont partis. Pacifique n'a pas eu de mouvement instinctif pour se cacher, s'enfuir, sauver sa vie. Au contraire, il l'a risquée par amour pour son père.

Le besoin de paix et d'amour qu'a la personne handicapée fut et reste un levier puissant pour demander à Dieu de donner à tous la force d'accomplir des petits pas sur le chemin de la réconciliation. Aujourd'hui, le Rwanda compte douze communautés... Quant à l'équipe du Burundi, elle a d'abord opté pour le maintien d'une petite école qui, après plusieurs années d'efforts, s'est avérée irréalisable. Soutenue alors par le père Guillaume Ndaéyishimiye, jésuite, cette équipe s'est consacrée au lancement de Foi et Lumière où grandissent aujourd'hui quatre communautés.

# 11

# Garder l'unité et se ressourcer

Pour continuer de croître dans la fidélité à sa vocation, un mouvement comme le nôtre doit travailler sans relâche à conforter son unité, en retournant simplement à ses racines, et à renouveler son élan missionnaire. À Foi et Lumière, nous avons fait le choix d'entretenir l'unité et la flamme de notre démarche en nous appuyant sur trois piliers fondamentaux : la fidélité aux pèlerinages internationaux et locaux, une équipe internationale soudée et des retrouvailles régulières aux quatre coins du monde.

## Le pilier fondateur :
## pèlerins du monde tous les dix ans

On ne peut isoler l'approfondissement et le rayonnement du mouvement des trois grands pèlerinages internationaux à Lourdes qui ont ouvert les trois dernières décennies (1981, 1991 et 2001[1]). Chacun a

---

1. Il n'y eut pas de quatrième pèlerinage à Lourdes puisque la déci-

permis à Foi et Lumière de croître, de sensibiliser et de mobiliser de nouveaux pays, de susciter de nouvelles communautés, en particulier de familles avec des enfants, et de donner un nouveau souffle à celles qui existaient déjà.

Ces rassemblements ont été bien différents du pèlerinage fondateur, celui de 1971, quand tout était à inventer : la mise sur pied de communautés, la préparation spirituelle, la conception d'une liturgie adaptée, l'organisation matérielle dans les moindres détails si l'on voulait éviter une monstrueuse pagaille, etc., tout cela désormais était acquis. La route était balisée. Nous savions dans les grandes lignes ce qu'il fallait faire, ce qu'il fallait éviter, aussi bien dans le mouvement que dans les sanctuaires et dans la ville de Lourdes.

Ils ont eu aussi bien des points communs : d'abord, chacun fut mis en œuvre en tenant compte des demandes des pays et des personnes handicapées elles-mêmes et de leur insistance : « Alors, quand est-ce qu'on y va à Lourdes ? » Ensuite, le temps de préparation en communauté a été considéré comme aussi important que l'événement lui-même. Un pèlerinage international nécessite de poser les premiers jalons deux ans avant l'événement. Sur le plan spirituel, il faut compter une grande année accompagnée par le carnet de route qui servait de trame et de nourriture aux réunions mensuelles.

Et puis, sur place, il y eut d'autres constantes : l'accueil si chaleureux de l'évêque du lieu sur l'espla-

---

sion fut prise de lancer en 2011-2012 de nombreux pèlerinages pour « allumer un feu sur la terre ».

nade ; les célébrations liturgiques marquées par la beauté, la simplicité, et par les adaptations autorisées par l'Église pour les rendre plus accessibles à tous. Autres grands moments : le lavement des pieds et les chemins de croix en communauté, la matinée de la réconciliation le Samedi saint, avec la joie de recevoir le sacrement du pardon, la grande fête l'après-midi de Pâques, en poncho blanc ou de couleur, sur la prairie, préfigurant la fête éternelle où Jésus essuiera toutes larmes de nos yeux. L'émotion suscitée par les messages du pape lus pendant la Vigile pascale. Les journalistes plongeant à plein cœur dans l'événement : « Qui décrira les choses stupéfiantes – cette foi réellement incroyable – qui eurent lieu ces jours-là ? », écrivait l'un d'eux.

La communauté de rencontre devient, pour quatre jours, communauté de vie. Les amis découvrent alors le quotidien parfois si lourd des parents. Ils voudraient tout faire pour en alléger le poids. Les parents s'émerveillent de la disponibilité des jeunes, de leur engagement auprès de leurs enfants, alors qu'ils auraient pu prendre quatre jours de congé entre amis. Les personnes handicapées répètent inlassablement « Alléluia »…

Pour chaque pèlerinage, nous étions conscients du risque de tomber dans la routine. L'écueil fut évité. Les trésors du passé ont laissé jaillir des initiatives nouvelles. Comme est neuf le matin qui se lève lorsque nous faisons confiance à l'Esprit Saint.

Quelques mots maintenant sur l'originalité de chacun de ces trois événements.

## 1981 : *pèlerinage d'action de grâces*

« Il faut retourner à Lourdes pour être poli. Il y a dix ans que la Sainte Vierge nous a donné Foi et Lumière, il faut lui dire merci. » C'est la remarque de Jacques, un jeune homme handicapé. Elle rejoignait le conseil de Marthe Robin, sept ans plus tôt, lorsqu'elle me rappelait ce devoir filial de gratitude.

Le pèlerinage de 1981 ne fut pas l'explosion extraordinaire de 1971, ce fut plutôt la joie paisible d'une immense famille. Des délégués des trois cents communautés venus de vingt-sept pays, la participation à l'intérieur des communautés de nombreux évêques français (dix-sept) et étrangers, les hôteliers qui, se souvenant du précédent pèlerinage, ouvraient grands leur cœur et leur porte, la joie des pèlerins appréciant de se retrouver à l'hôtel comme tout le monde. La blessure de Camille et Gérard avec Loïc et Thaddée semblait bien loin !

1981 avait été déclarée par les Nations unies « Année internationale des personnes handicapées ». Rémi Montagne, secrétaire d'État aux affaires sociales, qui avait eu l'occasion de passer une soirée à l'Arche, en était resté frappé et avait d'emblée accepté notre invitation. Dans son allocution aux pèlerins, il soulignait l'intérêt de l'initiative de l'ONU et assurait : « Il fallait qu'un sommet spirituel apporte à cet effort matériel le souffle de l'Esprit et, par Lui, donne une âme commune qui inspire et transfigure nos actions. »

Pour obéir aux paroles de Jésus : « Lavez-vous les pieds les uns aux autres », célébrées par le lavement des pieds durant la messe du Jeudi saint, nous avions également voulu le vivre en communauté dans les lieux d'hébergement, les hôtels, les pensions de famille, les hôpitaux.

Cet acte inédit avait été introduit à l'Arche de Liverpool, puis à celle de Trosly. De là, cette tradition avait gagné tous les foyers de l'Arche. À Foi et Lumière, en 1981, c'était la première fois que nous osions la vivre. Trois jours plus tôt, lors d'une réunion d'information à laquelle avaient répondu plus de cent hôteliers, nous avions fait part de notre projet et leur avions demandé leur collaboration. Nous avions en effet besoin de vasques, de cruches, et d'un local pour chacun des groupes. Sentant la vérité et la beauté de ce geste, ils se mirent, avec un grand empressement, en quête de ces objets peu courants. En quelques heures, ils dévalisèrent les magasins de Lourdes et des environs...

Pour cette « paraliturgie » du lavement des pieds, nous sommes assis en cercle. Après avoir entendu le récit de saint Jean, l'un après l'autre, nous lavons les pieds de notre voisin, puis nous laissons laver les nôtres. Nous chantons à voix douce *Ubi Caritas* ou un autre refrain célébrant l'amour qui se donne.

Lors du pèlerinage de 1981, il était beau de voir une maman laver les pieds de son fils handicapé, plus bouleversant encore de voir une jeune fille handicapée mentale, ayant des difficultés psychiques, se mettre à laver les pieds de son père et elle, si agressive habituellement, accomplir ce geste avec beaucoup de douceur et de tendresse. Dans les évaluations du pèlerinage, le lavement des pieds figure parmi les moments les plus importants. Il éveille une joie légère.

Jésus ne nous l'a-t-il pas dit : « Heureux serez-vous si vous le faites. »

La célébration de la Passion du Seigneur, le Vendredi saint dans la basilique Saint-Pie-X, fut précédée par un jeu scénique, animé par une soixantaine de personnes de la communauté de l'Arche. J'étais passée les voir à la sacristie où elles étaient rassemblées pour une dernière préparation. Je pensais y trouver effervescence et excitation. Or, c'était le grand silence, tous étaient en train de prier, demandant à Jésus d'aider tous les fidèles à revivre ce qui s'était réellement passé il y a deux mille ans.

« Ce sera pas une comédie », me dit l'un d'eux. Ce fut vrai, celui qui représentait Jésus semblait porter en son être les souffrances du Christ. Il portait nos rejets de l'autre et nos divisions, pour faire de nous des femmes et des hommes nouveaux.

## 1991 : pèlerinage pour l'unité

Le thème du pèlerinage, « vers l'unité », marquait d'abord le profond désir que nos frères protestants et orthodoxes y aient pleinement leur place. Nous y avions beaucoup travaillé ensemble, en particulier dans la commission œcuménique[1]. L'appel à l'unité ne cessa de retentir à Lourdes avec le chant : « Père, unis-nous tous, que le monde croie en ton amour. » Et nous le rendions concret par l'unité autour du plus petit.

Pourtant, le premier rendez-vous œcuménique,

---

1. *Cf.* p. 326-327

dans la matinée du Vendredi saint, ne manqua pas de difficultés : cinq cents personnes, au lieu des deux cents attendues, et l'impossibilité de traduire dans toutes les langues. Ces obstacles n'empêchèrent pas la grâce de passer. Un Russe orthodoxe, assis par terre comme la plupart des autres participants, a raconté son émotion pendant le chant du Notre-Père. Il donnait la main gauche à un luthérien et l'autre à un catholique : « Pendant cette heure, j'ai senti combien ce qui nous rapproche, notre baptême, notre amour de Jésus Sauveur, présent dans le plus petit, la Bible qui est notre nourriture commune, était plus fort que tout ce qui nous sépare. »

Frances Young, la maman d'Arthur, un jeune garçon profondément handicapé, est pasteur méthodiste anglaise. Elle aussi a raconté comment elle a vécu ce pèlerinage. La commission liturgie lui avait confié un certain nombre de services qu'elle avait accepté d'accomplir par « esprit d'obéissance ». Ainsi, le Vendredi saint, durant la célébration, elle a été invitée à tenir la Croix que des centaines de personnes handicapées et d'autres venaient toucher, vénérer, embrasser avec tendresse et ferveur. Il lui aurait été impossible d'être de l'autre côté et de vénérer la Croix, mais là, elle la portait pour permettre à d'autres de manifester par un signe leur amour pour Jésus. Le soir même, elle était dans un groupe de parents pour partager leur souffrance, prier, entendre des témoignages, chanter le refrain de Taizé : « Reste là, reste avec moi, regarde et prie. » Comme beaucoup de mères présentes, sans parler des pères, elle ne put retenir ses larmes.

Le lendemain, un jeune handicapé, James, un habitué de Lourdes, l'a prise par la main pour se rendre à la Grotte. Ensemble, ils ont touché et embrassé le rocher humide et elle a alors ressenti qu'il y avait quelque chose d'important dans le seul fait de toucher, surtout pour les personnes qui ont du mal à élaborer des concepts. Ensemble, en silence auprès de cette source d'eau pure, ils ont reconnu sa beauté et son mystère. Puis ils sont allés aux fontaines et James lui a lavé le visage. L'eau a purifié ses larmes. À son tour, elle a lavé le visage de James et, ensemble, ils ont bu dans le creux de leurs mains. Elle raconte :

> Le lundi matin à la Grotte, j'ai finalement pu me repentir de mon arrogance et j'ai rendu grâce pour l'obéissance dont j'avais dû faire preuve cette semaine-là. Je me suis mise à dire la prière méthodiste de l'alliance « Remplis-moi, vide-moi » et j'ai eu conscience du vide qui s'était opéré en moi. Je suis retournée aux fontaines et je me suis lavé les mains et le visage, recevant ainsi la purification après la pénitence. Puis j'ai gravi rapidement les escaliers de la basilique supérieure. Je suis entrée. Soudain, elle était chaleureuse et accueillante. La statue blanche de la Vierge brillait à travers le halo de mes lunettes embuées et une paix se mit doucement à envahir mon cœur.

Une célébration œcuménique clôturait le pèlerinage le lundi de Pâques. Sur l'esplanade, devant peut-être plus de quinze mille personnes, l'Évangile de saint Jean inspira un jeu scénique. C'est, au matin de Pâques, la rencontre de Marie-Madeleine avec Jésus ressuscité. Jésus, représenté par un garçon handicapé, lui dit : « Va trouver mes frères. » La jeune femme interprétant Marie-Madeleine s'est approchée tour à tour d'une femme pasteur méthodiste, puis d'un

évêque anglican, d'un cardinal, d'un évêque orthodoxe, enfin d'un évêque catholique et les a conduits
vers Jésus. Ils se sont agenouillés devant lui, avant
qu'il relève chacun d'eux et les serre dans ses bras
avec ces mots : « Aimez-vous les uns les autres comme
je vous ai aimés. » Alors ils se sont embrassés les uns
les autres, puis ils ont lancé cette invitation à la foule :
« Partagez la paix de Jésus ressuscité. » En flot
continu, cette paix s'est répandue de proche en
proche.

## La ruée intrépide des pèlerins de l'Est

Après des années de persécution, de répression,
d'enfermement, de surveillance, les chrétiens de l'Est
redécouvraient la joie de la liberté. Ils étaient pleins
d'enthousiasme et venus si nombreux. Plus d'un mil-
lier de Polonais, cent cinquante Hongrois, autant de
Yougoslaves, soixante-huit Russes, cinquante Tché-
coslovaques, vingt-trois Lituaniens, dix Roumains. Le
rideau de fer tombé, ils avaient osé affronter un
voyage long et éprouvant. Le désir de venir prier au
pied de la Grotte avec une multitude de frères, et
d'exprimer en toute liberté leur foi et leur espérance,
leur avait donné l'audace nécessaire. Pour venir à
moindres frais, les Polonais avaient voyagé en car, des
cars souvent vétustes, souvent en panne, quatre jours
à l'aller et autant au retour. Ils avaient emporté leur
nourriture, des pommes de terre cuites à l'avance.
Lors du voyage, ils avaient dormi à même le sol dans
des paroisses ou des communautés religieuses. Ce fut
un soulagement pour les parents et amis, qui appré-

hendaient les affres du retour, d'entendre leurs frères et sœurs handicapés manifester leur joie de repartir, dans les mêmes conditions. Ils ne virent pas l'inconfort, l'épuisement, seulement le bonheur de vivre ensemble ce temps exceptionnel.

## Les familles avec de jeunes enfants

Les communautés avec des enfants se sont développées à la fin des années 1980. Nous avions voulu marquer leur importance dans le mouvement par une invitation toute spéciale au pèlerinage. Beaucoup de parents y répondirent et avaient formé une communauté pour venir à Lourdes. Leur présence nous avait conduits à une organisation adaptée, une garderie pour les tout-petits, des activités pour les enfants plus grands et les adolescents, animées par des jeunes, dont un grand nombre venant du Chemin neuf[1].

Bien des familles ont témoigné d'une paix retrouvée, d'une intimité, et d'une confiance que la naissance du tout-petit avait obscurcies ou cassées. Du côté des pèlerins, il régnait un « je ne sais quoi » supplémentaire de douceur, de tendresse, de simplicité... « Laissez venir à moi les petits enfants », Ghislain du Chéné, devenu depuis coordinateur international, y participait en famille dans une communauté de jeunes enfants. Il a souvent témoigné de l'importance capitale de cette étape pour lui et pour chacun des siens.

---

1. Communauté apostolique catholique, de spiritualité ignatienne, à vocation œcuménique, issue du Renouveau charismatique.

## 2001 : pèlerinage pour « boire à la source »

Pâques 2001. Le thème du pèlerinage « Venez boire à la source » nous ramenait à nos tout débuts, lorsque nous avions entendu l'invitation de la Vierge Marie aux personnes handicapées mentales et à leurs familles qui n'y avaient guère droit de cité.

Quand Marie a montré à Bernadette une source ignorée de tout le monde, celle-ci existait déjà. Après avoir gratté l'herbe, la terre, un petit filet d'eau a jailli, une eau très claire qui purifiait et guérissait. Nous sommes venus y boire. Marie l'a révélée au monde pour nous faire découvrir une autre source, cachée elle aussi au fond de notre cœur : la présence de Jésus et de son Père. Mais cette source est souvent enfouie sous la boue et les pierres que sont nos culpabilités, nos angoisses, nos révoltes, notre désir d'être toujours le premier. Jésus nous appelle : « Qu'il vienne à moi celui qui a soif et des fleuves d'eau vive jailliront de nos cœurs. » Nous redécouvrions aussi combien nos frères et sœurs handicapés sont eux-mêmes pour nous une source de vie.

Lors des précédents pèlerinages, Jean Vanier et moi avions joué un rôle prépondérant dans leur organisation générale. Lorsque la décision de lancer ce quatrième pèlerinage à Lourdes fut prise, nous avons dit notre choix de ne pas y avoir de responsabilités directes. Il fallait constituer une nouvelle équipe qui assumerait cette fonction. Le recrutement fut difficile. Il fallait quelqu'un qui puisse cumuler à la fois compétences et connaissance par l'intérieur de ce qu'est Foi et Lumière : « Quelque chose qui ne ressemble à rien d'autre », comme l'avait constaté le Touring Club, avant, pendant et après le premier pèlerinage.

Nous nous sommes alors tournés vers l'Arche, plus précisément vers Alain Saint-Macary, qui y avait occupé des responsabilités aux plus hauts niveaux, d'abord dans la communauté de Trosly, puis finalement à l'Arche internationale, dont il avait été vice-président.

Il accepta de relever le défi avec Bernard Bataille, d'une égale carrure, et ils constituèrent de nouvelles équipes.

Parmi les nombreux membres de l'Arche qui nous ont aidés, je voudrais citer Cariosa Kilcommons, qui créa et anima un petit orchestre international et composa un chant spécial pour ce pèlerinage. On garde en mémoire la joie et le rayonnement avec lesquels elle a rempli sa mission au pèlerinage de 2001, comme elle l'avait fait déjà, et le ferait ensuite dans les rencontres internationales de Foi et Lumière.

En cette année 2001, nous recevions un signe providentiel d'unité par le calendrier liturgique. Les orthodoxes fêtaient la Pâque le même jour que les autres confessions chrétiennes. Encouragement pour l'œcuménisme en ce début de millénaire ! De nouveau, la commission œcuménique a beaucoup œuvré pour que cet aspect se vive dans une grande harmonie en respectant les règles de chaque tradition. Au début de la Vigile pascale, les représentants des différentes confessions se sont réunis autour de l'autel de la basilique souterraine pendant toute la liturgie de la Parole. Avant que ne commence la liturgie eucharistique célébrée par le cardinal Stafford, président du Conseil pontifical pour les laïcs, celui-ci a expliqué que chaque dénomination chrétienne était maintenant appelée à célébrer selon son rite. Séparation difficile qui rappelait l'incomplétude de l'unité et nous incitait à la désirer de manière encore plus ardente.

Les deux cents pèlerins orthodoxes ont célébré la Vigile jusqu'à l'aube, où ils poursuivaient leurs joyeux « Christ est ressuscité ! », « Oui, il est vraiment ressuscité ». Cris d'allégresse transmis à tous ceux qu'ils ont rencontrés durant ce dimanche. Inutile de parler la même langue pour offrir à son voisin cet appel à annoncer partout la joie pascale. (Comme ce serait beau que cette tradition orthodoxe se répande aussi dans les autres confessions, au lieu de notre banal « Joyeuses Pâques ! ».)

Au matin de Pâques, vingt-huit liturgies étaient célébrées par six confessions en quatorze langues. Eucharistie orthodoxe, gréco-catholique, anglicane, liturgie luthérienne, Sainte Cène témoignaient de la diversité de nos confessions et de notre désir d'avancer sur le chemin de l'unité.

Ce pèlerinage de 2001 a rencontré quelques difficultés sur le plan de l'organisation : étaient réunis plus de seize mille pèlerins au lieu des douze mille programmés, d'où des dysfonctionnements inévitables. De ce fait, plus encore que pour les autres pèlerinages, la vie sur les lieux d'hébergement a joué un rôle considérable. On constatait une réelle maturité par rapport aux démarches précédentes. Quand nous passons plusieurs jours en communauté, tout se voit, tout se partage, les petites joies de l'intimité familiale aussi bien que les misères cachées qu'ordinairement personne ne soupçonne : ce grand fils autiste accroché au bras de sa mère du matin au soir ; ce couple qui se relaie repas après repas pour nourrir sa fille de neuf ans par petites bouchées ; et aussi ce jeune ami qui se propose de faire les veilles de nuit pour que les parents dorment. En communauté, pendant quatre jours de vie, on rit avec ceux qui rient, et on pleure avec ceux qui pleurent.

Comme le dit si bien Maureen, coordinatrice internationale à l'époque : « Quand Dieu a suscité Foi et Lumière, il nous a donné non pas une entreprise, une école ou une organisation, mais une famille. Dans nos familles Foi et Lumière, il y a souvent des grains de sable dans les rouages. Quand les choses vont mal, il faut oser se parler avec l'aide de Dieu, demander pardon et donner le nôtre. » Ce qui fut le plus touchant en ces jours-là, ce sont ces mille gestes de délicatesse, de solidarité qui liaient chaque communauté de manière plus profonde.

## 2011-2012 : *un feu sur la terre*

Le 2 février 2011, à Lourdes, ce fut l'envoi des quarante pèlerinages des provinces qui allaient se dérouler pendant deux ans en attendant la rencontre internationale prévue en juillet 2013 pour célébrer la fin du Jubilé et lancer une nouvelle étape : « Maintenant, tout commence. »

### Le pilier de l'unité : une équipe internationale soudée

Plus Foi et Lumière a vu augmenter le nombre de ses branches, plus il s'est ouvert à la diversité. Diver-

sité de langues, de cultures, de mentalités, de traditions, des situations politiques et économiques. Ce fut
et c'est toujours l'un des rôles essentiels du conseil
international. Il est le garant de ces racines profondes
qui assurent l'unité du mouvement, vécue à la base
d'abord par les personnes handicapées.

Le conseil international, depuis 1969, était constitué par le bureau (le coordinateur international,
l'aumônier international, les fondateurs) et les coordinateurs de zone. Il s'est élargi à la création de
chaque nouvelle zone, passant ainsi de six membres
en 1972 à une vingtaine en 2006. En 2008, la nouvelle
constitution prévoyait un découpage qui ramena le
nombre des membres de l'équipe internationale à
douze personnes.

Les relations au sein du conseil n'étaient pas toujours idylliques. D'abord, elles étaient compliquées
en raison de la diversité des langues (l'anglais, le
français et l'espagnol sont nos trois langues officielles). La traduction simultanée, déjà délicate
pour des interprètes professionnels, était vraiment
ardue pour les interprètes bénévoles, que nous
recrutions à l'intérieur du mouvement, ayant la
chance de bénéficier de leur implication personnelle admirable. Douloureux aussi pour ceux qui
ne connaissaient aucune des trois langues officielles
et devaient se contenter d'une traduction chuchotée
par un participant dont le français, l'anglais ou
l'espagnol étaient parfois bien approximatifs ! Bien
sûr, cela entraînait des contresens et des incompréhensions. Heureusement, parmi les membres du
conseil, plusieurs étaient bilingues, captaient
parfois une erreur et la rectifiaient immédiatement.
D'autre part, les différences de sensibilité et d'opi-

nion entre le Nord et le Sud, l'Ouest et l'Est pouvaient créer des risques de dissensions. Mais, en même temps, l'obligation d'écouter le point de vue de l'autre, de le comprendre et de dialoguer jusqu'à ce qu'on parvienne à un consensus. On évitait le vote, sauf pour la nomination des responsables. Lorsqu'il y avait eu des oppositions vives, les repas, la veillée, la prière ensemble aidaient à retrouver sinon l'unité des points de vue, au moins la communion des cœurs.

En septembre 1981, nous avons accueilli Marie-Vincente Puiseux, qui fut appelée dans les années suivantes à remplir une mission importante dans le mouvement. Après avoir fait des études de philosophie, elle recherchait un poste au service des personnes handicapées. Elle s'engagea d'abord un an comme assistante à l'Arche, puis à l'OCH, et enfin à Foi et Lumière. En 1984, elle fut nommée secrétaire générale, un rôle central dans le mouvement puisque c'est la seule personne assumant à ce niveau une fonction à plein temps. Marie-Vincente l'exerça pendant douze ans : organisation et animation de l'équipe de secrétariat, tâches administratives et financières, contacts et liens avec les différents pays… Peu à peu, elle se vit confier également des missions pour le continent africain, environ une dizaine de pays depuis le Ghana jusqu'au Botswana, en passant par le Rwanda et le Burkina Faso. Elle soutint les nouvelles semences, organisa des formations spécifiques. Sa mission internationale se poursuivit jusqu'en 2000, où elle prit en charge la direction de la rédaction d'*Ombres et Lumière*.

*Vibrer avec le monde, réfléchir et innover*

Le conseil international était un peu comme l'équipe de coordination des communautés du monde entier. Il se réunissait pendant une petite semaine, soit à la Ferme[1], soit dans une des régions du monde.

Une part essentielle de notre travail était consacrée aux rapports présentés par chaque zone. Nous étions immergés dans les différentes parties du monde, chacune avec ses joies, ses fruits, ses succès, ses difficultés, ses crises, ses conflits internes, ses drames. Tout était partagé dans un climat de confiance, sans crainte d'être jugés. Partout, mystérieusement, quelles que soient les faiblesses, une petite espérance restait allumée, ravivée par notre prière. Tel pays dont nous ne recevions plus de nouvelles en raison des conflits ou des guerres, comme le Ghana ou la Sierra Leone, ou d'autres, victimes de cataclysmes comme le Mexique, où Lupita Mendez Gracida, inébranlable, avait pris l'initiative d'une communauté qui resta la seule pendant une dizaine d'années avant un jaillissement remarquable.

Un aspect également important de notre mission était de réfléchir aux besoins essentiels auxquels il

---

1. Au cœur de Trosly-Breuil, la Ferme est une communauté d'accueil et de prière fondée par le père Thomas Philippe. Une équipe d'une douzaine de laïcs organise et anime des week-ends spirituels et des retraites bien connus des communautés Foi et Lumière et de leurs responsables. La Ferme de Trosly, 23 rue d'Orléans, 60350 Trosly-Breuil. Courriel : laferme@lafermede-trosly.com

nous fallait essayer de répondre. Ainsi en fut-il de la formation des responsables. Ceux-ci la ressentaient comme une nécessité. Nous avions alors lancé trois sessions internationales de formation durant neuf jours. De gros chantiers dont François et Marie-Noëlle Bal, un couple engagé pendant des années dans différentes responsabilités jusqu'à la vice-coordination internationale, furent les chevilles ouvrières. Après quoi, nous avons créé une commission de formation qui réalisa de nombreux livrets[1] (les retraites à Foi et Lumière, les camps de vacances, etc.).

Sur un autre plan, nous réfléchissions à l'œcuménisme et avions lancé une commission internationale animée par Roy Moussalli et constituée par des prêtres, des pasteurs, des laïcs appartenant à différentes traditions chrétiennes. Elle réalisa, elle aussi, des brochures qui s'adressaient aussi bien aux communautés interconfessionnelles qu'à celles qui étaient enracinées dans leur propre dénomination, car tous, sans exception, nous sommes concernés par la déchirure du Corps de l'Église et si heureux de constater que la personne faible et handicapée peut être un trait d'union, une source de communion.

Les questions financières reposaient sur nos épaules. Les aborder était toujours un moment délicat car nous étions venus pour être l'ami des personnes handicapées et de leurs familles, et nous étions surpris d'entendre parler d'argent. Sujet dont il ne fallait pas se préoccuper, mais dont il était indispensable de s'occuper.

---

1. *Cf.* Annexes.

Les communautés et les pays dits « riches » s'arrangeaient pour couvrir leurs frais. Mais il restait bien d'autres dépenses : visites des responsables internationaux, sessions de formation, réunions de conseils divers, ainsi que le fonctionnement du secrétariat international, si minime soit-il. Enfin, et surtout, les deux tiers des pays qui nous avaient rejoints ou nous rejoignaient étaient en grandes difficultés économiques. Il fallait nécessairement organiser une solidarité internationale, le plus souvent basée sur l'aide des pays du Nord à ceux du Sud, en privilégiant les jumelages par langue. Par exemple, la France soutenait plusieurs pays francophones d'Afrique. Tout le monde était d'accord sur le principe. Mais nous étions tous un peu tendus dans le conseil international, comme dans les conseils de zone, quand venait le moment de traiter le sujet et en particulier la participation financière de chacun. Il était bon alors de nous rappeler tout ce que nous apportaient d'irremplaçable les pays du Sud par leur simplicité, leur joie dans la pauvreté, leur facilité à donner le peu qu'ils ont, ou ceux de l'Europe de l'Est par leur courage exceptionnel face aux difficultés et à l'adversité, et leur élan pour lancer Foi et Lumière.

Nous étions aidés dans nos tergiversations par les quatre mots clés de Jean concernant les finances : confiance, transparence, compétence, générosité.

Une question revenait souvent, émanant de certains responsables dans les zones où Foi et Lumière existait depuis les années 1970. Ils s'inquiétaient de l'avenir de certaines communautés dont les membres étaient devenus âgés.

Dans toute famille – et Foi et Lumière est une famille – on se préoccupe des membres qui vieillissent. Ce n'est pas une défaillance que de vieillir, c'est une nouvelle étape de vie qui s'ouvre. Mais que fallait-il faire ? Un peu partout il y avait des débats. Fallait-il soutenir la vie de communautés qui ne se réunissaient pratiquement plus ? Les abandonner à leur sort ? Leur envoyer des jeunes alors que le groupe était souvent incapable de les intégrer. En fait, chaque situation est différente. Il faut pouvoir accepter que certaines communautés disparaissent, mais aussi soutenir une communauté très affaiblie mais dont les membres continuent de se réunir fidèlement de temps en temps et à un rythme plus lent. Si les personnes handicapées trouvent leur compte d'amitié, il n'y a pas de raisons de souffler sur une mèche qui semble vouloir encore vivre. Et puis, on peut suggérer à la communauté qui a décidé de cesser ses activités de porter dans la prière la naissance d'une nouvelle communauté qui prendra la relève. Plusieurs ont porté dans leur cœur celle d'une communauté de familles avec des enfants, lieu d'espérance pour les parents, leurs enfants, les amis et tout le mouvement.

Même si le programme du conseil international était très dense, il y avait toujours des moments de franche détente. Je me souviens de cette veillée, animée par Jean Évariste, colonel d'aviation belge, et Jacinta, de Saint-Domingue. Ils nous accueillirent avec gravité, une gravité feinte. Ils avaient pris conscience, dirent-ils, que « les fondateurs n'avaient pas été soumis à une élection. Il fallait de toute urgence réparer cette injustice. » La soirée fut donc consacrée à un processus de discernement défiant toutes les règles très strictes que nous avions mises en place. Beaucoup de rires, jusqu'au vote final où Jean et moi avons été élus à l'unanimité ! Justice était rétablie, célébrée tard dans la nuit avec le mousseux et les spécialités variées apportées des quatre coins du monde.

## On multiplie les escales !

Le conseil international prenait une coloration différente selon le pays où nous débarquions, le cadre de l'hébergement et l'accueil qui nous était réservé.

Pendant quelques jours, nous vivions en citoyens de ce pays, essayant de tout comprendre et de tout aimer. Nous prévoyions toujours une réunion, un repas et une soirée avec le conseil du pays et un bon temps de partage et de fête avec une ou plusieurs communautés proches. Moment précieux de part et d'autre : pour l'équipe du pays, c'était l'occasion de prendre conscience de la dimension internationale du mouvement et de la place spécifique qu'elle y tenait. Du côté de « l'international », c'était l'occasion de faire nôtres ses joies, ses difficultés, de prendre la mesure de ses points forts, de ses points de faiblesse ou plutôt « de croissance », comme nous aimons dire. Redonner confiance, confirmer, réconforter, proposer un défi en proportion des forces du moment, lorsque le premier élan semblait s'être amoindri.

Par exemple, en 1984, en Suède, nous avions répondu à l'invitation de Marianne Abrahamsson, coordinatrice de la zone Europe du Nord, qui englobait les îles Britanniques et les pays scandinaves. Choisir la ville de Göteborg, c'était le signe que nous attachions autant de prix aux pays où n'existait qu'une communauté qu'à ceux qui en comptaient plusieurs dizaines. C'était le signe aussi de notre désir de voir naître Foi et Lumière en terre protestante. Un soir, le prêtre venu nous parler de la Suède évoqua les huit millions d'habitants du pays, dont seulement cent vingt mille catholiques, pour 80 % des immigrés. La toute petite communauté Foi et Lumière œcuménique du pays comptait douze membres formidablement unis et accueillants. Un autre jour, nous avons accueilli la responsable de la Norvège, Tonia Berit, et le responsable du Danemark, Erik Achen. Ils vivaient une situation similaire avec la même conviction et la même espérance.

À propos des pays qui semblaient stagner avec une seule communauté et qui avaient tendance à se décourager et à se culpabiliser, Jean Vanier nous avait fait aimer le *bacuri*, un fruit du Brésil. Il est délicieux, paraît-il, mais il faut attendre quarante ans entre le moment où la semence est mise en terre et l'apparition du premier fruit. Certaines communautés ressemblaient à un *bacuri*, qui demandait tant de patience et d'espérance. D'autres sont plus proches des plants de tomates qui donnent très vite des fruits et en grand nombre.

Il ne faut pas que les *bacuri* s'inquiètent trop de leur situation, c'est le travail de Dieu. Toujours faire le peu que nous pouvons, nos cinq pains et nos deux poissons. La multiplication, c'est son affaire. L'essentiel est que chaque communauté, la seule s'il n'en existe qu'une, soit un lieu d'amour et de croissance.

Une autre évocation : en 1992, nous étions réunis en France, à Issy-les-Moulineaux, et j'en garde un souvenir personnel très ému. À cette rencontre, l'une des joies était d'accueillir deux nouveaux membres, Greta de Arispe, du Pérou, nouvelle coordinatrice d'Amérique du Sud, et Désirée Kong, coordinatrice pour l'Asie.

Le matin même de ce 22 juillet, j'ai été appelée d'urgence auprès de ma mère, qui était au plus mal. « S'il est vrai que nous constituons une famille internationale, quel que soit le retard de nos travaux, je pense qu'il nous faut être là pour les obsèques et entourer Marie-Hélène et tous les siens », avait dit Maureen. Adhésion de tout le comité international. Un car a été loué pour se rendre dans un village au centre de la France. Émotion et réconfort pour moi d'accueillir cet entourage si aimant, vraiment mon autre famille. « Aujourd'hui, m'assurait Mgr Marcel Gaudillière, aumônier national pour la France, votre mère voit sa postérité s'étendre jusqu'aux extrémités de la terre. » Action de grâces pour elle et mon père pour leur soutien indéfectible à ma mission, sans oublier celui de tous mes frères et sœurs.

Un troisième souvenir des rencontres du conseil, celui de la Syrie en septembre 2004. Sa préparation exceptionnelle était l'œuvre de Roy, notre vice-coordinateur international, avec bien sûr toute son équipe. Son itinéraire vaut d'être raconté.

Roy était arrivé à Foi et Lumière comme par mégarde et ne se sentait aucune attirance pour les personnes handicapées mentales, ne se connaissant aucune aptitude à les aider en quoi que ce soit. La communauté de Damas était, à l'époque, très fragile et vivait des tensions assez vives. Tout a commencé pour Roy par sa rencontre et son amitié avec Issa, une personne handicapée. « Elle m'a transformé », dit-il. À un moment donné, il a senti que leur entrée à tous les deux dans une communauté, même faible et fragile, aiderait Issa dans sa croissance et dans l'approfondissement de leur amitié. Roy, lui, restait bien ancré dans la décision de ne pas accepter de responsabilités. Dieu avait d'autres vues...

Lorsque j'ai connu Roy, il était devenu coordinateur pour la Syrie et avait donné immédiatement une grande impulsion au mouvement. Nous nous sommes retrouvés à Chypre en 1997 pour une réunion du conseil de la zone Moyen-Orient qui comprenait le Liban, l'Égypte, la Syrie, l'Iran, Chypre et la Grèce. J'en étais le référent international. Il fallait procéder à l'élection du coordinateur de cette zone. Le nom de Roy fut mentionné par tous les participants. Chargée de réfléchir avec lui et de connaître son sentiment devant l'éventualité de sa nomination, je l'ai senti déchiré. Cet appel correspondait à son cœur et à ses capacités, mais il se trouvait en balance avec son amour pour son épouse, Zouka, qui souhaitait qu'il ne s'engage pas davantage. Et s'il lui téléphonait pour lui exposer tout simplement la situation ? S'il arrivait à la joindre par téléphone, ce qui était loin d'être évident − à l'époque, il n'y avait pas de portable − et si elle donnait son feu vert, peut-être pourrait-il considérer cela comme le signe attendu ? C'est ce qu'il fit. Zouka pressentit qu'il s'agissait d'un appel de Dieu et son « oui » m'émerveilla.

Si j'ose évoquer cet épisode, c'est pour exprimer quelle gratitude Foi et Lumière porte au conjoint ou à la conjointe qui accepte de participer ainsi à la vie du mouvement, avec une réelle abnégation, d'une manière humble et cachée, mais si féconde. Le couple s'efforce alors de porter la mission ensemble, l'un occupant une fonction officielle, l'autre plus dans l'écoute, la prière, la confiance, l'offrande.

Par la suite, tout en étant vice-coordinateur, Roy a été conduit à accompagner la commission œcuménique internationale, où il a accompli un travail extraordinaire, encourageant la naissance de communautés, leur enracinement dans les différentes traditions chrétiennes, les liens entre elles, et les relations avec leurs responsables. « Roy, écrit Viviane qui l'a beaucoup côtoyé, est un homme de dialogue et de paix ; je garde en mémoire la sûreté de son jugement, sa rigueur, sa capacité de se consacrer à l'essentiel. Il a été remarquable aussi par le souci de la formation et la croissance de chaque personne, son ouverture à l'Esprit Saint, sa liberté intérieure, son audace, même dans les situations conflictuelles ou difficiles. Touché profondément par le don des plus petits, par la mission de Foi et Lumière et la vision de Jean Vanier, il s'est laissé embraser par le feu de la mission. »

Après ce détour, il nous faut retrouver le conseil international installé à trente kilomètres de Damas, à la limite du désert. Le pays compte 90 % de musulmans et 10 % de chrétiens, orthodoxes et catholiques. Il y a dans ce pays près de quarante communautés incroyablement vivantes et pleines de joie, de sagesse… et de jeunes. Deux traditions chrétiennes y sont très présentes. Quatre évêques catholiques et orthodoxes qui accompagnaient le mouvement ont rejoint notre « ermitage » pour des échanges très cordiaux, suivis d'un dîner et d'une fête avec les communautés de Damas.

Il est bon de travailler et de réfléchir dans une maison à l'écart du monde. Comme dans chacune des réunions du conseil, un pèlerinage était prévu. Il nous a conduits au monastère de Mar Moussa, en plein désert. Après une rude marche dans la montagne de caillasses, nous avons débouché sur un site grandiose. Non loin de là, se trouve une grotte où l'on dit que Dieu vint rencontrer le prophète Élie. Nous aussi, nous sentions la présence de Dieu, dans la joie de trouver là une communauté monastique qui prie et œuvre pour l'unité des chrétiens et le dialogue avec les musulmans, une vocation bien différente de la nôtre, mais nous étions heureux de nous sentir proches.

Me revenait à l'esprit la réflexion de Mgr Theotonius Gomes, archevêque de Dacca et aumônier général de Foi et Lumière au Bangladesh : « L'un des grands legs du XXe siècle aura été de nous faire prendre conscience de la pauvreté de la personne handicapée mentale et d'attirer notre regard vers les plus faibles. La prochaine étape sera cet élan de communion entre les religions et entre les hommes. »


## Le pilier de la mission :
## les rencontres internationales

Les rencontres internationales, ce sont les retrouvailles de toute la famille à intervalles réguliers. Elles se sont d'abord tenues tous les ans. Le temps entre chaque rencontre s'est allongé au fur et à mesure que le mouvement a grandi.

À partir de 1982 (Wetherby, en Angleterre), ce fut tous les deux ans. En 1986, à Saint-Domingue, nous avons décidé d'un intervalle de quatre ans, puis, en 2008 à Lourdes, de cinq ans.

Au jour « J », à la célébration d'accueil, ils sont tous là : responsables de pays ou de province avec le conseil international. Scénario identique en bien des points. Même étrange disparité des membres, mêmes obstacles surmontés pour arriver aux lieux dits... Identique et pourtant radicalement nouveau, avec l'éblouissement de la cérémonie d'ouverture. Comme neige au soleil, disparaissent le harassement, le souvenir des soucis laissés au pays quand jaillit le chant fédérateur, « Amis, chantons notre joie, tous les pays sont rassemblés ».

Qu'allions-nous vivre ? Une célébration d'action de grâces pour tout ce qui se vit dans chaque pays, une prière d'intercession pour tant de souffrances un peu partout, une réflexion sur les attentes de Dieu sur nous et les attentes des hommes, ainsi qu'un retour aux sources, un nouvel élan pour demain.

Sont aussi prévus des ateliers de formation, des célébrations, des temps de fête. On réserve un grand moment à l'assemblée générale, pour le bilan des activités et des finances, et enfin pour l'élection des membres du conseil d'administration et du coordinateur international.

Ces rencontres, régulières depuis 1971, ont marqué en profondeur l'histoire de Foi et Lumière. Elles avaient abouti notamment, lors de celle de Wetherby en 1982, à ce que nous nous donnions une charte et une constitution.

Pour toutes celles qui ont suivi, je voudrais simplement relever deux ou trois éléments particulièrement marquants.

## À Rome en 1984 :
## au cœur de l'Église universelle

Neuf ans après le pèlerinage de la réconciliation, nous nous retrouvions de nouveau au cœur de l'Église universelle. Que de chemin parcouru depuis lors. Le mouvement avait grandi et s'était structuré. À Rome, une centaine de responsables représentaient trente-deux pays, dont six nouveaux : Afrique du Sud, Grèce, Inde, Irak, Kenya, Yougoslavie.

Cette rencontre fut particulièrement marquée par l'audience accordée par le Saint-Père. À son entrée, brisant tout protocole, les participants entonnèrent un Magnificat vibrant, accueilli par son sourire tendre et amusé.

Des questions se posent encore, nous dit-il dans son message, touchant par exemple à votre statut dans l'Église catholique, aux exigences d'un authentique œcuménisme qui se fonde sur la véritable insertion de chacun dans sa propre Église. Dans vos rapports avec le Saint-Siège, le Conseil pontifical pour les laïcs pourra vous guider utilement[1]. Vous avez conscience qu'il est nécessaire de coopérer avec d'autres associations de l'Église et de la société qui œuvrent dans le même sens. Et vous demeurez soucieux de participer aux activités de l'Église, en particulier dans le cadre des paroisses, des pèlerinages diocésains ou nationaux. Car il importe d'intégrer le plus possible les personnes handicapées et

---

1. L'année suivante, le Saint-Père me nommait membre de ce Conseil. Les liens devenaient tout naturels.

leurs proches dans tout le Corps de l'Église où ils doivent avoir pleinement leur place.

En dernier signe de son affection, le pape a ensuite pris le temps de saluer chaque délégué personnellement. Avant de quitter Rome, les Italiens nous avaient réservé une surprise. Dès le matin, par groupes de douze, nous avons rejoint une communauté Foi et Lumière de la ville pour partager la matinée, puis le repas de midi avant de nous retrouver pour célébrer l'Eucharistie et la fiesta, enfin la veillée, centrée sur saint François avec un mime remarquable sur sa vie. Nous étions touchés de voir combien nous nous sentions proches du *Poverello*, de son amour pour les personnes faibles, de sa joie. Oui, vraiment, un bon guide pour nous.

## *À Saint-Domingue en 1986 :*
## *accueillis par les plus pauvres*

En 1986, beaucoup se sont demandé pourquoi le conseil international avait choisi la République dominicaine comme lieu pour organiser une rencontre internationale. Nous étions cent dix délégués, venus de trente-sept pays. Pour la première fois, nous allions traverser l'Atlantique et délibérément planter notre tente dans un pays pauvre où toutes les infrastructures étaient très précaires. Mais nous savions que Jacinta Torres, la jeune coordinatrice du pays, était très déterminée et efficace. Elle mit tout son enthousiasme et ses compétences dans la préparation de la rencontre. Il n'empêche, nous savions que ce serait une aventure risquée. Par exemple, obtenir des visas pour ce pays s'avéra être une mission presque impossible. Une douzaine de délégués arrivèrent sans visa et Jacinta dut passer des heures à négocier pied à pied leur autorisation d'entrée. Lorsque nous sommes arrivés, dans la nuit, sur la magnifique colline où devait se tenir la rencontre, nous avons découvert une panne d'eau et des installations très sommaires. Elles nous ont permis de partager, si peu que ce soit, la condition de tant de pauvres.

L'une des journées les plus émouvantes fut celle que nous avons passée dans un quartier misérable. Simplicité, allégresse, ferveur pour l'Eucharistie du dimanche, avec tant de familles nombreuses ! Partout, des enfants essayaient de vendre des cacahuètes ou des citrons verts, les autobus étaient archibondés, nous traversions de larges terrains vagues bordés de cases de parpaings coiffées d'une tôle. Une atmosphère chaude et moite nous épuisait. L'eau des fortes pluies avait creusé des fossés un peu partout.

Alors que nous arrivions sur le pas de la porte d'une case misérable, une petite fille a poussé un hurlement de joie, elle est allée chercher triomphalement une pitoyable robe rose à volants. C'était sa seule robe, celle qu'elle portait pour la rencontre de communauté. Elle ne parlait pas, c'était sa manière de nous dire qu'elle était de la famille Foi et Lumière. Un peu plus loin, devant la case d'Elena, toute la communauté était là. Nous avons entonné : « Fiesta, fiesta, fiesta de Fe ; fiesta, fiesta, fiesta de Luz » qui est devenu le « tube » de la rencontre.

Durant la rencontre, nous avions la responsabilité d'élire un nouveau vice-coordinateur international pour succéder à Francesco Gammarelli, qui venait de retourner vers le Seigneur. Chagrin de son absence, mais certitude de sa tendresse vigilante durant toute cette rencontre.

Celui qui allait lui succéder devait être un père de famille, bilingue, ayant un enfant handicapé, appartenant à un autre continent que l'Europe. Toutes les personnes pressenties refusaient les unes après les autres. Jean et moi avons alors proposé le nom de Marcin Przeciszewski, un inconnu pour l'ensemble du conseil ; il ne remplissait aucun des critères retenus mais le conseil se rallia à l'idée de lui demander s'il envisagerait de porter cette responsabilité. En effet, depuis qu'il avait lancé Foi et Lumière en Pologne, cinquante-trois communautés avaient vu le jour. Il n'avait pu venir. Je suis descendue en ville à l'heure du déjeuner pour essayer de lui téléphoner. Bien peu de chances de réussite ! Les communications étaient très difficiles à établir avec l'Europe et quasiment impossibles avec la Pologne. Miraculeusement, je tombai sur Marcin en permission d'une journée durant son service militaire. Je lui transmis la demande du conseil. Il me répondit par trois objections très sérieuses, presque rédhibitoires. La conversation devenant de plus en plus inaudible, je lui dis : « Marcin, finalement, je n'ai qu'une question à te poser : acceptes-tu que nous délibérions sur ton nom ? » Je fus ébahie de l'entendre dire : « Oui, oui, ça va très bien ! » et la communication fut coupée.

Après délibération, il fut élu à l'unanimité. Mais impossible de le joindre. Ce fut un délégué polonais qui, à son retour à Varsovie, lui apprit la nouvelle. Très agressif, il m'écrivit une lettre virulente, ne comprenant pas ce qui s'était passé. Moi non plus. La méprise venait en fait de ce que, la ligne étant si mauvaise, à ma dernière question Marcin avait compris que je lui demandais des nouvelles de son oncle ! Comme quoi la Providence peut emprunter des chemins surprenants. Marcin exerça sa mission pendant plusieurs années. Il œuvra pour la naissance de Foi et Lumière dans les pays d'Europe de l'Est, apportant au conseil international cet esprit et cette vision slaves qui nous étaient étrangers mais si essentiels[1].

Un an plus tard, lorsque le père David Wilson donna sa démission d'aumônier international, Mgr Fernand Lacroix, qui venait d'atteindre l'âge de soixante-quinze ans et quittait sa charge d'évêque d'Edmonston (Canada), accepta avec joie de lui succéder à la condition, disait il avec humour, que nous renoncions à travailler durant les repas.

Écoute, sagesse, simplicité, humour, il était bon de collaborer avec lui qui ne mesura ni sa peine ni son temps jusqu'à sa mort en 1994. Ce fut un grand vide pour le mouvement. Partie au Canada pour ses obsèques, je débarquai en pleine tempête de neige. Malgré cela, des membres de Foi et Lumière d'un peu partout avaient fait l'impossible pour venir lui dire, une dernière fois sur la terre, leur affection, leur peine, leur gratitude profonde et leur espérance pour demain.

---

1. Marcin est aujourd'hui directeur de l'agence de communication de l'épiscopat polonais.

## À Édimbourg en 1990 : transmettre le flambeau

Nous étions presque deux cents venant de cinquante-six pays, de tous les coins du monde, en Écosse pour cette troisième rencontre internationale. Nous accueillions les délégués de seize nouveaux pays. Il y avait alors huit cent cinquante communautés à travers le monde. Je me souviens de la période terrible que vivaient nos amis libanais, mais ils témoignaient : « Foi et Lumière nous donne l'espérance pour vivre dans ce monde tragique de la guerre. Tout le monde quitte le pays. Mais nous découvrons, grâce à nos frères handicapés, une raison de rester. Leur voix est pour nous la voix de Jésus. »

Il y eut à Édimbourg un incident qui fut l'occasion d'une nouvelle étape de réflexion. Trois déléguées d'Australie, protestantes, demandèrent à nous rencontrer Jean et moi. L'une d'elles était en pleurs : « Vous dites et vous écrivez que Foi et Lumière est un mouvement œcuménique. Or, depuis le début de cette rencontre, nous sentons que toutes les célébrations et les liturgies sont très marquées par le catholicisme. Vous nous accueillez très gentiment mais comme des invités, et non comme des membres à part entière. Nous nous sentons un peu comme des poissons hors de leur bocal. » Dès le lendemain, nous en parlions au conseil international, qui décida de confier à un groupe le soin de veiller aux aspects œcuméniques du pèlerinage de 1991. On a pu constater plus haut la qualité des fruits recueillis. De ce groupe naquit la commission internationale œcuménique qui assura la

326

rédaction de plusieurs brochures de réflexion et d'orientations pratiques pour bien vivre l'œcuménisme à Foi et Lumière.

Lors de la rencontre d'Édimbourg en 1990, mon mandat de coordinatrice internationale se terminant, nous devions désigner un nouveau responsable. Maureen O'Reilly fut élue. D'origine irlandaise, elle était l'aînée d'une famille de dix enfants. Elle avait connu le mouvement Foi et Lumière à Detroit, aux USA, grâce à son frère Bob, qui avait un handicap mental et psychique. Grâce à lui aussi, elle travaillait au diocèse de Dearborn à la direction de la catéchèse spécialisée. Après avoir été élue responsable pour les États-Unis, elle avait participé à l'une des sessions internationales de formation de neuf jours. Ce fut sa première plongée dans la dimension internationale du mouvement ; elle permit à une vingtaine de participants de plusieurs pays de la connaître, de l'apprécier, et de pouvoir proposer son nom. Elle prit sa tâche à bras-le-corps, faisant une confiance inouïe à toute son équipe, se mettant au français, reconnaissant ses erreurs, sacrifiant ses vacances pour visiter les pays et faire œuvre de paix et de réconciliation là où elle passait. Elle avait un humour merveilleux pour détendre ses interlocuteurs, amener les gens à progresser en se faisant comprendre de tous et en mettant en jeu sa grande créativité. Elle considérait toujours l'autre, quels que soient son origine et son handicap, comme supérieur à elle. Elle m'avait dit : « Je prie tous les jours pour les membres du conseil international et de temps en temps pour les responsables de pays. Simplement, je les présente à Dieu en les nommant un par un et en Lui demandant de les bénir. »

De 1990 à 2002, elle a tenu la barre avec douceur, sagesse et amour.

## À Varsovie en 1994 : quand Foi et Lumière « respire à deux poumons[1] »

Foi et Lumière avait grandi : il y avait à cette époque mille deux cents communautés dans le monde. Nous nous sommes retrouvés trois cents personnes, venant de soixante-dix pays, logés dans un immense séminaire, et nous parcourions des kilomètres de couloirs chaque jour pour nous rendre d'un lieu à l'autre. Il faisait une chaleur étouffante. Pour nous désaltérer, on nous servait du jus de cerise tiède… On sentait encore toute la pauvreté de ce pays qui sortait de ces interminables années d'oppression.

Un événement marquant a été l'élection d'un nouvel aumônier international, le père Joseph Larsen. Il rentrait des Philippines, où il était aumônier national. Missionnaire depuis vingt-quatre ans, il vivait dans les bidonvilles. À son retour, il s'était installé sur la péniche-chapelle *Je sers*, amarrée sur la Seine en banlieue parisienne. Péniche qui accueillait toutes les pauvretés. Au fil des ans, notre amitié grandira ainsi que notre communion en Jésus. Il ne sera plus le père Larsen, mais le père Joseph. Il a sillonné différents pays pour donner des retraites Foi et Lumière. Sa parole, si intérieure et vivante, touchait immédiate-

---

1. Une expression utilisée par Jean-Paul II avant même que tombe le « mur ». Il aspirait tant à ce que l'Europe retrouve son unité et respire de nouveau avec ses deux poumons, l'Europe de l'Ouest et l'Europe de l'Est.

ment les personnes handicapées et, avec elles, tous ceux qui l'entendaient.

Chaque mois, il écrivait une lettre à ses amis. Partant d'une expérience personnelle qui pouvait paraître très banale mais qu'il contemplait dans son sens spirituel profond, ces petites histoires de vie, ces *fioretti*[1] plongent dans l'admiration et appellent à approfondir la spiritualité de Foi et Lumière. Celle-ci ne se limite pas au temps d'une rencontre, mais devrait imprégner la vie de chaque jour, dans le bus, au supermarché, au téléphone, à l'atelier ou en faisant la cuisine... L'essentiel, la seule chose vraiment importante, c'est d'aimer. Pas de *parler* d'amour, mais d'*être* amour. De laisser l'autre devenir important pour nous, aussi important que pour notre Père des Cieux. Ces lettres, réunies dans un petit livre intitulé : *Foi et Lumière dans la vie quotidienne*, renferment les trésors de son cœur puisés dans l'Évangile.

Le père Guy Vanhoomissen lui succéda en 2005. Belge, jésuite, supérieur d'une communauté religieuse, professeur à l'Institut Lumen Vitae, il avait passé quinze ans en Inde et gardé un amour sans réserve pour ce pays et son peuple.

Il découvrit Foi et Lumière en 1984 à Lourdes au cours d'un pèlerinage belge et devint l'aumônier d'une communauté. « J'étais loin d'imaginer à l'époque que Foi et Lumière occuperait une telle place dans ma vie. » Son premier mot comme aumô-

---

1. Ce mot nous vient des disciples de saint François d'Assise, les franciscains, qui, après sa mort, se sont mis à raconter les anecdotes les plus marquantes de sa vie pour les transmettre aux nouvelles générations. Ces histoires furent alors réunies dans un petit livre intitulé *Les Fioretti de saint François d'Assise* (Le Cerf, 2002).

nier international fut : « Soyez joyeux avec ceux qui sont dans la joie, pleurez avec ceux qui pleurent. Soyez bien d'accord entre vous. N'ayez pas le goût des grandeurs, mais laissez-vous attirer par ce qui est simple[1]. » C'est bien ce qu'il vivait. En 2006, à la fin de son premier mandat, il fut appelé par sa congrégation à d'autres responsabilités.

## À Québec en 1998 : invités en sa demeure par le gouverneur général

Sur un campus « extra » à Cap Rouge, un site magnifique dominant toute une baie, ont débarqué quatre cents délégués venant de soixante-quinze pays : catholiques de plusieurs rites, anglicans, protestants de diverses Églises, orthodoxes.

La veillée de la réconciliation faisait converger cinq chemins de croix vers l'unique Croix, auprès de laquelle nous avons demandé pardon à Dieu et à nos frères. Liturgie byzantine avec l'hymne acathiste à Marie, Mère de Dieu, préparée et célébrée avec ferveur par deux prêtres orthodoxes, deux prêtres gréco-catholiques et un prêtre catholique. Célébration du lavement des pieds dans une trentaine de petits groupes, dont certains accueillaient Mgr Maurice Couture, archevêque de Québec, Mgr Paul Marchand, évêque auxiliaire d'Ottawa, le révérend Martin Sadler de l'Église unie du Canada, le père Georges Chehwaro, prêtre orthodoxe de Syrie, le père Joseph Larsen.

---

1. Romains 12, 15-16.

Il y eut un moment de profonde unité autour de Jean Vanier, lorsque nous nous sommes retrouvés à la Citadelle, la résidence d'été du gouverneur général du Canada, où les parents de Jean avaient souvent demeuré. Ils reposaient maintenant dans la paix d'une petite chapelle. Beaucoup se souvenaient de Mme Vanier venue habiter à Trosly en 1969, dans la maison des Marronniers, jusqu'à sa mort inattendue en 1991, alors que nous étions dans les derniers préparatifs du pèlerinage de Lourdes. Ce fut un choc. Elle était si accueillante, si attentive à toute personne et à chaque événement. À la Citadelle, notre famille internationale a loué et remercié le Seigneur pour les parents de Jean et pour Jean lui-même.

Un peu plus tard, M. Roméo Leblanc, gouverneur général du Canada, nous accueillait dans les salons somptueux de la Citadelle, avec autant de solennité qu'il l'aurait fait pour de hautes personnalités. Il était visiblement touché de la simplicité avec laquelle les personnes handicapées vivaient ce moment prestigieux et venaient l'en remercier. Un délicieux cocktail nous attendait, avec un orchestre. Alors, nous nous sommes mis à danser ! C'était sûrement la première fois qu'un tel bal était improvisé dans ces salons ! Christine disait à René : « On se croirait au cinéma », et René de répondre : « Ou comme si c'était un rêve ! » Ou peut-être sur la montagne dont parle Isaïe « où le Seigneur va donner un festin, un festin de viandes succulentes et de vins vieux pour tous les peuples, même s'ils n'ont aucun argent[1] ».

---

1. Isaïe 25, 6-12 ; 55, 1-3.

## À Castel Gandolfo en 2002 : accueillis par un pape handicapé

Deux cent trente participants de soixante-treize pays ont été accueillis dans la magnifique maison de Castel Gandolfo où se trouve la résidence d'été des papes.

Le Saint-Père, malgré sa maladie et ses handicaps, nous a accordé une audience privée. En raison de son état de santé, l'incertitude a plané jusqu'à la dernière minute sur le maintien de ce rendez-vous. En l'attendant, nous étions profondément émus. Dix-huit ans auparavant, le Saint-Père nous avait déjà accueillis à Rome. C'était alors « l'athlète de Dieu ». Il arriva, courbé sur sa canne. Son visage était défiguré, son sourire lumineux avait disparu. Son corps était comme figé. Nous étions touchés qu'il se laisse voir dans sa faiblesse et son impuissance, plus frappés encore que lorsqu'il apparaissait en pleine possession de sa puissance intellectuelle et du rayonnement de son être. Aujourd'hui, c'est le visage de Jésus et son corps comme cloué sur la croix qu'il nous semblait voir à travers le sien, pour nous dire son amour dans son dénuement extrême. En lui, nous voyions aussi le visage de nos frères et sœurs les plus gravement handicapés. Dans leur toute-petitesse, ils nous appellent à les rejoindre par la communion des cœurs. Le Saint-Père tenait à nous lire son message. Malgré ses efforts, son élocution devenait de plus en plus inaudible et, finalement, c'est son secrétaire qui en a terminé la lecture.

En accueillant tous ces « petits » marqués par le handicap mental, vous avez reconnu en eux des témoins particuliers de la tendresse de Dieu dont nous avons beaucoup à apprendre et qui ont une place spécifique à tenir dans l'Église... Je pense également à leurs parents qui, grâce à vous, se sentent soutenus dans leur souffrance et qui voient leur détresse se changer en espérance pour accueillir, en humanité et dans la foi, leurs enfants handicapés.

C'est à Castel Gandolfo que Viviane Le Polain fut élue coordinatrice internationale ; c'était la première fois que cette mission était remplie par une maman. Toute sa grande compétence n'a jamais gommé son cœur de mère qui sait si bien rejoindre les cœurs blessés. Viviane était étudiante à Bruxelles quand, en 1972 – elle avait 18 ans –, elle se laissa « embarquer » par un jésuite belge, le père Roberti, dans un pèlerinage à Lourdes avec des personnes handicapées mentales dans l'esprit de Foi et Lumière de 1971. Elle était bien loin d'imaginer qu'un jour elle deviendrait la maman d'un enfant polyhandicapé. « Plus tard, dit-elle, j'ai compris que le Seigneur avait préparé doucement mon cœur pour la suite du chemin. »

Après son mariage avec Didier et la naissance de deux fils, celle de Laurent en 1980 fut périlleuse. Elle faillit y perdre la vie, mais il y avait en elle la certitude que la Sainte Vierge veillait, qu'elle l'aiderait pour permettre à Laurent de partager son sourire, sa joie, de vivre malgré son lourd handicap.

En 1983, le père Roberti vint lui demander de créer une communauté Foi et Lumière à Tournai en Belgique, où la petite famille était venue s'installer. « Comment refuser cet appel qui venait rejoindre mon désir de partager avec d'autres familles une petite lumière d'espérance au cœur de l'épreuve. J'avais hâte que d'autres parents se sentent entourés, soutenus par de vrais amis, et qu'ils puissent découvrir le don de leur enfant différent. » Ce fut pour Viviane le début d'un engagement fort dans le service et la responsabilité à divers niveaux. Pour s'y consacrer, elle allait abandonner son métier de professeur de philosophie et de religion, qu'elle exerçait pourtant avec beaucoup de joie. Avant de devenir notre responsable internationale, Viviane avait derrière elle une expérience de dix ans, puisqu'elle était le bras droit de Maureen, qui lui faisait toute confiance pour conduire le secrétariat international à Paris. Elle avait une maîtrise étonnante des dossiers et ne laissait rien au hasard. Son investissement total à la tâche, sa clairvoyance et son combat pour atteindre les objectifs fixés étaient exceptionnels. Elle était prête.

Dès l'année suivante, elle allait trouver en Corinne Chatain la secrétaire générale tant recherchée. À dix-huit ans, Corinne n'aimait pas les personnes handicapées. Il faut être un peu détraqué, pensait-elle, pour trouver de la joie à les côtoyer comme l'affirment certains jeunes. Débarquant au Foyer de Charité de Châteauneuf-de-Galaure pour y faire une retraite, elle tombe sur *Ombres et Lumière* au milieu d'un certain nombre de revues mises à la disposition des retraitants. Elle est saisie par les témoignages de parents, en particulier celui d'une maman qui dit sa souffrance devant le regard qu'on porte sur son fils Christophe, très handicapé. Ce regard, c'est le « mien », pense Corinne. Elle rassemble tous les numéros qu'elle trouve et se met à tout lire, les témoignages, les éditoriaux, les méditations, etc. Elle découvre la réponse toute simple à sa question : comment peut-on aimer ces personnes blessées ? En les aimant. C'est ainsi qu'en quittant Châteauneuf, Corinne fait le choix de travailler à leur service. Elle pose sa candidature à Foi et Lumière, à l'OCH. Un seul poste est vacant, celui d'employée aux écritures. Pourquoi pas ? Lorsqu'un an plus tard le poste à la rédaction d'*Ombres et Lumière* se libère, elle est vite à pied d'œuvre. En même temps, elle et son mari Thierry lancent une communauté Foi et Lumière. Elle en devient responsable, puis coordinatrice de région, de province, et de zone. Jusqu'au jour où, en 2003, elle est appelée à être secrétaire générale du mouvement avec une petite équipe de trois personnes salariées.

Pleine de créativité et de fantaisie, Corinne, servie par un sens de l'organisation et une grande rigueur, se passionne pour chaque aspect de sa mission.

Il y avait autrefois sur son bureau une image avec la parole de Thérèse de l'Enfant-Jésus : « C'est parce que je suis petite et faible que je plais à Dieu. » Et une autre, de saint Paul : « Ma grâce te suffit, ma puissance se déploie dans la faiblesse. »


### À Madrid en 2006 : une pause pour faire du neuf

Trente-cinq ans après la naissance du mouvement, la rencontre internationale se tenait à l'Escurial, près de Madrid, et avait pour thème « Élargis l'espace de ta tente » (Isaïe 54, 2). Une parole qui nous appelle à une nouvelle ouverture. Il y avait quatre cent vingt délégués venus de soixante-dix-neuf pays. L'équipe sur place nous a réservé un formidable accueil. Au milieu des jardins, une immense tente bédouine avait été dressée par nos amis syriens et libanais pour abriter prières, célébrations, veillées. L'ambiance était à la joie des multiples retrouvailles dans ce climat de fête caractéristique des Espagnols, au rythme des castagnettes.

Une grave question émergea, concernant l'assemblée générale. Elle fut prise à bras-le-corps. Viviane Le Polain et Roy Moussalli terminaient leur mandat international qu'ils avaient assumé avec autant de foi et d'amour que de compétence. Avec eux, tout le conseil international avait pris conscience que les structures n'étaient plus adaptées à la taille du mouvement et à ses besoins. Elles étaient devenues trop lourdes, trop compliquées. Les responsables internationaux croulaient sous la tâche. Il était bien difficile de leur trouver des successeurs qui acceptent l'ampleur et la diversité de la mission sans ployer sous le fardeau. Il fallait simplifier.

Il fallut s'asseoir et réfléchir, avoir le courage de surseoir à l'élection des coordinateurs et de faire une pause. Nous avons procédé à la désignation d'un comité provisoire confié pour deux ans à un groupe restreint. Henri Major, le mari de Louise Sauriol qui a été coordinatrice de la zone d'Amérique du Nord pendant plusieurs années, a accepté d'en assumer la présidence avec la collaboration de Philippe de Lachapelle, directeur de l'OCH, le père Guy Vanhoomissen, notre aumônier international. Corinne Chatain assumerait la continuité dans les tâches et le lien entre tous. La vie et l'accompagnement du mouvement seraient assurés par les responsables de zone et de pays. Ainsi, le plus important était sauvegardé : la vie et le soutien des communautés, les personnes handicapées nous gardant dans la fidélité et l'espérance.

Pendant ce temps, un groupe d'étude a été chargé de consulter les différents niveaux de notre structure en les invitant à réfléchir à l'essentiel de notre identité et à sa mission, et de recueillir leurs suggestions sur l'avenir.

Tout cela aboutirait à une rencontre internationale deux ans plus tard. Une part essentielle serait de proposer aux membres de l'assemblée générale une nouvelle structure plus simple avec des responsabilités mieux réparties. Puis on procéderait au discernement et à l'élection des responsables.

## À Lourdes en 2008 : une « constitution » pour aujourd'hui

En octobre 2008, un rendez-vous exceptionnel a donc été pris à Lourdes à la Cité Saint-Pierre où le Secours catholique nous réserve toujours son accueil chaleureux. Les deux cents responsables et aumôniers venus de soixante-dix pays se sont rassemblés pour adopter la nouvelle constitution et élire une équipe de responsables internationaux pour la mettre en application. L'assemblée élit Henri Major, président du conseil d'administration. Il est avocat au Canada et nous avions eu l'occasion de faire sa connaissance lors de la rencontre internationale à Québec car il avait accepté de s'investir dans son organisation. Ghislain du Chéné, lui, fut élu coordinateur international.

La naissance de Julie, née avec une trisomie, avait bouleversé Ghislain et sa famille. Peu de temps après, Ghislain, ingénieur, est, selon son expression, « tombé amoureux » de Foi et Lumière ! Membre de la communauté « Graines de Moutarde » avec son

337

épouse Isabelle et leurs cinq enfants depuis 1990, il s'est mis très vite au service du mouvement et a exercé différentes responsabilités. Celle qui l'aura marqué le plus profondément est certainement l'accompagnement des pays d'Afrique. Si Ghislain aime sans réserve ce continent (« le plus beau », comme il dit), ses habitants le lui rendent bien : sa bonté, sa patience et ses cheveux blancs ont fait de lui un sage aimé et écouté.

Depuis son élection, et surtout depuis qu'il est libéré de ses obligations professionnelles, Ghislain, toujours soutenu par Isabelle, est le « globe-trotter » de Foi et Lumière. Courageux, infatigable, enthousiaste, il parcourt le monde pour participer aux assemblées provinciales, aux pèlerinages, aux sessions de formation… Les heures d'avion ou les interminables voyages en train ou en autobus, les étapes dans des villes perdues au fin fond de la Roumanie ou du Togo, par exemple, ne lui font pas peur : il accompagne, il témoigne, il enseigne, il recadre au besoin et l'expression de saint Thomas d'Aquin : *suaviter et fortiter*[1] le définit parfaitement.

À la même époque, le père Isaac Martinez, animateur général de la Congrégation des missionnaires des saints apôtres, prit la relève du père Vanhoomissen. C'était le premier aumônier venant d'un pays du Sud, le Pérou. Il était entré à Foi et Lumière en 1983. Son jeune frère avait un handicap moteur cérébral. C'est donc tout naturellement qu'il devint aumônier d'une communauté.

Le père Isaac a son point d'attache à Montréal, le siège de sa congrégation. Ses nombreux déplacements missionnaires bénéficient aussi à Foi et Lumière auquel il apporte sa connaissance des pays pauvres,

---

1. « Avec douceur et fermeté ».

sa sensibilité d'homme du Sud et la grande qualité de son écoute.

Durant la rencontre de Madrid, Jean Vanier et moi avions annoncé notre décision de ne plus faire partie des structures, manifestant ainsi notre confiance totale à la nouvelle équipe. Ghislain me dit un peu plus tard que cette décision l'avait confirmé dans la mission qu'il avait reçue et lui avait donné des ailes. Bien sûr, Jean et moi restions liés, par la communion des cœurs et pour toujours, à Foi et Lumière, avec notre engagement essentiel : celui d'être membre de notre communauté, l'ami des plus faibles et de rester des serviteurs disponibles.

Une parole de Mgr Jacques Perrier nous toucha aussi beaucoup : « Être fidèle aux racines des fondateurs ne veut pas dire les imiter, mais être porté par l'essentiel de l'inspiration. » Il rappela aussi combien les pèlerinages internationaux avaient changé les esprits à Lourdes. « Foi et Lumière fait désormais partie du code génétique de Lourdes. » Ce à quoi Ghislain répondit : « Et Lourdes fait partie du code génétique de Foi et Lumière. »

Le moment venu de se quitter, c'est encouragé par un message du pape Benoît XVI que Foi et Lumière, avec son nouvel équipage, a mis le cap au large :

> Le pape se réjouit qu'à travers le mouvement Foi et Lumière, de nombreuses familles se donnent la main pour s'aider et donner ensemble un témoignage attendu sur la valeur infinie de toute vie humaine, même la plus fragile. Que chacun soit toujours guidé et soutenu par la conviction que les disciples du Christ doivent, dans leurs missions, exprimer un amour qu'ils auront d'abord puisé dans le cœur du Sauveur. C'est ainsi que, par le

don de l'Esprit, celui qui est faible pourra dire : « Je suis fort[1]. »

## *À Lourdes en 2011 : l'envoi de quarante pèlerinages comme « messagers de la joie »*

Du 28 janvier au 2 février 2011, venant du monde entier, soixante-dix-neuf responsables de province (sur quatre-vingts) se sont rassemblés à Lourdes. La plupart étaient de nouveaux élus issus souvent de générations plus jeunes, c'est dire leur attente. Le choix du lieu, Lourdes, et de la date exprimait le désir de rester fidèle à nos racines. La date du 2 février est celle de la « fête de la lumière », qui a été adoptée par le mouvement et qui est célébrée un peu partout. Ce jour est celui où le vieillard Siméon a désigné le tout petit enfant Jésus comme la « lumière du monde qui éclairera toutes les nations ». Il annonçait aussi qu'un glaive transpercerait le cœur de Marie, ce glaive qu'ont ressenti tant de parents à l'annonce du handicap de leur enfant. Aujourd'hui, tous voulaient répondre au grand désir de Jésus, Lumière de nos cœurs : « Je suis venu allumer un feu sur la terre et comme je voudrais qu'il se propage. »

À l'ouverture de la rencontre, un grand cierge porteur du logo de Foi et Lumière a été allumé par Ghislain du Chéné et le père Isaac. Sa flamme brillera jusqu'à la fin de la rencontre. Elle continuera, même après, puisque la cité Saint-Pierre (Secours catholique), qui nous accueillait, se charge de l'allumer de nouveau pendant la durée de chaque pèlerinage.

---

1. Jean 4, 10.

Ce 2 février, à la fin de la messe de la Chandeleur, les responsables ont allumé le cierge de leur province à la flamme du cierge des quarante ans, pour que sa flamme soit portée dans le monde entier.

Durant ces journées, on pris conscience de tout le travail accompli depuis deux ans. Le jumelage des pèlerinages avait été mis en place, chaque province invitant une autre province à participer à son pèlerinage et réciproquement. Cela donnait des assemblages parfois insolites comme, par exemple, Madagascar avec la France de l'Est ou encore la Malaisie, l'Australie et la Nouvelle-Zélande avec la région Est des États-Unis.

Les équipes de préparation avaient travaillé pendant des mois pour tout planifier, répartir les aspects matériels et prévoir la dimension spirituelle. Malgré les énormes difficultés, les imprévus, les contrariétés auxquelles on se heurtait un peu partout, la ferveur et l'enthousiasme étaient là, à la Grotte de Massabielle. Tous voulaient être les instruments du cœur de Jésus envers les plus faibles et ceux qui les accompagnent, que le feu de son amour se répande. Et qu'Il fasse de chacun de nous des messagers de sa joie !

# Épilogue

## Comment cela a-t-il pu se faire ?

En 1990, j'ai reçu une visite qui m'a bouleversée. La présidente d'une association qui militait pour la suppression des nouveau-nés atteints d'un handicap grave, a désiré me voir. Très intriguée et impressionnée par cette démarche, j'ai demandé à Pierre Caubel, collaborateur bénévole à la communication et à la rédaction d'*Ombres et Lumière*, s'il pouvait être présent à l'entrevue. Lui, général de réserve dans l'armée de l'air, et sa femme Suzon avaient une petite fille, Marie, atteinte d'une maladie rénale très rare. Par ailleurs, ils avaient adopté Jérôme, un petit enfant très profondément handicapé, qui s'était extraordinairement éveillé après son arrivée dans la famille, qui comptait déjà sept enfants.

Notre interlocutrice s'est présentée : elle était maman de Michel, un garçon de vingt ans touché par un handicap mental et des troubles psychiques. Elle fit un récit violent et pathétique de sa vie impossible : abandon de son mari, fuite des proches, hostilité du voisinage en raison des cris de son fils jour et nuit, carrière professionnelle gâchée par ses absences répétées... Elle conclut par un cri de colère et de désespoir : « Ne pensez-vous pas que c'est un crime d'avoir laissé vivre un enfant comme le mien ! » La réponse de Pierre, inspirée, fut la suivante : « Le crime, madame, c'est de vous avoir laissée toute seule dans l'épreuve. » Un grand silence. Toute agressivité était tombée, comme une libération d'un poids colossal. Nous ne l'avions pas jugée, ni condamnée, nous l'avions comprise. Elle articula doucement : « Oui, c'est vrai, on m'a laissée toute seule avec Michel. »

Nous avons pu commencer à parler. J'ai évoqué Foi et Lumière. Elle écoutait, stupéfaite, sidérée. Ici ou là, elle posait une question, puis elle murmura à deux reprises : « Comment cela a-t-il pu se faire ? » Malgré notre invitation à garder le contact, nous ne l'avons jamais revue, mais ni Pierre ni moi n'avons pu l'oublier.

Elle avait éveillé en nous deux sentiments. D'abord une profonde compassion pour elle, pour Michel et pour tous les parents qui vivent avec leur enfant des situations intolérables. Son récit nous rappelait les défis monumentaux que posent dans le monde les conditions de vie des personnes handicapées.

Dans bien des pays, tant de personnes ayant un handicap mental sont toujours considérées comme des « fous », parfois enfermées dans des établissements surpeuplés dans lesquels les violences sont inévitables. D'autres sont cachées dans leur famille, regardées comme une honte, une malédiction. D'autres encore errent dans les rues ou les villages, notamment dans les pays où sévit la pauvreté ou la misère, et où la plus grande partie de la population manque de tout : nourriture, logements, vêtements, médicaments.

Dans d'autres pays dits « développés », on reconnaît la valeur de la personne handicapée. Des lois promeuvent pour elle l'égalité des droits et des chances, la participation et la citoyenneté, l'exigence de son intégration, son droit à l'autonomie et à l'indépendance. D'immenses progrès ont été accomplis, en matière d'équipement, d'aides financières. Mais dans le même temps, dans ces mêmes pays (comme ailleurs), on autorise, et même on encourage, la suppression de l'enfant handicapé avant sa naissance ; le diagnostic prénatal des futures mamans devient systématique et il vise souvent à empêcher que naisse un enfant qui n'est pas comme on l'avait rêvé ou simplement comme tout le monde.

L'accent mis sur l'autonomie et l'indépendance, si importantes soient-elles, semble ignorer le besoin si essentiel des personnes handicapées d'être aimées et d'aimer, de vivre la joie d'un lieu communautaire, où l'on encourage une vie spirituelle authentique, l'amitié et la fidélité au lieu de relations superficielles et sans lendemain. Où l'on découvre aussi le bonheur du don de soi et du service du bien commun.

En même temps, l'émerveillement étonné de la mère de Michel devant Foi et Lumière nous faisait ressentir avec une intensité nouvelle combien l'œuvre de Dieu à travers les plus petits est stupéfiante. « C'est impossible ! Comment cela a-t-il pu se faire ? » Comment les personnes les plus blessées ont-elles pu rassembler à Lourdes un peuple immense et en faire une famille ? Comment le handicap, la maladie, considérés objectivement comme un malheur – voire comme une malédiction – peuvent-ils se transformer en un chemin d'amour et même de joie ?

Quel est donc ce grand mystère de la personne handicapée mentale dans lequel nous sommes appelés à entrer ?

Il nous est en partie dévoilé dans l'Évangile, en partie

seulement car nous ne pourrons le comprendre en plénitude qu'au Ciel. Dieu qui choisit le faible pour confondre les forts. Dieu qui cache ses mystères aux sages et aux intellectuels et les révèle aux tout-petits. Dieu qui nous assure le bonheur lorsque nous invitons les pauvres, les personnes handicapées, à nos repas et à nos festins. Jésus qui va jusqu'à s'identifier à eux : « Tout ce que vous faites à l'un de ces petits, c'est à moi que vous l'avez fait. » Jésus impuissant sur la croix, qui se révèle dans l'enfant qui ne peut pas se mouvoir et dont on ne peut soulager la souffrance.

Ainsi, quand nous aidons la personne handicapée à marcher ou à manger, quand nous allons la visiter, quand nous la regardons avec tendresse, c'est Jésus que nous aidons, que nous visitons, que nous regardons avec tendresse. C'est Lui, présent comme Il l'est dans l'eucharistie. C'est Lui, présent dans l'enfant le plus perturbateur qui peut faire jaillir quelques instants d'une joie inattendue.

C'est pourquoi le chant d'action de grâce de Foi et Lumière monte vers Dieu, parce qu'il nous a appelés à faire route avec les plus proches de son cœur. Avec Marie, nous aimons redire le Magnificat :

« Il renverse les puissants de leur trône,
Il élève les humbles,
Il comble de bien les affamés. »

Le 8 septembre 2011,
en la fête de la Nativité
de la Vierge Marie.

# Prière de Foi et Lumière

Seigneur, tu es venu sur notre terre
pour nous révéler ton Père, notre Père,
et pour nous apprendre à nous aimer les uns les autres.
Envoie-nous l'Esprit Saint que tu nous as promis.
Qu'il fasse de nous,
dans ce monde de guerre et de division,
des instruments de paix et d'unité.
Jésus, tu nous as appelés à te suivre
dans une communauté Foi et Lumière.
Nous voulons te dire « oui ».
Nous voulons vivre une alliance d'amour
dans cette famille que tu nous as donnée,
pour partager nos souffrances et nos difficultés,
nos joies et notre espérance.
Apprends-nous à accueillir nos blessures, notre faiblesse
pour qu'en elles se déploie ta puissance.
Apprends-nous à découvrir ton visage et ta présence
en tous nos frères et sœurs, spécialement les plus faibles.
Apprends-nous à te suivre sur les chemins de l'Évangile.
Jésus, viens demeurer en nous et en nos communautés
comme tu as d'abord demeuré en Marie.
Elle fut la première à t'accueillir en elle.
Aide-nous à être toujours debout, avec elle,
au pied de la croix, proches des crucifiés de notre monde.
Aide-nous à vivre de ta Résurrection.
Amen.

# Annexes

## Adresses

### Foi et Lumière international
3, rue du Laos – 75015 Paris – France
Tél. : 01 53 69 44 30 – www.foietlumiere.org
E-mail : foi.lumiere@wanadoo.fr

### Foi et Lumière France
12, rue Copreaux – 75 015 Paris
Tél. : 06 79 24 25 35
E-mail : f.l.france@wanadoo.fr

## Publications

### Pour bâtir la communauté
La Charte et la Constitution
Notre premier carnet de route
Porter ensemble la responsabilité

**Pour nourrir la rencontre**
Carnet de route annuel
Carnet de route pour les communautés accueillant
des familles avec jeunes enfants
« Hisse et Ho ! », lettre trimestrielle de nouvelles de
Foi et Lumière à travers le monde

**Pour approfondir notre vie ensemble**
La spiritualité de Foi et Lumière
Les retraites à Foi et Lumière
L'œcuménisme dans Foi et Lumière
Messages des papes à Foi et Lumière
Foi et Lumière dans la vie quotidienne (père Joseph
Larsen)

**Sites Internet**

— Site de Foi et Lumière international en français,
anglais et espagnol : des nouvelles régulières de la vie
du mouvement, reportages, témoignages, réflexions,
albums photos… : www.foietlumiere.org
— Blog du coordinateur international :
http://fli-afoi.blogspot.com/

**Foi et Lumière à travers le monde**

Foi et Lumière est présente dans les pays suivants :
Afrique du Sud, Allemagne, Argentine, Arménie,
Australie, Autriche, Bahamas, Belgique, Bénin, Brésil,
Burkina Faso, Burundi, Cameroun, Canada, Chili,
Chine (hormis Hong-Kong), Chypre, Colombie, Corée
du Sud, Côte d'Ivoire, Croatie, Danemark, Égypte,

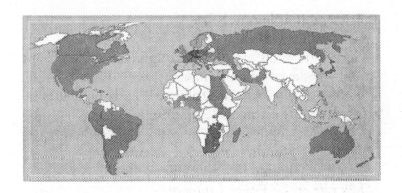

Espagne, Estonie, États-Unis, Équateur, France (incluant Martinique, La Réunion, Guyane), Géorgie, Grèce, Honduras, Hong Kong, Hongrie, île Maurice (incluant Rodrigues), Iran, Irlande, Israël, Italie, Japon, Jordanie, Kenya, Koweït, Liban, Lituanie, Luxembourg, Madagascar, Malaisie, Mexique, Nicaragua, Nigeria, Norvège, Nouvelle-Zélande, Paraguay, Pays-Bas, Pérou, Philippines, Pologne, Portugal, République Démocratique du Congo, République Dominicaine, République Tchèque, Roumanie, Royaume-Uni (incluant Gibraltar), Russie, Rwanda, Serbie, Seychelles, Sierra Leone, Singapour, Slovaquie, Slovénie, Soudan, Soudan Sud, Suède, Suisse, Syrie, Taiwan, Togo, Ukraine, Zambie, Zimbabwe.

## Quelques liens

**Office chrétien des personnes handicapées**
et sa revue *Ombres et Lumière*
90, av. de Suffren – 75 738 Paris cedex 15
Tél. : 01 53 69 44 30 – www.och.fr
E-mail : info@och.asso.fr

**L'Arche en France**
12, rue Copreaux – 75 015 Paris
Tél. : 01 45 32 23 74 – www.arche-france.org
E-mail : accueil@arche-france.org

**Fédération internationale des communautés de l'Arche**
10, rue Fenoux – 75 015 Paris
Tél. : 01 53 68 08 00
E-mail : international@larche.org

**À bras ouverts**
32, av. Victor-Cresson – 92 130 Issy-les-Moulineaux
Tél. : 01 47 65 99 37 – http://abrasouverts.asso.fr

**Alliance pour les droits de la Vie**
BP 10 267 – 75 424 Paris cedex 09
Tél. : 01 45 23 08 29 – www.adv.org

**Pastorale des personnes handicapées (PPH)
et Pédagogie catéchétique spécialisée (PCS)**
58, av. de Breteuil – 75 007 Paris
Tél. : 01 72 36 69 12

# Remerciements

Je remercie de tout cœur ceux qui m'ont aidée à écrire ce livre, tout particulièrement :

Jean Vanier, pour m'avoir encouragée tout au long de sa réalisation ;

Emmanuel Belluteau, pour son investissement dans une collaboration nourrie de sa conviction, sa compétence, son écoute, sa patience ;

Thérèse de Longcamp, pour son engagement dans un secrétariat souvent difficile et exigeant ;

l'équipe internationale de Foi et Lumière et l'équipe de l'OCH, pour le climat quotidien chaleureux autour du projet.

Ma reconnaissance va aussi à celles et ceux qui ont travaillé à des tâches très diverses, dactylographie, recherche d'archives, de photos, de témoignages, relectures, etc., et à tous ceux qui, nombreux, ont porté le récit de cette histoire sainte par leur prière.

# Table

Pour en savoir plus
sur les Presses de la Renaissance
(catalogue complet, auteurs, titres,
extraits de livres, revues de presse,
débats, conférences…),
vous pouvez consulter notre site Internet :
www.presses-renaissance.com

*Composé par Nord Compo Multimédia*
*7, rue de Fives, 59650 Villeneuve-d'Ascq*


CET OUVRAGE A ÉTÉ ACHEVÉ D'IMPRIMER
SUR ROTO-PAGE
PAR L'IMPRIMERIE FLOCH À MAYENNE
EN OCTOBRE 2011

Nº d'édition : 14778
Nº d'impression : 80759
Dépôt légal : octobre 2011
*Imprimé en France*